AF343719

LES

SAUVETEURS CÉLÈBRES

ET

LES BIENFAITEURS DE L'HUMANITÉ

PAR

TURPIN DE SANSAY

> « Le courage et la bienfaisance
> « sont deux vertus primordiales et
> « qui les possède s'est irradié un
> « souffle du Créateur. »

PARIS

CHEZ L'AUTEUR

69, RUE DE SEINE, 69

1879

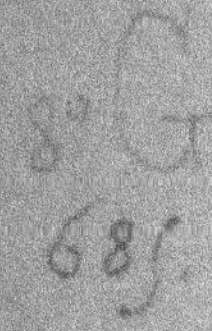

LES SAUVETEURS CÉLÈBRES

ET

LES BIENFAITEURS DE L'HUMANITÉ

ARGENTEUIL. — IMPRIMERIE P. WORMS.

LES
SAUVETEURS CÉLÈBRES

ET LES

BIENFAITEURS DE L'HUMANITÉ

PAR

TURPIN DE SANSAY

> « Le courage et la bienfaisance sont
> » deux vertus primordiales, et il semble
> » que, dans la créature qui les possède,
> » s'est irradié un souffle du Créateur. »

PARIS

CHEZ L'AUTEUR

69, RUE DE SEINE, 69

1879

DÉDICACE

Je dédie ce Livre :

Au Créateur des mondes, devant lequel disparaissent, tour à tour, les petits et les grands de la terre ;

A Celui qui, seul, inspire aux hommes les sentiments de courage et de dévouement ;

A Celui devant lequel s'inclinent, même en secret, les plus cruels partisans de l'athéisme ;

A DIEU !

LES SAUVETEURS CÉLÈBRES

ET

LES BIENFAITEURS DE L'HUMANITÉ

LE CAPITAINE MAIGRE

Voici l'un des hommes les plus vaillants et les plus intrépides qui aient contribué à établir la réputation de bravoure et de loyauté de la marine française. Maigre, dit le *Journal illustré*, du 16 octobre 1866, est « le prototype de l'homme courageux et dévoué, du Sauveteur toujours prêt à risquer sa vie. »

Jules-Etienne Maigre est né à Chasse (Isère), le 29 décembre 1817.

Depuis l'âge de deux ans, il habite Marseille, où il est inscrit, au quartier d'Arles, sous le n° 87, f° 173.

Il compte vingt-huit ans de navigation, pendant lesquels il n'a cessé de déployer, constamment, des sentiments humanitaires au-dessus de toute louange.

Raconter la vie du capitaine Maigre, c'est en tracer l'éloge ; aussi, sans commentaires, nous bornerons-nous à narrer les faits.

Ses débuts, comme Sauveteur, datent de 1835.

A mois de février, à Arles, malgré les nombreux glaçons

qui couvraient le Rhône, il arrache à une mort certaine le jeune Bourdelon, qui se noyait et que le courant entraînait sous la glace.

L'année suivante, au mois de septembre, il manque de rester dans le lit du fleuve, en retirant un malheureux qui s'était précipité volontairement dans le Rhône, et, se cramponnant à l'une des jambes de son sauveur, paralysait ses mouvements.

Quelque temps après, dans les premiers jours de décembre, à Arles, un lundi, à une heure, le nommé Insolat, novice à bord du navire le *Saint-Antoine*, capitaine Coste, tombe dans le Rhône; les eaux du fleuve sont grosses et rapides; il va périr, lorsque Maigre se précipite tout habillé à la suite d'Insolat, et le ramène à la surface de l'eau.

Mais, le courant est si torrentueux que le Sauveteur et la victime vont être engloutis dans un commun trépas...

Heureusement, un matelot de l'équipage voit leur danger, il s'attache à une corde et s'élance à leur secours. — Il était temps!

Grâce à l'aide de ce matelot, nommé Isnard, Maigre put achever son œuvre d'humanité.

En 1840, le 24 février, une Médaille d'argent de première classe récompense le courage du jeune marin, qui a sauvé plusieurs personnes sur le point de périr dans les flots.

En 1841, de terribles inondations dévastent le Midi de la France; partout de malheureux naufragés réclament aide et secours.

Dans ce péril extrême, Maigre est un des premiers à se dévouer, à voler partout où le zèle, l'intrépidité et le sang-froid sont nécessaires.

Une foule de personnes lui doivent la vie, — et la Médaille d'or de première classe, qu'il reçoit le 16 mai 1841, est la juste récompense de sa belle conduite.

En 1843, Maigre remplit, à bord du brick *le Cygne*, les

fonctions de second chef de la timonerie, lorsque, le 11 juillet, il sauve un matelot qui venait de tomber à la mer.

Un certificat de son commandant atteste l'action du jeune Sauveteur, qui a soutenu le naufragé sur l'eau pendant plus de vingt minutes, temps nécessaire pour mettre en panne et envoyer le canot qui les a recueillis tous deux.

En 1848, le 29 avril, nouveau trait de courage de Jules-Etienne Maigre.

C'est un jeune homme de 10 ans, le fils de M. Honorat Legier, capitaine marin, à Arles, qu'il retire des flots, en se jetant tout habillé dans le Rhône, grossi par les pluies et la fonte des neiges, et en luttant contre un courant rapide, au milieu d'un amas de bateaux et de navires.

Cette série d'Actes de courage et de dévouement méritait mieux encore que des Médailles ; aussi le Gouvernement rend-il justice au vaillant Sauveteur, et lui décerne, le 15 août 1850, la croix de la Légion-d'honneur.

En 1859, Maigre, capitaine d'un paquebot de la Compagnie marseillaise, *la Durance*, fait voile pour Naples, lorsque, le 30 mars, son navire est assailli par une violente tempête.

Avec son sang-froid habituel, le commandant prend toutes les mesures urgentes ; malheureusement, à l'exécution d'une des manœuvres ordonnées, un matelot tombe à la mer, à six heures du soir, dans le golfe de Saint-Tropez.

Maigre fait mettre les embarcations à la mer ; — les vagues manquent de les briser sur le flanc du paquebot.

C'est en vain que le pauvre matelot lutte contre la lame ; — il va périr aux yeux de tout l'équipage qui n'a pu le sauver...

Déjà il disparaît et reparaît, ballotté par les vagues, à bout de forces et presque asphyxié.

Mais le pauvre noyé ne doit pas rester au fond de la mer, car un homme s'élance et le ramène à bord, où il reprend ses sens.

Cet homme, c'est le capitaine Maigre, auquel cette belle conduite mérite, le 30 mai suivant, un Certificat élogieux du Ministre de la marine, certificat qui a été, le 26 mars 1864, remplacé par une Médaille de première classe.

En 1861, lors de la guerre d'Espagne contre le Maroc, le capitaine Maigre déploya tant d'abnégation et de bravoure, en sauvant de la mort plusieurs matelots espagnols, que la Reine de la Péninsule le nomma chevalier de l'Ordre royal d'Isabelle-la-Catholique.

Dans une article daté du 15 novembre 1861, le *Courrier d'Arles* applaudit à cette nouvelle distinction et félicite la ville d'Arles de compter, au nombre de ses enfants, un marin tel que le capitaine Maigre.

« Ces hommes-là, dit l'organe d'Arles en terminant, ho-
» norent grandement une Cité, et celle-ci ne saurait trop les
» entourer d'estime et de reconnaissance. »

En 1865, le 11 février, le paquebot à vapeur *la Provence* se perd, à Marseille, sur la jetée de l'avant-port de la Joliette.

Malgré l'ouragan qui, dans sa fureur, renverse et emporte tout, le capitaine Maigre, un des premiers, vole au sauvetage du bâtiment naufragé.

Inutile d'ajouter qu'en cette circonstance il fit, comme toujours, preuve d'un courage héroïque.

D'ailleurs, dans un certificat décerné le 19 avril 1865, le commissaire en chef de la marine a fait l'éloge de cette belle conduite.

Le capitaine Maigre n'est pas seulement un excellent et dévoué marin ; c'est un encore un homme de science.

Grâce à ses observations intelligentes en mer, la météorologie a fait des pas rapides dans la voie du progrès.

Aussi, une Médaille en or de première classe est-elle venue, le 15 septembre 1865, récompenser de nouveau le zèle et l'assiduité déployés par le brave marin dans des étudés dont l'utilité est appréciable.

C'est à grands traits que nous venons d'esquisser la biographie du capitaine Maigre ; à ceux qui nous en feront des reproches, nous répondrons que, n'ayant pas des volumes entiers à notre disposition, nous avons dû nous en tenir à ce rapide exposé.

Il suffira, du reste, à faire estimer, comme il doit l'être, le caractère de l'homme qui a donné lieu à ce proverbe provençal, superbe de justesse, et qui a cours sur le littoral de la Méditerranée :

« A UN KILOMÈTRE DE MAIGRE, IL N'EST PAS PERMIS DE SE « NOYER ! »

Le capitaine Maigre possède trois fils qui sont attachés à la marine marchande : — l'aîné comme capitaine en second, le deuxième comme lieutenant, et le troisième comme timonier.

Ce dernier se nomme Eugène, il est âgé de 17 ans à peine et, dernièrement, il a eu l'heureuse chance, à Alexandrie, de sauver la vie à un marin en danger.

Voici le fait qui nous a été raconté par un témoin *de visu* :

Eugène Maigre veut devenir aussi brave que son père. Il y a quelque temps un navire était à la côte ; tous les marins s'était précipités à la mer, luttant contre les vagues et la tempête. Un de ces marins allait périr, Eugène Maigre s'en aperçoit, se jette vaillamment à l'eau et, après avoir failli être broyé sur les rochers, il sauve le malheureux marin.

MADAME MERLIER
(LA MÈRE DES SAUVETEURS)

Faire le bien quand on est récompensé de ses bienfaits par la reconnaissance, est déjà une chose belle, rare et digne d'éloges ; mais combien ne doit-on pas admirer plus encore ceux qui, comme Madame Merlier, agissent dans un but complétement désintéressé, et, dans leur grandeur d'âme, ne reculent pas devant l'accomplissement du devoir qu'ils se sont imposé volontairement, alors même qu'ils sont sûrs d'être payés d'ingratitude !

Un grand et noble caractère, planant au-dessus de la mesquinerie des passions humaines, pour ne songer qu'à secourir, par tous les moyens possibles, les souffrances de ses semblables ; telle est Madame Merlier.

Madame Merlier (Elisa-Virginie Gorillot), naquit à Arras (Pas-de-Calais), le 15 novembre 1821. Elevée par des parents vertueux, elle fut d'abord, avant de devenir un exemple pour les épouses, le modèle des filles.

Ses premières années, — les années si roses et si riantes de la jeunesse, — elle les passa loin de ses compagnes qui la réclamaient, loin des plaisirs de son âge, dans une triste chambre de malade, auprès de sa mère alitée et qu'elle ne quitta jamais.

Mariée le 26 juin 1843, à un négociant d'Amiens, M. Merlier, elle donna à son mari, sans toutefois abandonner sa mère, les plus grandes preuves d'affection et de dévouement conjugal. Lorsque, en 1847, par suite d'affaires malheureuses, l'honneur commercial de M. Merlier se trouva compromis, sa femme n'hésita pas une minute à abandonner sa fortune pour sauver la réputation de l'homme dont elle portait le nom.

Et cependant, en accomplissant ce sacrifice, très-rare de nos jours, Madame Merlier n'avait d'autre perspective que la misère la plus profonde, pour elle et pour sa mère malade.

Mais elle n'hésita pas, et se mit résolûment au travail pour se procurer les ressources qui lui faisaient défaut. En conséquence, après avoir terminé les affaires de son mari, elle vint à Paris (février 1847) pour chercher à utiliser son éducation.

Ses débuts dans cette vie nouvelle de labeurs et de privations furent des plus pénibles, mais ne purent même pas effleurer les sentiments d'humanité et de charité qui étaient vivants dans son cœur. Malgré la pénurie de ressources, lors des événements de 1848, Madame Merlier trouva le moyen d'être utile à ses semblables et fut la première à établir une ambulance, pour les blessés, à la mairie du septième arrondissement.

Sa belle conduite, lors de la révolution, fut remarquée et signalée; mais Madame Merlier refusa, en cette occasion, toute récompense.

En 1849, la maladie semble vouloir arrêter les élans de Madame Merlier; cette femme courageuse et énergique ne se laissa pas abattre; après quelques mois de souffrances, elle se releva de son lit de douleur et reprit courageusement sa tâche humanitaire.

En 1850, elle entre comme ouvrière à l'imprimerie impériale. Là, son zèle et son intelligence la font remarquer du directeur, M. de Saint-Georges, qui, au bout de quelques mois (24 juillet 1850), la désigne à M. de Tournus, directeur général de l'enregistrement et des domaines, pour remplir une place vacante au Timbre, avec 650 francs d'appointements; — maigres ressources, avec lesquelles Madame Merlier ne vivait que difficilement! Néanmoins, la courageuse femme n'hésita pas à les diminuer, en constituant, sur son traitement, une rente viagère à son père, qui vint la rejoindre à Paris (mars 1851), après avoir vu s'engloutir sa fortune dans des entreprises et des inventions improductives.

Ce n'est pas tout ; à cette charge, qui se continua jusqu'en 1854, vint bientôt s'en adjoindre une autre. Mlle Daby, directrice adjointe des salles d'asile de Paris qui, le 7 avril 1851, avait épousé le frère de Madame Merlier, fut, quelque temps après son mariage, atteinte d'une maladie d'yeux qui la força de se reposer pendant deux années. En présence de ce nouveau malheur, qui s'apesantissait sur les siens, Madame Merlier ne faiblit pas ; à force d'énergique travail, elle suffit à tout, vint en aide au pauvre ménage, et en accepta même les dettes à sa charge, lorsque, le 2 janvier 1854, sa belle-sœur mourut, laissant un jeune fils, qu'elle adopta et éleva comme le sien propre. Voici dans quelles circonstances s'opéra cette adoption :

Le 1er janvier 1854, la nouvelle accouchée, sachant qu'elle ne pouvait nourrir son enfant, exprimait à Madame Merlier ses craintes pour l'avenir.

« — Bien que je sois encore éloignée, répondit l'ange de la famille, d'avoir pu rembourser mes amis de ce qu'ils m'ont prêté durant ma maladie, je vous promets, ma bonne Marie, s'il arrivait un malheur, qui n'est pas probable, que je paierai les 957 francs que vous devez et que j'élèverai votre enfant, en faisant tous mes efforts pour lui donner de l'éducation, comme vous le feriez vous-même. »

Noble promesse qui fut dignement tenue.

Après la mort de sa sœur, la position pécuniaire de Madame Merlier semble s'améliorer ; le 1er février 1854, elle est nommée distributrice de papier timbré, avec 1,200 francs d'appointements fixes et 200 francs, environ, de remises sur la vente. De plus, elle obtient, du ministère des finances, des écritures à faire chez elle. Grâce à ce supplément de ressources, Madame Merlier espère s'acquitter de ses dettes et de celles de sa sœur.

Mais elle a compté sans sa constante charité. En effet, le 17 janvier 1855, Rosine Trunet, femme Masso (d'Arras), restée sans ressources par suite de la mort de son père, capitaine d'artillerie en retraite, vint à Paris pour se placer et demanda, pour huit jours, l'hospitalité à Madame Merlier, qui demeurait rue Saint-André-des-Arts, n° 22. Au bout de quelques jours, cette dame Masso, dont Madame Merlier avait seulement connu la mère, fut atteinte d'un accès de phthysie aiguë, qui la mit au lit et dans l'impossibilité de pourvoir à son existence.

Malgré l'exiguité de ses ressources, malgré les exigences de sa position, rendue difficile par ses malheurs antécédents, Madame Merlier se condamna à un esclavage volontaire pour assister la malheureuse.

Le travail vint à bout de tout; les jours ne suffisant pas, les nuits furent employées à des écritures, dont le revenu modique pouvait compenser le surcroît de dépenses. Rien ne manqua à la malade; il fut même pourvu aux caprices si connus des poitrinaires, qui désirent tout et ne consomment rien.

Sur ces entrefaites, et en face d'un tel état de choses, le docteur Léger conseilla à Madame Merlier d'envoyer à l'hôpital cette femme, — qui l'avait indignement trompée en lui dissimulant sa position suspecte, et en lui cachant l'existence d'une partie de sa famille, entachée d'une moralité douteuse.

Madame Merlier s'y refusa obstinément; elle donna pour raison : qu'une malade n'a pas la plénitude de ses facultés, que cette malheureuse était abandonnée de tous les siens et que le seul mot d'hôpital était si redouté de la poitrinaire, qu'elle ne voulait pas prendre sur sa conscience de l'avoir fait mourir prématurément. Madame Merlier continua donc ses soins sans laisser pressentir, même, à la femme Masso, qu'elle connaissait son ingratitude, et sans que rien fût changé dans les rapports de la moribonde avec celle qui avait bien voulu se constituer sa garde-malade, sa consolation assidue, son gagne-pain !...

Et quand la mort termina l'existence de la triste créature, le 7 février 1856, sa bienfaitrice, en soldant les frais de l'enterrement, poussa jusqu'au bout un dévouement dont la rareté mérite bien d'être reconnue.

Dire, après ce qu'on vient de lire, que Madame Merlier continue à être la Providence de ceux qui s'adressent à son cœur, et que tous ceux qui la connaissent apprécient l'élévation et le désintéressement de son caractère, serait chose inutile.

Le 9 mars 1855, Madame Merlier a reçu une Médaille d'or (2e classe) du Gouvernement. La Société des Sauveteurs de la Seine, le 24 février 1856, lui décerna une Médaille de première classe, et l'admit dans son sein en qualité de membre honoraire.

Dans l'année 1877, Madame Merlier a reçu la grande Médaille de la Société d'encouragement au bien.

Madame Merlier a été recherchée, fêtée et honorée par toutes les Sociétés de Sauvetage de France et de l'Etranger.

Les services innombrables qu'elle a rendus à tous ceux qui se dévouent à l'humanité, et qui portent sur leur poitrine la Croix du peuple au ruban tricolore, — ces services-là, il nous a été impossible d'en surprendre le secret, — ont valu à la vaillante sœur de la charité, le surnom si bien mérité de : *Mère des Sauveteurs.*

SELEN (Louis)

Entrepreneur de la restauration des remparts, et capitaine des sapeurs-pompiers de la ville d'Avignon, il peut à bon droit être fier de ses trente et un ans de glorieux services.

Entré dans les sapeurs-pompiers le 10 juin 1837, Selen y tint dignement sa place jusqu'en 1840, époque à laquelle il fut appelé à faire partie du 53e de ligne, alors en Afrique. Sous l'uniforme, le jeune soldat fit vaillamment son devoir, surtout à la bataille d'Isly, à la suite de laquelle il reçut les éloges de ses chefs.

En 1845, au mois de mars, Selen rentrait dans ses foyers et sollicitait de suite la faveur d'être réintégré dans la compagnie des sapeurs-pompiers, où il fut promu successivement, caporal, sergent, sous-lieutenant, et enfin capitaine, en 1867.

Du reste, sa belle conduite, dans toutes les circonstances périlleuses, lui avait bien mérité les honneurs du commandement. Ainsi, le 24 décembre 1854, il s'exposait à être écrasé en allant chercher, au milieu des décombres d'une maison qui s'écroulait, un malheureux enfant de sept ans.

Aux inondations du Rhône, en 1856, il établissait, après quarante-huit heures d'un travail pénible et dangereux, un barrage qui sauva tout un quartier de la ville et empêcha plus de deux mille barriques de garance d'être entraînées par le courant ; — courageuse conduite, qui lui a valu l'année suivante une médaille de sauvetage.

En 1867, Selen déploie son courage et un grand dévouement dans deux incendies. Le premier, celui du 20 juin, dévorait les ateliers de tonnellerie de la porte Saint-Roch, et il fut promptement arrêté, grâce aux savantes mesures du commandant des pompiers. Quant au second, qui éclata le 9 juillet dans les bâtiments de l'Hôtel du Luxembourg, il fit ressortir, par les difficultés du sauvetage, les rares qualités d'intelligence et de bravoure de Selen. Aussi une médaille d'or est-elle venue récompenser le brave capitaine.

D'ailleurs, il s'était encore signalé dans un terrible incendie qui, le 11 octobre 1867, fit deux victimes dans la rue du Rempart-de-la-Ligue.

Aux bons et loyaux services rendus par le capitaine Se-len à ses concitoyens, il faut ajouter l'esprit de bonté et de bienveillance dont il est animé envers tout le monde, et surtout pour ses braves pompiers, qu'il aime comme ses enfants.

Il y a peu de temps encore, il donnait, à ces volontaires du courage et de l'abnégation, une grande preuve d'affection, en jetant les fondements d'une société de secours mutuels destinée à venir en aide aux familles des pompiers blessés ou tués dans l'exercice de leurs fonctions humanitaires, et en fondant un prix destiné à stimuler les actes de dévouement.

Le brave Selen a été nommé président de cette société, par décret impérial du 13 février 1869, et réélu, depuis, par le suffrage de ses camarades. La fondation de cette Association d'hommes de courage est une belle et noble idée, au succès de laquelle tous les vrais Sauveteurs s'associeront.

VALLÉE (François-Hubert)

Il est né à Vernon (Eure), le 20 août 1824. — En 1852, Vallée était percepteur de Manthelan; à cette époque, de fréquents incendies inquiétaient les populations, et se renouvelaient malgré une active surveillance; la commune ne possédait pas de pompe à incendie, et tout le monde, cependant, reconnaissait son utilité, surtout dans un moment de panique générale. Après avoir obtenu l'autorisation du sous-préfet de Loches, Vallée prit l'initiative d'une souscription volontaire, qui atteignit le chiffre de 1,251 fr. 50 c., et, ce premier résultat obtenu, il obtint encore du Conseil municipal le vote d'achat d'une pompe à incendie et la création d'une subdivision de compagnie de sapeurs-pompiers de vingt-cinq hommes. La pompe étant achetée, Vallée fut chargé, par le sous-préfet de Loches, d'organiser de suite le corps des pompiers, et, en attendant la nomination du sous-lieutenant, il fut autorisé à prendre le commandement provisoire ; mais Vallée ne tarda pas, bien entendu, à être nommé sous-lieutenant, par décret du 6 janvier 1855, et, ayant été appelé, par arrêté du ministre des Finances, à la perception de Cormery, distante de 16 kilomètres de Manthelan, il ne voulut pas abandonner son œuvre ; il vint donc une fois par mois prendre le commandement de la manœuvre, veiller aux détails de l'organisation et à l'instruction des hommes, jusqu'au 21 septembre 1855, époque à laquelle le brave Vallée put donner sa démission, après avoir organisé efficacement les secours aux incendies qui eurent lieu aux villages du Petit-Clos (octobre 1854) et de Morignan (juin 1855).

A Cormery, existait une subdivision de trente pompiers, commandée par un sous-lieutenant ; cet officier, ennuyé de l'indiscipline de ses hommes, avait donné sa démission, et M. Suzo, maire, connaissant les succès obtenus à Manthelan par Vallée, lui proposa la réorganisation de cette compagnie. Celui-ci accepta le concours qui lui était demandé, et fut nommé sous-lieutenant. Il réussit encore dans cette nouvelle tâche et, à son départ de Cormery, Vallée laissa la subdivision reconstituée sur des bases solides, bien disciplinée et animée d'un bon esprit.

Même fait se manifesta à Amboise, qui, en 1861, possédait une compagnie de sapeurs-pompiers, réduite à trente-quatre hommes, menaçant de se dissoudre, et dont l'utilité était reconnue incontestable dans une ville de cinq mille habitants. Cédant aux sollicitations du maire, Vallée fut nommé capitaine, le 3 juillet 1861 ; il s'occupa activement de la régénération de la compagnie ; grâce à lui, un nouveau règlement fut approuvé ; une troisième pompe à incendie, avec avant-train, fut achetée ; un nouvel uniforme substitué à l'ancien ; une pension de retraite accordée aux sapeurs-pompiers; un corps de musique créé, et une Société de Secours mutuels, spéciale aux Soldats de la paix, à leurs femmes et à leurs enfants, fut établie. L'effectif de la compagnie arriva à soixante-seize hommes. Nous n'avons pas besoin de signaler les difficultés nombreuses que l'intelligent capitaine rencontra sur sa route dans l'accomplissement de sa tâche; mais il fut récompensé par l'éloge unanime des habitants, qui le félicitèrent, notamment après l'incendie qui éclata le 7 juin 1863 et menaça de détruire un quartier d'Amboise.

Le 27 septembre 1866, Vallée se distingua dans la terrible inondation de la Loire; il contribua à la préservation principale de la ville en ordonnant, avec une rare présence d'esprit, la fermeture des deux issues de la rive gauche du fleuve.

Le 16 juin 1866, Vallée avait obtenu une médaille d'honneur en argent de 2e classe, pour son dévouement à l'incendie du 7 juin 1863.

Aujourd'hui, on trouve ce citoyen remarquable encore et toujours prêt à être utile à ses concitoyens; il a principalement coopéré à la création d'une boulangerie économique, à Amboise (mars 1868), au moment de la cherté du pain, — ce qui a amené une baisse immédiate de vingt centimes par six kilogrammes, chez tous les boulangers de la ville.

JANSE

Philbert Janse est Président de la Société des Sauveteurs du Loiret, et capitaine-commandant des Sapeurs-Pompiers d'Orléans.

Dans l'année 1846, Janse gagnait la Médaille d'argent de première classe du Gouvernement, pour son dévouement dans les incendies et les inondations de la Loire.

La médaille d'or de première classe lui était décernée en 1856, et, en 1868, il était nommé chevalier de la Légion-d'honneur.

En parcourant les journaux de l'époque, voici ce ce que nous lisons dans le *Moniteur officiel* du 24 mai 1868, et dans le *Mémorial diplomatique* de la même date :

« Parmi les décorations qui ont été accordées par l'Empereur, pendant son court séjour à Orléans, une surtout mérite une mention particulière.

» Ce n'est pas un vain titre que celui de Président des Sauveteurs du Loiret. Presque périodiquement, la Loire rompt ses digues et change les vastes plaines du val d'Orléans en une véritable mer, entraînant dans son immense et rapide roulis, maisons, récoltes, hommes et bestiaux. C'est en arrachant de nombreuses victimes aux étreintes de ce terrible fléau que Philbert Janse a gagné le titre dont il a le droit de se glorifier.

» Mais l'eau n'est pas le seul ennemi auquel le courageux Sauveteur a disputé la vie de ses semblables ; le feu a éclairé aussi les actes de généreuse témérité qui lui ont valu l'honneur d'être promu au grade de capitaine de la compagnie des Sapeurs-Pompiers d'Orléans, à la tête de laquelle il marche, depuis de longues années, partout où le danger menace, partout où il y a des devoirs d'humanité à remplir.

» La conduite de Janse est d'autant plus louable que sa position lui permet de vivre en homme de loisir ; il a préféré vivre en citoyen utile, — aussi a-t-on unanimement applaudi à la croix de la Légion-d'honneur qui lui a été décernée. »

Comme un heureux présage à cette croix, la Société des Sauveteurs de la Seine, dans sa séance solennelle de 1867, avait accordé à Janse le Prix Édouard Boitelle (médaille d'or), fondé pour récompenser la vie la plus honorable et la plus dévouée.

Un dernier mot peindra Philbert Janse :

Il reste fidèle à tous ses principes d'honneur et de souvenir.

NADAULT DE BUFFON

Noblesse oblige ! Si ce proverbe a été justement appliqué, certes, c'est par le descendant du grand homme auquel nous devons les premiers principes des Sciences naturelles.

Alexandre-Henri Nadault de Buffon est né à Chaumont (Haute-Marne), le 16 juin 1831.

De bonne heure, et grâce aux nobles enseignements de son père, l'un des ingénieurs les plus distingués qui soient sortis de l'Ecole polytechnique, il fit présager ce qu'il devait être : un citoyen courageux et un savant.

C'est ainsi qu'en 1848, au mois de juin, lorsque la patrie, déchirée, fit un appel aux citoyens dévoués et amis de l'ordre, on vit le jeune de Buffon, alors âgé de 17 ans, laisser livres et études pour combattre au milieu des défenseurs de la paix.

A l'âge où les jeunes gens n'ont encore d'autre ambition que celle des Palmes universitaires, il vola sur le champ de bataille de la guerre civile.

L'insurrection grondait dans Paris; Alexandre-Henri prit le fusil de son père, alors absent de la capitale pour cause de service, et vint se placer dans les rangs de la dixième légion.

Ce fut là qu'il fit preuve, pour la première fois, de cette intrépidité qui lui a acquis la réputation d'un des hommes les plus braves de France.

Dans le premier engagement qui eut lieu entre les insurgés

et les défenseurs de l'ordre, sur la place du pont Saint-Michel, l'élève du Lycée Descartes (ancien Collège Louis-le-Grand), donna à des hommes plus âgés que lui l'exemple du courage et de l'audace.

Blessé d'un coup de feu à la jambe, il n'abandonna pas les rangs où il était venu combattre en volontaire, et prit part aux nombreuses luttes dont la place du Petit-Pont et les rues avoisinantes furent successivement le théâtre.

Il se distingua, tout particulièrement, à la prise des magasins des *Deux-Pierrots*, au coin de la rue de la Huchette, où les insurgés avaient concentré toutes leurs forces.

Dans le courant de cette journée, où il sauva la vie à plusieurs gardes nationaux, il reçut une nouvelle blessure qui ne put lui faire encore abandonner le terrain.

Le soir de cette triste bataille, le jeune Nadault de Buffon rentra chez lui, épuisé, sans forces, demi-mort de fatigue, de faim et de douleur.

Et pourtant, le lendemain, lorsqu'il s'agit de déloger les émeutiers du Panthéon, il se présenta un des premiers.

Sa conduite, lors de l'assaut de la formidable barricade qui fermait la place du côté de la rue Soufflot, est au-dessus de toute appréciation.

Avec un élan qu'on ne trouve guère que chez nos vétérans, le héros entraîna sa légion et mit terme à une résistance opiniâtre, qui, durant quatre heures, avait fait éprouver à la garde nationale et à la garde mobile des pertes considérables.

Une telle bravoure devait être remarquée et le fut réellement.

Bientôt après, guéri de ses blessures, Nadault de Buffon reprit ses études abandonnées, et ses camarades purent voir briller, sur son uniforme de lycéen, la croix de la Légion d'honneur, accordé le 4 mai 1849.

De tels débuts firent croire que Nadault de Buffon se destinait à la carrière des armes.

Il n'en fut rien.

Ses études terminées, le jeune homme fit son cours de droit et embrassa la carrière de la magistrature.

Sous la toge de juge, comme sous le harnais du combattant de juin, il se montra homme de courage.

En 1837, à Châlon-sur-Saône, où il était substitut, il sauva, au péril de sa vie, un homme qui venait de se précipiter dans la Saône.

Une médaille d'or de première classe fut la récompense de sa belle conduite.

D'autres faits pourraient encore être signalés à la louange du magistrat courageux ; mais ce que nous avons dit suffira pour permettre d'apprécier son caractère.

Le Gouvernement a su rendre au talent de Nadault de Buffon la justice qui lui était due ; car après avoir été substitut du procureur-général près la Cour de Rennes, il a été nommé avocat-général près la même Cour.

En lui accordant cette place élevée dans la magistrature, le ministère de la justice récompensait non seulement le magistrat intègre, mais encore a rendu hommage au littérateur et au savant qui continuait dignement les traditions de sa famille.

On doit à Alexandre-Henri de nombreux et précieux ouvrages.

Il a jeté sur le célèbre naturaliste, dont il descend, un jour nouveau, qui montre dans tout son éclat la science et le beau caractère du grand homme.

Il a donné d'abord : la CORRESPONDANCE INÉDITE ET ANNOTÉE DE BUFFON (deux volumes) ; puis mis en ordre, annoté et augmenté de documents inédits, l'ouvrage intitulé : BUFFON, SA FAMILLE, SES COLLABORATEURS ET SES FAMILIERS ; MÉMOIRES, par M. Humbert-Bazile, son secrétaire ; puis deux brochures, MONTBARD ET BUFFON, et BUFFON ET JEAN NADAULT ; enfin, une VIE DE BUFFON, insérée au *Panthéon universel*.

Ces ouvrages, dans lesquels l'honorable magistrat fait preuve, pour son ancêtre, d'une admiration qui va jusqu'au culte, ne sont pas les seuls qu'il ait publiés.

On doit encore à sa plume féconde et distinguée une foule de Traités sur différentes matières, Art, Droit, Philosophie, savoir :

LES MUSÉES ITALIENS, étude d'art ; UN ÉPISODE DE LA VIE LITTÉRAIRE DE FRÉDÉRIC II ; OBSERVATIONS CRITIQUES SUR LA LOI DU 30 JUIN 1838, touchant les aliénés ; DES DONATIONS AYANT LE MARIAGE POUR OBJET ; ROME ANTIQUE DANS ROME MODERNE ; BIOGRAPHIE DE DAUBENTON ; l'EDUCATION DE LA PREMIÈRE ENFANCE OU LA FEMME APPELÉE A LA RÉGÉNÉRATION SOCIALE ; enfin, nombre d'articles aussi bien pensés qu'élégamment écrits, et publiés dans la *Revue britannique*, la *Revue française* et la *Revue archéologique*, recueils vantés qui sont, à juste titre, fiers de compter M. de Buffon parmi leurs collaborateurs.

Noblesse d'origine, de cœur, de science et de talent ; — telle doit être, pour les esprits intelligents, la devise résumée de Nadault du Buffon.

Une des acanthes qui brillera le plus au blason de Henri Nadault de Buffon sera la fondation de la Société des Chevaliers-Hospitaliers Bretons.

Enfin, c'est le 11 avril 1877 que cet illustre descendant du premier naturaliste du monde a été promu officier de la Légion d'honneur ; juste récompense d'une vie toute de travail et de dévouement. — Ajoutons que Nadault de Buffon, qui est totalement aveugle aujourd'hui, a pris sa retraite d'avocat-général à la Cour de Rennes.

JACOMY

Les enfants de Paris sont connus pour leur courage et leur bienfaisance ; partout où il y a un acte de dévouement ou de générosité à accomplir, on est certain de rencontrer un Parisien.

Sous ce rapport, Alphonse Jacomy est un fils de la vieille Lutèce, où il est né le 6 décembre 1835.

Du reste, si Jacomy est digne du beau titre de Sauveteur, il a, comme on dit vulgairement, de qui tenir ; car sa mère, aux terribles journées de juin 1848, en allant ramasser et panser, jusque sous la mitraille, les blessés qui tombaient, déploya un courage et une énergie bien au-dessus des faibles éloges que lui accorda le vaincu de Castel-Fidardo, si héroïque en Afrique, le général Lamoricière.

Ce fut en 1852 que le fils de cette noble femme fit ses premières armes de Sauveteur. Il retira de la Seine, à la Varenne, le jeune Blanchette, que les eaux entraînaient, et s'esquiva, modestement, à l'ovation que les témoins de cet acte voulaient faire à son jeune courage.

En 1863, Jacomy sauve la vie à un nommé Auguste Bittran.

En 1864, il arrache encore trois personnes à la mort.

Le 2 juillet 1866, un cheval, attelé à une voiture omnibus, s'emporte dans la rue Doudeauville, à la Chapelle-Saint-Denis, menaçant de tout écraser sur son passage ; Jacomy s'élance et l'arrête au péril de ses jours.

Lors d'un débordement de la Seine, il se met à la disposition des autorités pour porter secours partout où l'on réclamera son aide ; une pièce, légalisée par le commissaire de police de Bercy, atteste cette offre généreuse et désintéressée.

Le 13 janvier 1867, un commencement d'incendie éclate dans la maison n° 9 de la rue des Noyers ; c'est Jacomy qui l'arrête en attrapant de cruelles brûlures ; six notables commerçants de la place Maubert attestent ce fait digne d'éloges.

Partout et toujours, Jacomy est prêt à faire acte de dévouement et d'énergie, et l'on pourrait citer une foule de circonstances périlleuses : incendies, inondations, dans lesquelles il a prouvé son intrépidité et son abnégation.

La Presse, se souvenant que Jacomy était fils d'un homme honorablement connu dans les Lettres, s'est plue à constater le courage du jeune Sauveteur. C'était justice, et chacun a applaudi, lorsque le *Moniteur* du 10 avril 1865 l'a nommé en lui décernant une médaille d'argent.

Comme si ce n'était pas assez pour Alphonse Jacomy d'exposer ses jours au profit de ses semblables, on le voit encore associé et prêtant son utile concours aux institutions philanthropiques.

C'est ainsi que, dès 1858, il devient secrétaire de la Société de Saint-Vincent-de-Paul (section de Saint-Germain-l'Auxerrois), et qu'en 1855, il participe à l'œuvre éminemment sociale présidée par le comte de Melun, et qui a pour objet de réunir, tous les dimanches, de nombreux jeunes gens dans le but de les préserver des séductions dangereuses, en leur réservant des distractions honnêtes.

C'est comme président de la réunion du premier arrondissement qu'il a reçu, au nom de l'Empereur Napoléon III, un diplôme d'honneur et une récompense honorifique.

Du reste, la Providence s'est plue à protéger celui qui protégeait et sauvait les autres, car de nombreuses médailles d'or, d'argent et de bronze sont venues récompenser son industrie privée, — dont ce n'est point l'occasion de parler ici.

Pendant la guerre contre la Prusse, en 1870-1871, Alphonse Jacomy servit dans le Bataillon des Sauveteurs de la Seine, en qualité de lieutenant de la 1re compagnie ; non-seulement il accomplit son devoir avec courage et dévouement, mais encore il sut remplacer avec abnégation son capitaine, mort à la suite d'une blessure grave.

A ce sujet, le ministre des travaux publics d'alors lui délivra un brevet « comme témoignage des sentiments patriotiques dont il fit preuve pendant le Siége de Paris. »

Ce n'est pas tout.

Le 24 février 1871, Jacomy sauva le nommé Lavergne, ouvrier maçon, accusé d'être un sergent de ville déguisé, au moment où la foule, réunie sur la place de la Bastille, voulait le mettre à mort. Pendant six heures, Jacomy entendit continuellement hurler à ses oreilles la menace : *A l'eau, le traître !*

Un incendie se déclara aux Ternes le 22 avril 1872 ; Jacomy faillit y périr sous un mur écroulé.

Il faillit périr encore, le 9 novembre 1874, pour s'être trop exposé dans un incendie qui s'était déclaré rue de l'Université, chez le consul de Russie.

Enfin, le 30 juin 1876, Jacomy sauvait de la Seine, au pont Bineau (île de la Grande-Jatte), un jeune homme de treize ans, à sept heures du soir.

Non-seulement Alphonse Jacomy est Lauréat de nombreuses médailles du Gouvernement et de nombreuses Sociétés particulières, mais encore, en 1876, dans le 1er arrondissement de Paris, il a obtenu le plus de voix après le député élu, — ce qui prouve que le peuple de Paris est bien près de nommer son représentant Alphonse Jacomy : l'honnête homme.

Jules MORAUX

Jules Moraux est né le 21 juillet 1830, à Raucourt (Ardennes). Il a été : soldat ; — régisseur d'un théâtre de Paris pendant quatorze années ; — sous le dernier siège de Paris, il a été officier des francs-tireurs de la garde nationale, — et enfin il est entré, le 1ᵉʳ novembre 1870, dans le corps des gardiens de la paix (corps mobilisé).

On a beau tourner en dérision tout ce qui se rapporte à l'armée et aux braves qui, sous l'uniforme, consacrent à la patrie les plus belles années de leur jeunesse ; il n'en est pas moins vrai que le régiment est l'école où l'on enseigne le mieux, théoriquement et pratiquement, les vertus patriotiques et humanitaires. Que l'on consulte les Fastes des sauvetages, et l'on verra si, des Soldats de la paix, un grand nombre ne sort pas des rangs qu'abrite le glorieux drapeau de la France !

Jules Moraux est un de ces braves qui ont acquis, dans l'armée, les vertus éminemment françaises du patriotisme et du dévouement.

Racontons-donc brièvement son existence vaillante.

Le 10 août 1864, il a sauvé une petite fille de cinq ans, qui avait été renversée par une voiture traînée par deux chevaux emportés, — et sa récompense, cette fois, a consisté en deux blessures reçues.

Le 26 avril 1869, au moment où la foule se portait au théâtre de l'Ambigu, Moraux la préserva de grands dangers en arrêtant un cheval fougueux qui, tête baissée, irruait au milieu des promeneurs paisibles.

Nous ne dirons pas que, sacrifiant l'avenir qui l'attendait dans la carrière dramatique, Moraux n'hésita pas à prendre du service pendant la guerre Franco-Allemande, — Il n'a fait que son devoir; mais nous raconterons le fait suivant :

C'était le 17 août 1871; Jules Moraux passait, à huit heures du soir, devant le bassin du canal Saint-Martin, quai de Valmy. Un jeune homme de quinze ans venait de tomber à l'eau ; il allait infailliblement périr, car il était pris entre deux bateaux.

Sans calculer le danger, Moraux retire le jeune homme du canal, porte l'asphyxié chez un marchand du quai, place le corps sur une table et, après une heure de frictions, d'insufflations et d'aspirations dans la bouche, parvient à ramener le jeune homme à la vie, et, le chargeant sur ses épaules, le reconduit chez ses parents, qui demeuraient rue des Quatre-Fils.

En dehors de ces actes de courage, Jules Moraux a accompli beaucoup d'actions humanitaires.

C'est ainsi que, pendant l'Exposition dernière, il a sauvé une dame étrangère d'un grand embarras; bien plus, il s'occupe continuellement et gratuitement de placer les employés et les ouvriers sans ouvrage.

Dire, après ce qui précède, que Jules Moraux est un bon fils et qu'il soutient, par son travail, sa vieille mère infirme, ne surprendra personne.

Mais on croirait presque que les exemples donnés par notre brave sont communicatifs.

En effet, Mme Eugénie Moraux, son épouse, a sauvé, le 7 février 1868, deux personnes, la mère et la fille, qui allaient mourir d'asphyxie, n° 12, rue Legrand (Paris-la-Villette).

Enfin, Jules Moraux est titulaire d'un grand nombre de médailles qu'il a certes bien gagnées, — et beaucoup de Sociétés de sauvetages et d'humanité l'ont admis dans leur sein.

MARTIN (Jean-Hippolyte)

Né le 23 avril 1823, à Moulins-Engilbert (Isère.)

Martin a débuté de bonne heure dans la carrière humanitaire.

A quinze ans, il retirait de la rivière d'Aron, un de ses camarades, nommé Billoué, qui allait se noyer en se baignant.

Le 20 février 1857, un habitant de Verneuil, le sieur Theurier, tombe dans le canal, à dix heures du soir.

Il va périr sans que, sur huit personnes qui assistent à son naufrage, une seule ose lui porter secours.

Heureusement, Martin est averti à temps; il accourt, se précipite dans l'eau et retire la victime, qu'il emporte chez lui pour lui prodiguer les soins nécessaires.

Les huit témoins, que leur grandeur attachait au rivage, comme jadis Louis XIV, ont attesté la belle conduite de Jean-Hippolyte, probablement parce qu'ils pouvaient le faire sans risquer leur existence.

Le 22 avril de la même année, Martin retire sain et sauf du canal un ouvrier tailleur étranger, qui avait cherché dans le suicide un refuge contre la misère et le désespoir.

Le 15 octobre 1859, il rend le même service à un marinier de Nevers, nommé Derougie, qui voulant manœuvrer son bateau, malgré l'état complet d'ivresse dans lequel il se trouvait, était tombé dans le canal.

Mais Martin ne se contente pas d'être brave et courageux, il est encore l'un des hommes les plus honnêtes qui existent.

Ses actes sont là pour le prouver, — et surtout la probité avec laquelle, le 24 décembre 1861, il a remis à un sieur Dumas, de Verneuil, un portefeuille contenant 600 francs en billets de Banque.

Cet argent, le sauveteur pouvait le garder, — personne ne sachant qu'il l'avait trouvé ; cependant, il ne lui vint pas un seul instant l'idée de se l'approprier. Et pourtant que de bien-être cette somme eût apporté à sa nombreuse famille !

Un mois après, le 28 janvier 1862, Martin reprenait le cours de ses sauvetages en retirant des flots et des glaces le nommé Boncœur, de Cercy-la-Tour, qui, en l'aidant à la manœuvre de son barrage, par une débâcle de glaces, était tombé dans l'eau.

Lorsqu'après une longue lutte il parvint à arracher son compagnon de travail à la mort, le sauveteur était aussi épuisé que le naufragé.

Le 15 janvier 1866, à onze heures du soir, Martin, qui est éclusier à Cercy-la-Tour, est réveillé par des cris. Il passe un pantalon et sort ; un homme est là qui se débat et va se noyer dans le canal... Malgré l'obscurité et le froid, Martin s'élance dans l'eau et, après de longs efforts, ramène sur la berge celui qui allait périr. C'était un marinier de Montargis, nommé Edme Prieur, qui, en passant sur les portes de l'écluse pour aller rejoindre son bateau, était tombé d'une hauteur de plus de cinq mètres.

Enfin, le 20 février 1867, l'éclusier de Cercy a risqué sa vie en arrêtant un cheval emporté et attelé à une voiture appartenant à un sieur Emile Vagne. Grâce à ce dévouement, de grands malheurs ont pu être évités.

Les belles actions que nous venons de rapporter ont acquis à Martin une juste réputation d'honnêteté et de courage ; ses compatriotes l'aiment et le respectent, et il est aussi fier de la considération dont il jouit que de la médaille en argent de 2e classe et du diplôme qui lui ont été décernés, par le Gouvernement, le 17 octobre 1866.

DIRASSEN

Jean-Baptiste Dirassen est né à Guiches (Basses-Pyrénées), le 1er juillet 1812.

Tout d'abord, nous devons remarquer que, de 1845 à 1856, Dirassen a été pompier à Belfort; de 1862 à 1866, il a été pompier à Mulhouse; puis, de 1873 à 1878, il est revenu pompier à Belfort.

Pendant cette longue période d'années, Dirassen a assisté à tous les incendies qui ont éclaté dans les deux villes de notre regretté Haut-Rhin, et a fait preuve d'énergie et de courage, puisqu'il était toujours un des premiers là où était le danger.

Constatons encore, avant d'aller plus loin, qu'il a accompli de nombreux sauvetages, obtenu plusieurs médailles d'honneur et qu'il est établi, officiellement, qu'il a sauvé la vie à vingt et une personnes.

Et, maintenant, esquissons rapidement cette belle nature.

Sa noble conduite, et les nombreux services qu'il a rendus aux soldats blessés, pendant la guerre franco-allemande, en 1870-1871, lui ont valu la Croix de bronze de la Société internationale de secours aux blessés (section française).

Mais, remontons à l'invasion du choléra de 1854.

Alors que les secours devenaient insuffisants, Dirassen se joignit aux infirmiers et aux Sœurs de Charité, se multiplia auprès des cholériques, jour et nuit, et, sans crainte de la contagion, n'abandonna ses malades qu'après l'extinction de tout espoir.

Non content de courir aux dangers et de braver les fléaux, Dirassen devint philanthrope et, de sa propre initiative, il fonda, le 24 juin 1872, la *Société des Sauveteurs du Haut-Rhin*, qui fut autorisée par le Gouvernement français et qui est aujourd'hui en pleine prospérité.

En 1874, notre brave a été nommé président du Comité de secours aux blessés de l'armée espagnole; son désintéressement et son zèle à soulager les infortunes des malheureux soldats, ont fait demander pour lui, par de nombreux signataires, la croix d'Espagne à S. M. Alphonse XII.

Nous avons dit plus haut que Dirassen s'était distingué pendant la guerre de 1870-1871. Prouvons-le.

Oui, Dirassen a été patriote, non-seulement en concourant à la formation de la légion d'Alsace-Lorraine, — en s'engageant, malgré son âge avancé, comme simple garde national, — mais encore en contribuant puissamment à créer les Compagnies de la troisième Légion d'Alsace.

Les légions formées, Dirassen songea à prendre une partie active à la lutte, et, sans nous étendre sur sa présence au danger, partout où le devoir l'appelait, nous devons mentionner la mission glorieuse et pleine de périls qu'il sut mener à bonne fin.

Le 15 décembre 1870, il obtenait de ses chefs, à force d'instances, l'honneur de faire traverser les lignes prussiennes à un détachement de volontaires alsaciens-lorrains. — Mais il ne suffisait pas à Dirassen d'être courageux et brave, il fallait qu'il fût prudent et inspirât aux jeunes gens qu'il conduisait une confiance entière en son sang-froid; il sut triompher de tous les obstacles, depuis Mulhouse jusqu'à Bâle, et les braves Alsaciens-Lorrains purent s'incorporer à Lyon dans les légions appelées à prendre une part active à la défense de la patrie envahie. — Pour ce fait immense, il fut proposé, par le maire de Mulhouse, pour la croix de la Légion-d'honneur.

Mais, nous croirions manquer au titre même de notre

œuvre, si nous ne mentionnions, pour terminer, une partie des actes de sauvetages de Jean-Baptiste Dirassen.

Le 10 octobre 1847, Dirassen a sauvé un malade qui se trouvait dans son lit au plus fort d'un incendie.

Le 9 mars 1853, il préserva la vie d'un enfant qui allait être écrasé par un cheval.

Le 19 août 1863, il préservait encore la vie de deux petites filles de quatre ans.

Le 4 septembre 1868, il arrêtait un cheval emporté, et, le 28 du même mois, il domptait deux chevaux furieux.

Le 20 juin 1870, Dirassen sauvait l'existence d'un homme en arrêtant également un cheval emporté.

Le 18 août 1875, il retire un homme qui se noyait dans le *Trou des Capucins,* endroit très-profond d'une rivière d'Alsace.

Enfin, le 3 mai 1876, il arrête un cheval emporté et sauve la vie du père d'une nombreuse famille.

D'après ce qui précède, ne pensez-vous pas, lecteurs, que Jean-Baptiste Dirassen ait mérité la croix de la Légion-d'honneur ?

BAISSE

Pierre Baisse, chef de bureau à la mairie de Libourne, membre honoraire de la Société des Sauveteurs de la Gironde et délégué de M. le président auprès des médaillés de Libourne, est un de ces hommes dont on peut dire que toute leur vie a été employée à l'accomplissement de leurs devoirs tant professionnels que philanthropiques. Dans sa longue carrière (il est né à Bordeaux (Gironde), le 15 octobre 1816), il n'a cessé d'être un modèle de discipline, de courage, d'abnégation, de dévouement.

Engagé volontaire au 52° régiment d'infanterie de ligne, le 31 juillet 1837, il passe successivement caporal (12 février 1838), puis sergent (16 mars 1839). En 1842, une amblyopie de l'œil gauche le fait mettre à la réforme et il revient à Libourne où il est nommé, après concours, adjudant sous-officier du bataillon de la garde nationale de la commune ; licencié avec le bataillon à la suite d'une revue du maréchal de Castellane, en 1850, il attend qu'il y ait une place dans la compagnie des sapeurs-pompiers de Libourne, où il entre le 15 août 1857. Là, Baisse rend à ses concitoyens de tels services et fait preuve de si grandes capacités que, le 25 février 1858, il est nommé sergent-major. Malheureusement, il n'eut pas longtemps à déployer, dans son poste honorable, les connaissances spéciales, le courage et l'habileté dont il était coutumier, car l'année suivante, le 20 mars 1859, des circonstances indépendantes de sa volonté le contraignaient à donner sa démission.

En même temps qu'il se faisait remarquer comme garde national et comme sapeur-pompier, le brave Baisse débutait d'une manière brillante dans la carrière administrative. Entré le 15 septembre 1878, en qualité d'expéditionnaire à la mairie de Libourne, il faisait preuve de tant de zèle, et d'une telle compétence que, le 18 février 1856, un arrêté du préfet de la Gironde le nommait vaguemestre de l'hôpital civil et militaire de Libourne.

A dater de ce jour, les autorités du pays, sachant apprécier les qualités hors ligne de l'ancien sergent, le nommèrent successivement : régisseur-comptable des travaux à exécuter pour la réparation de plusieurs chemins (arrêté préfectoral du 12 juin 1857), régisseur des droits de placage des quais de Libourne (1ᵉʳ juin 1858), chef de bureau à la mairie (6 juin 1863), régisseur-comptable pour l'enlèvement et la vente des boues (23 novembre 1867) et enfin, secrétaire du Comité des enfants assistés de Libourne (délibération de la Commission du bureau de bienfaisance du 19 février 1874). De plus, en 1861, 1866, 1872 et 1876, le zélé Baisse a toujours été nommé commissaire délégué chargé des opérations relatives aux dénombrements quinquennaux de la population.

Certes, pour avoir rempli, à la satisfaction générale, tant et de si difficiles fonctions, il fallait être doué d'un mérite exceptionnel. Cependant, ses occupations absorbantes ne faisaient pas oublier à Baisse les devoirs qu'un homme de cœur doit à ses semblables, à l'humanité.

Ainsi, le 31 octobre 1857, il arrêtait, au péril de ses jours, un cheval emporté, attelé à une voiture dans laquelle se trouvaient quatre dames qui allaient être précipitées dans un fossé de deux ou trois mètres de profondeur, sur la route de Libourne à Saint-André de Cubzac, lieudit les Sables, commune de Saint-Michel la Rivière.

Cette action, du reste, n'avait rien d'étonnant de la part de Baisse qui, depuis longtemps, avait fait maintes fois ses preuves de courage.

En 1838, à Nimes (Gard), étant caporal, le vaillant chef de bureau, aidé par un de ses camarades, avait enlevé les meubles d'un appartement incendié où le feu, sans l'intervention des deux militaires, aurait fait un dégât considérable.

En 1839, au Bourg-Lastic (Corrèze), le brave caporal (de grenadiers), en voulant porter secours à une jeune personne grièvement blessée au front par une pièce de bois, lancée d'un chemin qui se trouvait en contre-haut de deux ou trois mètres du seuil de la maison où elle se ronvaitt, se lança si précipitamment, qu'il s'aplatit contre la façade de la maison et eut toute la partie droite du corps contusionnée ; ce qui ne l'empêcha cependant pas de donner à la blessée les soins que nécessitait son état.

Plus tard, en 1840, alors qu'il était sergent de grenadiers, à Clermont-Ferrand (Puy-de-Dôme), le dévoué
Pierre contribua puissamment au sauvetage du mobilier
d'une maison dévorée par les flammes et descendit, d'une
mansarde de l'immeuble, une vieille femme oubliée qui,
sans ce dévouement accompli au péril de la vie, allait
infailliblement périr.

En 1852, à Libourne, il eut, seul, le courage de maîtriser un de ses voisins, le nommé Morin, qui, dans un
accès de folie furieuse, s'était ouvert le ventre avec un ciseau dont il menaçait tous ceux qui le voulaient approcher.

Ajoutons à ses actes de courage, dont nous n'avons fait
que rapporter les principaux, que, depuis qu'il s'est retiré
des sapeurs-pompiers, le courageux fonctionnaire de la
mairie s'est toujours rendu aux incendies, où il a déployé
la plus grande activité et organisé les secours le plus ef-
ficaces.

Sous le rapport du désintéressement, l'ancien militaire
est aussi un de ceux que l'on peut donner comme modèle
à imiter. Nous ne pouvons ici, faute d'espace, raconter
toutes les circonstances dans lesquelles il a montré son
grand cœur et son abnégation ; un fait notamment suffira
à le faire apprécier. Le 22 avril 1842, le sergent réformé
reçut de Son Excellence M. le Ministre de la guerre, par
l'intermédiaire de M. le sous-préfet de Libourne, un
mandat de 125 francs, avec promesse de continuer ce secours dans le cas où il serait nécessaire. Mais, ayant
alors obtenu un emploi dans l'administration des ponts
et chaussées, et l'infirmité qui l'avait fait réformer n'existant plus, le consciencieux Pierre n'a pas hésité à refuser
cette petite pension, ne croyant pas devoir continuer à
bénéficier du bienfait dont le Gouvernement voulait l'honorer. D'après ce que nous venons de raconter, on peut
juger de ce qu'a été toujours et partout la vie de Pierre

Baisse. Aussi ne nous étendrons nous point davantage sur un homme dont l'existence entière a été une continuelle pratique de toutes les vertus sociales et humanitaires. C'est pourquoi, en terminant, nous dirons de lui qu'il est le type complet de l'homme de bien : *vir bonus, fortis, probus et ingenio præditus.*

Pour récompenser une existence si bien remplie, plusieurs Sociétés Philanthropiques ont nommé Pierre Baisse leur vice-président, et membre honoraire, — et le Gouvernement lui a décerné une médaille d'honneur.

Dominique GIOBERGIA

Né à Ajaccio (Corse), le 20 décembre 1844.

Il est chancelier de la Légation de Saint-Marin, à Paris, décoré de plusieurs Ordres étrangers, titulaire de trois médailles d'honneur et de la médaille d'or décernées par le ministre de l'Intérieur, pour actes de courage et de dévouement, et vient d'être, dernièrement, nommé officier d'Académie par M. le Ministre de l'instruction publique.

Nous allons raconter comment Dominique Giobergia a gagné ces médailles :

Le 3 décembre 1872, une dame, tenant un enfant de quinze mois dans ses bras, fut atteinte, à l'angle de la rue de Rivoli (place du Palais Royal), par le timon d'un omnibus lancé à toute vitesse, car les chevaux venaient de s'emporter. La pauvre femme roula, avec son enfant, sous la voiture, et ils allaient être broyés tous deux, lorsqu'un jeune homme, s'armant d'un courage surhumain, se jeta entre les deux roues et, tirant vigoureusement à lui la mère et l'enfant, parvint à les sauver tous deux. Que de bénédictions le brave sauveteur reçut de cette jeune mère, qui échappait miraculeusement à la mort et dont l'enfant n'avait aucune blessure. M. le ministre de l'Intérieur accorda alors à M. Dominique Giobergia, en récompense de son courage, une médaille d'argent de 2e classe.

Il n'est point prouvé, de mémoire d'homme, qu'un sauveteur soit resté en route sur le chemin du dévouement. En effet, le 11 septembre 1875, M. Giobergia passait, à sept heures du soir, sur le quai des Tuileries, lorsqu'il aperçut un cheval venant avec une vitesse vertigineuse dans la direction qu'il suivait. Ce cheval était attelé à une voiture de la Compagnie générale et, l'endroit étant très-fréquenté, de terribles malheurs étaient inévitables. Heureusement notre jeune sauveteur, d'origine corse, était présent; il se jeta résolument à la tête de l'animal furieux et parvint, après des efforts inouïs, à s'en rendre maître. Le cocher et les personnes qui étaient dans la voiture n'éprouvèrent aucun mal, mais le sauveteur avait été grièvement contusionné au côté gauche par un coup du brancard de la voiture. Quelques semaines de souffrances ont été la récompense fortuite du vaillant Soldat de la paix; mais le Gouvernement avait à cœur de récompenser autrement Giobergia, et il reçut la médaille d'honneur de 1re classe, en argent.

Ce n'est pas fini là; du reste, nos camarades sauveteurs savent bien que le sang des *Terre-Neuve de l'humanité* bout dans leurs veines, lorsqu'il y a un danger à conjurer pour sauver la vie de leurs semblables.

Le samedi 12 décembre 1875, vers dix heures du soir, un omnibus de chemin de fer, dont les chevaux s'étaient emportés, descendait à fond de train la rue de Rivoli. L'encombrement des voitures était assez grand en ce moment, et tout le monde s'enfuyait devant le véhicule, qui menaçait de semer la mort sur son passage. Giobergia, coutumier du fait, s'élança à la tête des chevaux et, après avoir été traîné pendant plusieurs mètres, parvint enfin à les maîtriser. La foule battait des mains avec enthousiasme, car on voyait ce jeune homme, à la mâle et belle figure, rester impassible devant le danger qu'il venait de courir, et recevoir modestement les félicitations d'un grand nombre de personnes. Là encore, le Gouvernement ne voulut pas laisser sans récompense la conduite du brave enfant de la Corse, et, quelque temps après, la médaille d'or brillait sur la poitrine de Giobergia.

Nous n'ajouterons pas un mot approbatif à ces faits. Il y a des hommes qui sont, par eux-mêmes, un caractère et, devant ces caractères, — qui tendent à disparaître de nos jours, — un respectueux silence est tout un éloge.

FABRE (Joseph-Antoine)

Né le 17 février 1821, à Suze-la-Rousse (Drôme).

Celui-ci peut être appelé le *Sauveteur militaire*. Depuis 1842, il a été au service, tantôt dans les lanciers, tantôt dans les chasseurs, dans la garde municipale de Paris, et dans la gendarmerie, et n'a cessé de saisir au vol l'occasion de se rendre utile à ses semblables.

La devise qu'il a toujours pratiquée est : « Honneur, courage et discipline. » On pourrait, sans risque de se tromper, ajouter : « Dévouement et désintéressement. »

Nous allons raconter brièvement les traits de courage qu'il a accomplis ; ils sont nombreux, et nous ne les connaissons pas tous.

En 1847, Fabre est garde municipal à Paris. Le 30 avril, sur les quais, il voit un vieillard tomber à l'eau, près du pont des Invalides. Le malheureux allait se noyer au milieu des cris des badauds, qui le regardaient curieusement sans lui porter secours, quand le brave municipal saute dans la Seine, ramène le naufragé à terre et s'esquive modestement.

Il obtient, pour ce fait, la médaille d'argent (2e classe).

Le 19 novembre de la même année, à Lyon, où il se trouvait de passage, Fabre manqua de périr victime de son dévouement au pont de la Guillotière, où il plongea plusieurs fois intrépidement pour ne ramener qu'un cadavre. Ce n'était pas sa faute si, lorsqu'il arriva, le naufragé était depuis longtemps sous les flots ; mais, en récompense de son courage, il dut passer quelque temps à l'Hôtel-Dieu de Lyon.

Dans la gendarmerie, il conserve l'existence à plusieurs personnes, ainsi que le constatent différents certificats. Mais, comme à Lyon, son courage et son dévouement n'ont pas toujours un heureux résultat, et toujours pour la même raison : « Prévenu trop tard. » Ainsi, à Merindol, on l'avertit qu'un nommé Coste est tombé dans la Durance et qu'on ne peut l'en retirer. Fabre se précipite dans les flots et parvient, après de longs efforts, à ramener le naufragé ; mais, hélas ! il n'a encore sauvé qu'un cadavre, car, lorsqu'il a plongé pour la première fois, Coste était déjà asphyxié.

Pareil désappointement lui arrive à Courthezon (Vaucluse), où il retire le cadavre de la veuve Arlaud, du fond de la Seille, qui coule près des remparts. Le brave militaire n'avait rien à se reprocher dans ces circonstances, et pourtant il se désespérait et s'accusait presque.

Il ne fallut rien moins que le sauvetage du jeune Istre, âgé de six ans, et qu'il retira d'un canal, à Courthezon, pour le consoler de ce qu'il appelait : sa mauvaise chance. Du reste, à partir de ce moment, Fabre a toujours eu bonne veine et ses sauvetages sont utiles et heureux.

Le 18 juillet 1853, il arrête un cheval emporté, qui parcourait les rues au galop, renversant tout, et jetant l'effroi sur son passage. Peu de jours après, le 26 juillet, Fabre est mis à l'ordre du jour de la 16e légion de gendarmerie pour sa belle conduite.

Le 23 avril 1857, il obtient le même honneur pour avoir

fait preuve de courage, de force et de sang-froid, en arrêtant un cheval emporté, attelé à une charrette.

Le 24 janvier 1858, un incendie éclate dans une fabrique de garance, située quartier d'Usson, commune de Courthezon. Fabre se fait remarquer par son dévouement, et mérite d'être encore mis à l'ordre de la légion.

Le 21 octobre 1866, il trouve sur le boulevard de Grenelle, et porte à l'hôpital Necker, un homme malade qui, sans cet acte d'humanité, serait mort peu de temps après.

Le 20 septembre 1867, à la suite du grand orage qui éclata sur Paris, à quatre heures du soir, un certain nombre d'ouvriers travaillant dans l'égout de la rue de la Vierge furent surpris par la crue des eaux. Ils poussaient des cris plaintifs; ils allaient périr. Fabre entend ces cris; il court emprunter des cordages à une demoiselle Calay, habitant la rue Saint-Dominique, revient, entre dans l'égout et arrache à la mort tous ceux que ne lui enlèvent pas les eaux roulantes. Puis il ressort couvert de boue et, aux félicitations qui lui sont adressées, il répond avec une sorte d'amertume: « Si j'étais sûr, au moins de les avoir sauvés tous! » Faire l'éloge de cet acte serait en ternir la grandeur; il a valu à Fabre la médaille d'argent (1re classe).

Le 16 mars 1869, lors de la catastrophe de la maison Fontaine, place Sorbonne, notre brave garde de Paris s'élança dans les flammes, et à défaut de personnes, sauva d'importants papiers et un coffret de bijoux, qu'il remit immédiatement au commissaire de son quartier. Fabre est fils et frère de sauveteurs; à côté des récompenses honorifiques que nous avons signalées, brillent sur sa poitrine la médaille militaire, insigne du brave et loyal soldat, les quatre médailles de sauvetage du Gouvernement, ainsi que les médailles de différentes Sociétés de sauveteurs; marques d'estime et de considération accordées à celui qui ne recule jamais devant un danger pour secourir ses semblables, et la

Légion d'honneur, dernière récompense de toute une existence de bravoure et de dévouement à ses semblables. Ajoutons que Fabre, qui soigna sa vieille mère infirme pendant plusieurs années, a un fils de onze ans sous les drapeaux comme enfant de troupe; et que cet enfant, pour un acte de sauvetage héroïque, vient d'être mis à l'ordre du jour de l'armée.

L'ABBÉ LANUSSE (Jean-Éphrem)

Il est né le 2 janvier 1818, à Tonneins (Lot-et-Garonne). Dès sa plus tendre jeunesse, l'abbé Lanusse manifesta les qualités du cœur, qui, plus tard, devaient être utiles à tant de malheureux. A l'école, il ne pouvait voir ses petits camarades manger leur pain sec et noir, et, sous les plus délicats prétextes, il le changeait contre son pain blanc.

Tout enfant, il accomplit son premier Sauvetage en arrachant de la Garonne un de ses petits amis, qui allait disparaître sous les flots.

Quelques années avant d'entrer dans le Sacerdoce, il exprima son goût pour l'aumônerie militaire, en réunissant, dans une salle, les soldats auxquels il s'intéressait beaucoup ; là, il leur faisait la classe et élevait leur esprit à de généreuses pensées. On l'avait surnommé l'*Aumônier des Casernes*.

Lorsqu'il fut ordonné prêtre, l'abbé Lanusse fut envoyé, comme vicaire, dans une des paroisses de Tonneins, la plus pauvre. C'était ce qu'il fallait à son ardente charité. Nuit et jour, surtout dans les tristes heures du chômage, on le vit sous le toit des malheureux, se multipliant à propager les secours ; et quand on lui demandait pourquoi il sortait toujours seul, par les ténèbres les plus sombres : « Je n'ai rien à craindre, répondait-il, Dieu est avec moi ; et puis, il est des infortunes qui ne veulent pour témoin que la main qui donne. »

Non-seulement le généreux ministre de Dieu partageait souvent son repas avec les infortunés et les malades, mais encore, comme on ne voyageait pas, à cette époque, aussi facilement qu'aujourd'hui, plus d'un ouvrier faisant son tour de France, reçut l'hospitalité sous le toit du jeune vicaire.

Une fois, il apprit d'un de ces ouvriers qu'il se hâtait d'arriver chez lui pour assister aux derniers moments de sa mère ; mais la route était si longue ! il avait si peu d'argent ! — « Oh ! j'arriverai trop tard... » dit-il d'une voix étouffée. L'abbé lui donna tout l'argent qu'il possédait et lui indiqua la voiture qui le rendrait, au plus vite, à sa destination. Quelques jours après, l'honnête ouvrier renvoyait au vicaire de Tonneins la somme qu'il n'avait voulu accepter qu'à titre de prêt, et le bénissait, dans une lettre remplie des plus beaux termes que puisse inspirer le sentiment de la reconnaissance ; le fils avait pu recueillir les dernières paroles et le dernier baiser de sa mère. — Une autre fois, il vint au secours de deux *Compagnons* qui mouraient de faim ; il les conduisit dans un hôtel et solda leur nourriture. « Jamais, a dit depuis l'hôtelier, jamais je n'ai vu les vivres disparaître aussi rapidement ! »

Une maison prend feu, à la campagne ; le jeune vicaire passe la nuit, les pieds dans la boue, à faire la chaîne avec ses concitoyens, et ne se retire qu'à la fin du sinistre. Et, à mesure qu'il entre dans la vie, il double sa bienfaisance, au point que son patrimoine diminue sensiblement. « Mon fils est un prodigue, dit le père de l'abbé. — Non, je place à gros intérêts, répond le vicaire, en regardant le ciel. » Le père l'embrasse et répond : « Tu ne sauras pas même te garder une poire pour la soif ! — Que voulez-vous, ajoute le fils, si les pauvres ont faim, il faut bien qu'ils mangent ! » L'Evêque même lui fit quelques remontrances et le *menaça* d'un changement. « Monseigneur, j'accepte, reprit le vicaire ; mais soyez assez bon, en ce cas, pour me donner une paroisse où il n'y ait ni pauvres, ni malheureux ; autrement, mettez mon cœur à la réforme. »

Nous sommes en 1852.

Aux environs de Tonneins était une paroisse, du nom de Monheurt, dont les habitants étaient divisés par de pénibles circonstances. Le poste fut proposé à l'abbé Lanusse, qui l'accepta. Il y déploya tant de bonté, de patience, de dévouement, que, non-seulement ses paroissiens reprirent le joug de la vraie confraternité, mais encore témoignèrent leur reconnaissance et leur affection au bon pasteur, qui reçut, également, les félicitations de son Evêque, des autorités départementales et de la presse.

Vinrent les terribles inondations de 1855 qui, pendant trente jours, couvrirent le village de Monheurt et les localités environnantes. Là, brillèrent le courage et l'énergique abnégation de l'abbé Lanusse. Sur de frêles embarcations, le jour, la nuit, il se décupla pour ainsi dire, afin de porter secours aux inondés dont les cris déchiraient son âme. Une partie de Monheurt se trouvait au-dessus des eaux, ainsi que le presbytère. L'abbé fit porter, sur les coteaux, les personnes, les bestiaux, les objets qu'il put sauver... et la cure devint l'asile des grandes infortunes. Le courageux prêtre courut de réels dangers, et quand le péril eut cessé d'être imminent, l'abbé courut à la ville voisine, et rapporta des vivres, de l'argent, qu'il alla, de maison en maison, distribuer aux inondés qu'isolait une plaine liquide. Le gouvernement conféra, à l'abbé Lanusse, la médaille de sauvetage en argent (1re classe).

Nous n'avons pas besoin d'affirmer ce que fut la conduite du généreux prêtre, dans l'hiver qui suivit le fléau : des prodiges de dévouement. Il paya, chez le boulanger, le pain d'une famille à laquelle on ne voulait plus faire crédit. Il doubla les secours qu'il portait à une malheureuse mère, qui n'osait accepter parce qu'elle était protestante. Il racheta

un bijou de famille, qu'une pauvre femme, malade de misère
avait été forcée de vendre, et le rendit au ménage affligé.

L'année 1856 arriva, plus triste encore que la précédente,
car non-seulement l'espérance du moissonneur fut entièrement déçue, mais encore les inondations recommencèrent,
terribles. Comme en 1855, l'abbé Lanusse manifesta le même
dévouement, le même courage, le même sangfroid pour arracher les victimes à la mort.

La médaille d'or fut attachée sur la courageuse poitrine
du ministre de Dieu, et le conseil municipal de la même commune à laquelle il avait rendu de si grands services vota,
officiellement, des remerciements à son curé sauveteur
quant aux habitants, ils signèrent une adresse qui devait
perpétuer leur gratitude et leur admiration pour la conduite
de leur pasteur.

Un de ses petits paroissiens jouait au bord de la rivière
profonde, il y tombe; le pasteur se précipite, et après une
lutte dangereuse, il retire l'enfant. Une autre fois l'incendie
dévore une ferme; l'abbé accourt, prend le commandement
des secours, manque d'être écrasé par une poutre enflammée,
et se retire les vêtements déchirés et brûlés. « Ah! ça, on vous
trouve donc partout où il y a une belle action à faire! » lui
dit un magistrat, qui survint.

Les larmes de son père avaient décidé l'abbé Lanusse à ne
pas suivre nos soldats en Crimée; mais en 1859, la campagne
d'Italie allait s'ouvrir; le champ parut vaste au courageux
prêtre pour exercer sa charité et son dévouement. S'échap-
pant, pour ainsi dire, il suivit comme aumônier l'armée
d'occupation, et revint en France avec elle, au mois de mai
1860. L'abbé Lanusse demanda encore à suivre l'expédition
du Mexique, et fut de retour, en 1867, dans sa patrie. Ceux
qui l'ont connu, dans ces différentes campagnes, nous ont
parlé de son attachement pour le soldat, et de sa belle conduite dans les ambulances et les hôpitaux. Amis ou ennemis,

ses soins furent les mêmes. Au Mexique, il cumula les fonctions d'aumônier de la légion belge, après la mort, sur le champ de bataille, du brave prêtre qui occupait ce poste sacré. Pendant la guerre de 1870-71, l'abbé Lanusse se distingua sur les champs de bataille comme aumônier de l'armée du Rhin.

En 1864, la croix de la Légion d'honneur était venue prendre place sur la poitrine de l'abbé Lanusse, à côté de ses deux médailles de Sauvetage. Plus tard, il fut fait officier de Notre-Dame de Guadalupe, chevalier de l'Ordre de Léopold de Belgique, chevalier de l'Ordre de Sainte-Thérèse, et devint titulaire de la médaille de Maximilien; il a reçu, en 1873, la médaille de la société d'encouragement au bien. — Avons-nous besoin d'ajouter que la société de secours aux blessés militaires lui a décerné sa croix de bronze pour sa belle conduite, comme aumônier dans l'armée de l'Est, en 1870-1871; il fut fait deux fois prisonnier par les Prussiens dans cette horrible guerre de la force contre le droit.

Parmi les nombreux titres honorifiques de l'abbé Lanusse, nous citerons encore : aumônier d'honneur des Sauveteurs belges; membre correspondant de la Société de géographie et de Statistique de Mexico; aumônier d'honneur des Sauveteurs de Rouen, d'Orléans, de Tours, d'Angoulême; membre honoraire de la Société humaine de Dunkerque, des Sauveteurs de Saintes, des Sauveteurs du Midi; vice-président d'honneur des sauveteurs de la Gironde.

C'est avec le plus charitable élan que l'abbé Lanusse visita, dans Paris et la banlieue, les Sauveteurs malades, les exhorta à leurs derniers moments, et accompagna jusqu'au cimetière ces héros tombés sur le champ d'honneur du dévouement.

Enfin, la pensée est venue à l'abbé Lanusse — pensée digne d'une si belle nature — de fonder à Tonneins, pays de fabriques, un asile pour les invalides du travail; grâce à lui, les vieillards parfois sans famille, dont les ressources ne consistent plus que dans la charité, pourront atteindre sans privations la minute suprême où l'âme, se détachant de la corruption humaine, s'élève dans le royaume de la divine Eternité.

L'abbé Lannaso est aujourd'hui aumônier de l'Ecole Militaire de Saint-Cyr et aumônier de la Société des Sauveteurs de la Seine.

Philippe GOELZER

Il est des êtres humains qui, forts du devoir accompli, peuvent lever haut la tête en regardant en arrière, car ils sont fils de leurs œuvres.

Pionniers infatigables du travail, ils ont été éclaireurs intelligents pour défricher le champ du progrès honnête.

En s'occupant sans cesse d'agrandir leur fortune, ils ont toujours été utiles à leurs semblables.

En un mot, leur vie est un livre de morale en action, de la lecture duquel plus d'un enfant pauvre a retiré exemple et profit.

. . . .

Ce que nous venons d'écrire peut s'appliquer, surtout et spécialement, à Philippe Goëlzer, l'un de ces hommes du peuple vrai, qui a vu son âme s'élever à mesure que son existence s'avançait, et qui, selon nous, a mérité ce blason : *Deux marteaux en croix sur un cœur d'or*, avec cette devise : *Bien faisant, rien craignant.*

Philippe Goëlzer est né à Paris, le 5 février 1816, de parents pauvres.

Il a, pour ainsi dire, fait son éducation lui-même, et son père lui a inculqué un ardent amour du travail; — le travail, cette fortune réelle qui met à l'abri de tous les revers.

D'apprenti qu'il était, Philippe devint bientôt ouvrier, et alors, pouvant disposer de quelques heures, il suivit régulièrement les cours du soir, dans le but d'acquérir une solide instruction.

Quand il sentit l'intelligence se développer davantage en lui, Philippe Goëlzer fit son tour d'Europe, et en revint avec un butin de connaissances qui lui apprirent l'art de faire produire le travail.

A vingt-deux ans, il devint tour à tour, comptable, caissier et rédacteur de l'*Echo agricole*.

Puis, ne doutant plus de lui-même, il débuta hardiment dans l'industrie du gaz et, un beau matin, il entra comme associé dans une importante entreprise, — son capital se nommait : *Honneur et travail*.

Enfin, en 1855, Philippe Goëlzer fondait la maison prospère dont il a fait l'un des premiers établissements industriels de France.

Il se disait : tous mes ouvriers ont droit à mon intérêt, — ce sont mes compagnons de devoir et de labeur.

Et les ouvriers, les collaborateurs de Philippe Goëlzer, se disaient, de leur côté, en admirant leur loyal patron : Quel exemple pour arriver à mon tour !

. . . .

Si, dans son existence industrielle, Philippe Goëlzer n'a pas oublié la bienfaisance, il n'a pas oublié, non plus, de sauver ses semblables toutes les fois que l'occasion s'en est présentée.

Son premier sauvetage remonte au mois d'août 1826; il avait alors dix ans et demi et habitait, momentanément, le village de Webenheim, près de Deux-Ponts.

Une douzaine d'enfants se baignaient dans la Blièse, petite rivière qui arrose de magnifiques prairies; deux des baigneurs, l'un de dix ans, l'autre de onze, disparurent tout à coup et allaient infailliblement se noyer, si Philippe Goëlzer ne se fut bravement porté à leur secours, et ne les eût arrachés à une mort immédiate, pendant que les autres enfants se sauvaient.

En 1827, de retour à Paris, et suivant les cours de la pension Fontaine, Philippe Goëlzer, qui possédait déjà une force herculéenne, se fit le défenseur des enfants faibles contre les oppresseurs et sauva plusieurs victimes de la brutalité des méchants.

En 1829, un homme venait de tomber sous les roues d'une voiture que traînaient deux chevaux emportés. A cette vue, Philippe Goëlzer se précipite, d'un poignet solide arrête les chevaux, puis relève l'homme que les roues atteignaient déjà... Cet homme, c'était son père.

A Saint-Ouen, en 1831, il sauve un jeune homme d'une vingtaine d'années que l'eau asphyxiait déjà.

En 1834, à Fribourg en Brisgau, la fonte des neiges avait fait un torrent énorme des ruisseaux qui avoisinent la ville. L'eau de ce torrent était glacée.

Malgré cet inconvénient, un ouvrier voulut se baigner dans ce torrent. Mais, à peine y était-il entré, qu'il tomba comme foudroyé.

Philippe Goëlzer l'avait vu; sans perdre une minute, il se jeta tout habillé à l'eau et en retira, avec beaucoup de difficultés, le baigneur imprudent qui garda le lit pendant huit jours pour cause de refroidissement.

Quelques mois plus tard, Philippe Goëlzer, travaillant à Lausanne, descendait souvent, après la fermeture des ateliers, à Ouchy, pour se baigner dans le lac. Un soir, un de ces camarades, pris de fortes crampes dans ce lac, se fût certainement noyé, si notre sauveteur n'était arrivé à temps pour le tirer de ce mauvais pas.

En 1836, rue Saint-Lazare, à l'endroit où se trouve la rue du Havre, il y avait de grands chantiers de bois à brûler.

Contre le mur de l'un de ces chantiers, trois personnes étaient adossées, pétrifiées par l'approche d'un énorme cheval furieux qui s'avançait vers elles.

Elles allaient être broyées entre le mur et le cheval si, au risque de se faire broyer lui-même, Philippe Goëlzer ne fût parvenu à dompter l'animal.

Depuis cette époque, l'homme vaillant dont nous traçons la notice biographique, compte encore un grand nombre de sauvetages à son avoir.

Nous ne parlerons que pour mémoire des immenses services matériels et moraux qu'il a rendus depuis trente années. Il ne nous est pas permis, d'ailleurs, de citer les noms des nombreuses personnes qui ont eu recours aux sentiments philanthropiques de notre héros.

Philippe Goëlzer est aujourd'hui premier vice-président de la Société des Sauveteurs de la Seine et président d'honneur d'un grand nombre de Sociétés de Sauveteurs et humanitaires.

LE BARON CACAULT

Le 6 janvier 1769 naissait à Surgères (Charente-Inférieure), un enfant qui descendait des Baudoin des Salles, alliés aux comtes de Flandre, qui devait être plus tard le général baron Cacault, et dont le frère devait être le Cacault, ambassadeur d'Italie et l'un des collaborateurs du Concordat.

Le général baron Cacault, après une brillante carrière militaire, fut frappé mortellement à Torgan, le 8 octobre 1813, devant Goglau, et sa famille fut portée sur le testament de Napoléon Ier.

Le petit-fils actuel du général baron Cacault combat aujourd'hui dans les rangs de l'humanité, et il est un des plus vaillants soldats, je vous l'atteste !

Le baron Cacault a été, tour à tour, notaire, conseiller de préfecture, secrétaire-général de préfecture, sous-préfet, et percepteur.

Comme sous-préfet, alors qu'il occupait le poste de Barcelonnette, le baron Cacault a rendu d'éminents services humanitaires.

Résumons ces services d'un petit-fils de général.

Le baron Cacault prit l'initiative pour l'amélioration du passage du Col de la Madeleine, conduisant à Cóni, seule voie de communication pour une moyenne de 4,000 Piémontais, qui viennent, chaque année, faire du commerce ou chercher de l'ouvrage à Barcelonnette. — Il fit opérer le déblaiement des glaces et neiges, avec le concours des douaniers et cantonniers, et établit des refuges provisoires pour les victimes des tourmentes ou des avalanches. Il transforma (le cas s'est souvent présenté) l'hôtel de la sous-préfecture et autres établissements de la ville en ambulances; distribua de nombreux secours en argent et en nature, et protégea constamment tous les voyageurs italiens ou français nécessiteux.

Le 6 juillet 1866, deux pauvres époux italiens se noyaient dans un torrent, à la Condamine, près Barcelonnette; le baron Cacault les recueillit, leur fit faire un enterrement de première classe, et conduisit lui-même, avec le Procureur impérial, en tête de la population, leur dépouille au champ de repos. — Tous ces faits peuvent être attestés, au besoin, par le commandeur Giuseppe Pirinoli, alors préfet de Coni, avec lequel le baron Cacault s'est souvent trouvé en correspondance directe.

Comme sauveteur, le baron Cacault se distingua en plusieurs circonstances, surtout à l'incendie du Lauzet (Basses-Alpes); tous les journaux de France ont parlé de cette belle action, à la suite de laquelle le brave sous-préfet fut nommé président d'honneur de la Société des Sauveteurs de Saône-et-Loire, et membre d'honneur de plusieurs autres. Tels sont les renseignements que nous ont fournis quelques personnes qui connaissent parfaitement le baron Cacault; quant au baron même, auquel j'avais demandé des détails sur les actes de sa vie qui m'avaient été signalés, voici tout ce qu'il m'a répondu:

« Monsieur, tendre la main à un homme qui se noie, ou payer de sa personne dans un sinistre quelconque, ne me paraît pas précisément constituer, à mon sens, une abnégation de la vie ; c'est simplement obéir à un premier et bon mouvement auquel nous pousse un sentiment irrésistible, qui précipite l'homme au-devant des dangers que courent ses semblables. Qu'il ne soit donc pas question de moi dans votre livre, je vous en prie. »

Ces lignes valent de nombreuses pages.

Bon chien chasse de race ; nous venons de le prouver, et nous allons le prouver encore.

Le baron Cacault a un fils qui se nomme Edgard. — Edgard Cacault est aujourd'hui maréchal-des-logis de spahis ; il s'est engagé à seize ans, en 1870, au 5e chasseurs à pied, à Rennes, et a fait assez vaillamment la campagne du Mans, comme caporal, pour s'attirer les félicitations du général Chanzy ; il avait été blessé devant l'ennemi.

C'est à cette époque qu'Edgard retira de la Vilaine un pauvre ouvrier qui s'y noyait ; et, par ce fait, rentrant un peu en retard à sa caserne, il était consigné pour quarante-huit heures, pendant que la population rennoise acclamait le jeune caporal du 5e chasseurs.

Allons, tels pères, tel fils.

Jacob JAIS

Il est jeune et, malgré son âge, il appartient déjà à plusieurs Sociétés humanitaires ; mais, aussi, il possède des titres qui justifient pleinement son admission au rang des plus dignes. Ces titres, les voici :

Le 15 mars 1867, Jaïs est signalé pour s'être distingué particulièrement dans l'incendie de caves et de magasins de peinture; le 20 juillet 1868, il enfonce une porte et éteint le feu dans une imprimerie.

Nous lisons dans le *Moniteur de l'Algérie*, du 30 juillet de la même année :

« Avant hier soir, vers 3 heures, un cheval, attelé à une voiture de maître, en station sur le boulevard de l'Impératrice, s'est tout à coup emporté, a traversé au grand galop une partie du boulevard, jusqu'au nouvel Hôtel de la Banque, et est entré dans la rue Bab-Azoun. Là, la voiture s'étant accrochée à une arcade, le choc a modéré l'allure rapide du cheval, qui a pu être arrêté par les sieurs Jaïs (Jacob) et Callières (Jacques). Personne, fort heureusement, n'a été blessé. »

Nous lisons encore, dans l'*Akhbar* du 16 octobre 1868 :

« M. le Rédacteur, je viens vous prier d'insérer, dans votre prochain numéro, un acte de dévouement accompli dans les circonstances suivantes :

« Hier, à six heures et demie du soir, je traversais avec ma voiture le boulevard, à côté de l'ancien lycée, quand tout à coup mon cheval s'emporta. C'est grâce au courage du sieur Jacob Jaïs, membre de la Société des Sauveteurs, que j'ai été préservé, ainsi que les personnes qui m'accompagnaient, d'un danger imminent. M. Jaïs s'est élancé à la tête du cheval, et, après avoir été traîné à une assez grande distance, est parvenu à s'en rendre maître.

« Veuillez agréer, etc.   L. BERNARD. »

Peu de temps après, un feu de cheminée se déclare dans la rue Bab-Azoun ; notre Sauveteur algérien, pour arriver à cette cheminée, saute d'une terrasse sur une autre, de la hauteur de deux mètres, a les jambes prises dans la toiture, se délivre après de vigoureux efforts, et va éteindre le feu.

Le 20 juin de cette même année 1868, Jaïs avait accompli un difficile sauvetage ; un vieillard est heurté par une voiture, au moment où il allait traverser les arcades Napoléon ; il tombe, la roue va lui passer sur le corps, mais notre jeune Algérien se précipite, et le vieillard, quoique blessé, est sauvé.

Le 15 septembre 1869, Jaïs a empêché une jeune fille et son frère d'être dévalisés ; le 17 octobre, il a arrêté un cheval échappé, qui eut pu causer de graves accidents ; enfin, il termine l'année en se distinguant dans un incendie de la place Malakoff.

Le 20 juillet 1870, il a arrêté un cheval emporté ; le 2 février 1871, il a tué un chien enragé ; le 9 janvier 1872, il a sauvé des personnes ensevelies sous des décombres ; le 12 mars 1873, il s'est distingué dans un incendie, et, le 9 août de la même année, notre héros du dévouement a sauvé un homme qui se noyait dans le port d'Alger.

Le 30 juin 1874, Jacob Jaïs a encore sauvé un homme ; — il fait de même le 8 juillet suivant ; mêmes faits encore, le 13 juillet et le 17 juillet. — Dans la même année, Jaïs préserve l'existence d'un homme, le 16 août, et, le 31 octobre, il éteint le feu qui avait éclaté dans le laboratoire de la pharmacie Pétrus, à Alger.

En janvier 1876, Jacob Jaïs sauve une femme de soixante ans, qui allait être écrasée, et un enfant qui allait brûler.

Mais nous n'en finirions pas avec les dates, citons simplement les actes.

Le Sauveteur algérien possède encore à son actif de courage :

L'extinction de l'incendie d'une baraque de pauvres gens ; — l'intrépidité dans plusieurs autres incendies ; son courage dans l'insurrection indigène de 1871.

Comme actes de probité, notre brave a rendu plusieurs milliers de francs qu'il avait trouvés, et que personne ne lui réclamait.

Le nombre de ses récompenses honorifiques est considérable.

Aujourd'hui, Jacob Jaïs est membre du Conseil d'administration des Sauveteurs d'Alger, — et, le 28 juillet 1878, il a été proposé pour une récompense du Gouvernement.

SÉNAMAUD

Issu d'une souche illustre du Limousin, Jean Sénamaud (né le 20 février 1845), compte parmi ses ancêtres paternels le fameux architecte Roch-Aymeric-Jean Sénamaud, celui qui édifia la tour de Caylus, et vit mourir à ses pieds Richard Cœur-de-Lion ; — quant à sa mère, elle descendait des seigneurs de Chouly.

De bonne heure, Jean Sénamaud se fit remarquer par son goût pour le travail et la vivacité de son intelligence.

Après de bonnes études, il visita l'Amérique, puis il revint à Bordeaux, où il fonda une importante maison de commerce, à laquelle il fit réaliser tous les progrès qu'elle comportait: et, en effet, le Ministre de l'Agriculture et du Commerce délivra à Jean Sénamaud un brevet d'invention pour une foule d'heureuses et profitables innovations aujourd'hui très-répandues.

A l'Exposition universelle internationale de Paris, en 1878, il a obtenu une Mention honorable.

Mais, Jean Sénamaud a d'autres mérites encore que celui d'être un commerçant fort ingénieux ; son nom est devenu, dans le Sud-Ouest de la France, synonyme de courage et de dévouement ; en un mot, il est digne d'être appelé *Sauveteur*.

Sans cesse à l'affut d'une occasion de se dévouer, que de

fois Jean Sénamaud a joué son existence dans des circonstances périlleuses !

Citons :

En 1855, à l'âge de 10 ans, Jean Sénamaud retire un enfant qui était tombé dans un bassin, à Saint-Priest-Li-
goure ;

En 1857, il accomplit un acte du même genre ; en 1873, il
est grièvement blessé en sauvant d'une mort certaine, un
malheureux conducteur de voiture ; — mais qu'importait au
sauveteur sa blessure, il avait réussi dans sa courageuse entreprise.

Cette même année 1873, Jean Sénamaud manqua d'être
tué en se jetant à la tête d'un cheval emporté qui allait
broyer un enfant de neuf ans ;

Le 10 mai 1874, il charge sur ses épaules et soigne lui-
même, jusqu'à ce qu'il soit sorti de tout danger, un ouvrier
qui avait fait une chute des plus graves, et allait mourir
sans secours ;

Le 23 septembre 1875, au moment où il courait à l'extinction d'un incendie, il trouva le moyen d'accomplir un nouveau trait de courage en arrêtant un bœuf furieux, et préserva ainsi la foule de nombreux malheurs ;

Le 24 novembre 1875 et le 4 février 1876, Sénamaud se
signale dans des incendies et est encore grièvement blessé ;

Le 26 février 1876, il maîtrise un cheval emporté, qui
avait déjà fait une victime ;

Et enfin, le 12 février 1877, le Sauveteur bordelais met à
son actif une action semblable, — l'intrépidité du brave
Soldat de la paix ne connaît pas de limites.

Jean Sénamaud, qui adore la science autant que la littérature, a pris part à plusieurs expériences aérostatiques qui
ne furent pas sans danger. Sur le ballon le *Saturne*, il atterra,
pendant la nuit, en pleine Espagne : c'était la première fois
qu'un ballon monté franchissait les Pyrénées ; dans une

autre ascension nocturne, il fut le compagnon du fameux aéronaute Yatt ; il a rendu compte de sa course aérienne dans une charmante brochure qui a pour titre : *Deux heures en ballon.*

Pendant la guerre de 1871, Jean Sénamaud, marié et père de famille, n'hésita pas à se faire inscrire comme volontaire dès le début des hostilités ; il prit part à la campagne de l'armée de la Loire, fut blessé à la bataille de Monnaie, le 20 décembre 1870, fait captif par les Prussiens, il s'évada en janvier 1871.

Après la guerre, se trouvant de passage à Saintes, notre brave fit de tels prodiges de courage qu'il empêcha toute espèce de malheurs sur un pont de bateaux, peu solide, que la foule envahissait.

Et, tout dernièrement encore, un train de chemin de fer étant en marche rapide, Jean Sénamaud s'aperçut qu'à quelques wagons, plus loin que le sien, une portière étant mal fermée, un enfant était exposé à tomber sur la voie. Notre brave s'élance sur la planchette que tous les wagons possèdent au bas de leurs marche-pieds ; il franchit la distance qui le séparait de l'enfant exposé et, d'un mouvement prompt, il ferme la portière au moment où le pauvre petit être allait tomber dehors.

Telle est la vie de courage de Jean Sénamaud ; passons à la vie intelligente :

En 1873, inspiré par une noble pensée, Jean Sénamaud fonda, à Bordeaux, une institution pour la propagation du bien sous toutes ses formes ; c'est l'*Institut Confucius de France*, auquel plusieurs Souverains ont tenu à honneur d'appartenir.

Auparavant, Jean Sénamaud avait déjà fondé l'*Académie ethnographique de la Gironde*, pour la propagation de l'étude sur la Géographie, l'Histoire, les Mœurs, l'Archéologie, les Sciences et le Belles-Lettres, et cette Académie prit un développement tellement sérieux, que son fondateur la dota d'un organe direct, les *Annales de l'Académie ethnographique*.

Comme homme de lettres, Jean Sénamaud a publié plusieurs ouvrages et plusieurs pièces de vers ; mais son œuvre la plus remarquable est, sans contredit, l'*Histoire de Confucius*, qui le place au rang de nos écrivains les plus distingués.

Nous savons qu'il travaille vivement à un nouvel ouvrage de longue haleine qui va bientôt paraître. Cet ouvrage aura pour titre : *Les Épîtres des Apôtres élucidées par la doctrine de la Bible*.

La poitrine de Jean Sénamaud est constellée de croix et de médailles, vaillamment conquises au champ du dévouement et du travail.

Il est Président d'honneur, correspondant et lauréat de nombreuses Sociétés savantes de France et de l'étranger, presque toutes les Sociétés de Sauveteurs le comptent dans leur sein.

Il a fondé un Prix qui porte son nom, et qui doit être décerné au plus méritant des bienfaiteurs de l'humanité.

Enfin, Jean Sénamaud a été médaillé, comme Sauveteur, par le Gouvernement français, ainsi que par la Société nationale d'Encouragement au bien, et plusieurs villes lui ont conféré le titre de Patricien, en lui octroyant des brevets de Citoyen d'honneur et de noblesse héréditaire.

DE COURBON DU MOULIN

Les de Courbon, ou de Corbon, sont originaires de la Saintonge, où les marquis de Courbon Blénac possèdent encore des propriétés ; ajoutons qu'ils y avaient des fiefs au XIIIe et au XIVe siècles.

Le Blason du chef de cette famille existe au Musée des Croisades, à Versailles, troisième salle, à côté de celui des Courson.

Il y a plusieurs branches dans cette famille, savoir :

Courbon, marquis de Saint-Sauveur ;

Courbon de Saint-Léger ;

Courbon, marquis de La Roche Courbon ;

Courbon de Saint-Genest ;

Courbon du Prénet ;

Courbon de Northen ;

Courbon de Mouriol ;

Courbon du Moulin.

Les Courbon du Moulin, qui s'étaient établis dans le Lyonnais et le Forez, ont quitté cette Province pour aller s'installer en Lorraine, dans l'année 1688.

En 1789, Louis de Courbon du Moulin possédait encore le fief de Condé Northen et de Saint-Jacques, à vingt kilomètres de Metz ; il avait servi le Roi activement pendant quarante-sept ans ; il était chevalier de Saint-Louis et capitaine des grenadiers royaux d'Austrasie. Son fils, soldat du premier Empire, mourut en 1877, à l'âge de quatre-vingt-cinq ans.

Une dame de cette famille épousa, vers 1580, le marquis de Ladrada, don Diègue de la Cueva, grand d'Espagne ; une autre épousa le baron d'Haussonville, grand chambellan du duc de Lorraine et maréchal du Barrois ; une autre encore fut gouvernante des enfants de Lorraine ; une autre enfin, demoiselle de Courbon, a épousé, en 1732, N. Turpin, marquis de Jouhé, seigneur de la Vergne.

Un des ancêtres mâles fut l'époux de Gabrielle d'Agès, dont la tante maternelle était femme du prince de Courtenay, allié à Françoise Rochechouart, aïeule paternelle du cardinal duc de Richelieu.

Cette illustre famille a fourni des marins, chefs d'escadre

et capitaines de vaisseaux, des maîtres et des maréchaux-de-camp en assez grand nombre sous l'ancienne monarchie.

En 1375, le roi Charles V accorda à Arnaud de Courbon pouvoir de porter, lui et ses hoirs, la royale étoile, pour avoir, disent les Lettres patentes, à ses propres coûts et dépens, en compagnie d'autres seigneurs, chassé les Anglais hors du château de Mortagne.

Maintenant, lecteurs, que vous connaissez l'illustre famille de Courbon, permettez-moi de vous présenter notre héros :

P.-Ernest de Courbon du Moulin, le personnage qui nous occupe en ce moment, est né le 24 juillet 1837, à Courcelles-Chaussy, dans la Moselle; ce pays est annexé à l'Allemagne depuis la guerre.

L'enfant de Courcelles-Chaussy a opté, en 1872, à la mairie du 17e arrondissement de Paris, afin de conserver sa qualité de Français.

Sa Notice personnelle doit être rapide comme sa bravoure; racontons donc rapidement.

En 1854, le canon grondait en Crimée; aussitôt de Courbon du Moulin, qui venait d'atteindre sa dix-septième année, s'engagea au 64e, fit la campagne et gagna ses galons de caporal.

En 1859, la guerre le trouva au dépôt du régiment, où il servait comme sous-officier. Poussé par ses instincts guerriers, il sollicita et obtint l'autorisation d'aller rejoindre, comme volontaire, nos bataillons, et il fit la campagne d'Italie à partir de Palestro.

De Courbon du Moulin était, en 1870, sous-lieutenant au 3e régiment des grenadiers de la garde. Il partit joyeux, avec son régiment, assister à la bataille de Borny et à celle de Gravelotte.

A cette dernière journée, blessé grièvement, il fut nommé lieutenant, mais fut fait prisonnier le lendemain par les Allemands.

Au bout de quatre mois de captivité, de Courbon parvint à s'évader, sous un déguisement, après avoir refusé de donner sa parole.

Rentré en France, en décembre 1870, de Courbon du Moulin fut nommé capitaine et prit le commandement d'une compagnie d'infanterie avec laquelle il fit le second siége de Paris, sous la Commune.

A la tête de son régiment, il fut blessé le 1er mai 1871, à Neuilly, en s'emparant d'une maison occupée par les soldats communards, et en leur enlevant, de sa propre main, un drapeau rouge et deux piéces de canon.

Transporté à l'ambulance de la rue des Poissonniers, il fut encore blessé deux fois, par un éclat d'obus sur le tibia, et par une pierre au genou.

De Courbon du Moulin a donc reçu quatre blessures; il a été décoré de la Légion d'honneur le 3 juin 1871, et, en 1872, nommé capitaine adjudant-major.

Le capitaine adjudant-major de Courbon du Moulin possède de nombreuses citations à l'ordre de l'armée.

Il a été cité, par le général d'Aurelles de Paladines, pour s'être distingué tout particulièrement dans l'incendie Granval, à Marseille, en 1861.

Le général de division Picard l'a vivement félicité pour son courage et son dévouement dans un incendie à Montpellier (1864).

Le général Fraboulet de Berléadec a émis, sur notre héros, l'ordre du jour suivant :

« Le général commandant la Mayenne porte à la connaissance des troupes de la subdivision le bel exemple de dévouement donné par M. de Courbon du Moulin, sous-lieutenant au 64e de ligne, pendant l'incendie de la caserne de Laval, le 30 novembre 1867. »

Enfin, le colonel Cousin, du 3e régiment des grenadiers de la garde, et tué à Gravelotte, a proposé de Courbon du Moulin pour la médaille d'honneur, à la fin du mois de juin 1870. Le général Poitevin de Lacroix a approuvé cette proposition, qui n'a pu être adressée au ministre, à cause du départ de nos soldats pour l'armée du Rhin.

Après la notice qui précède, et que nos lecteurs baptiseront certainement : *La Notice d'un brave*, il nous reste à parler de l'humanité de De Courbon du Moulin.

Sous ce rapport, notre héros peut être peint d'un trait :

Il a été un modèle d'amour filial, et des certificats nous attestent que, dans l'ombre, il a souvent adouci les misères des indigents.

Une seule preuve, puisée dans une lettre adressée à de Courbon du Moulin par le bureau de Bienfaisance de la ville de Calais :

« Nous vous remercions cordialement, Monsieur, de vos actes de bienfaisance, et nous sommes heureux d'être, en même temps, les interprètes de la reconnaissance des malheureux que vous soulagez. »

LE COMMANDANT FÉRAUD

« Commandant Féraud, à l'ordre ?

» Présent !

» Quels sont vos titres à figurer dans mon Livre ?

» Je ne me les rappelle plus.

» En ce cas, je vais vous les citer. »

Commandant Féraud, en 1846, vous avec sauvé le jeune Rouland, qui allait périr dans une fosse d'aisances. — Si votre grand père a servi gratuitement les pauvres, pendant 35 années ; si votre frère Joseph a plus d'une fois exposé sa vie, — et a reçu du Gouvernement des médailles de sauvetage, — vous, commandant, vous avez, en 1857, sauvé votre fils, âgé de 8 ans, qui était tombé dans la mer.

De volumineux documents attestent que, de 1857 à 1859, vous vous êtes dévoué dans plusieurs incendies.

En 1859, étant commandant de la garde nationale de Nice, vous vous êtes signalé dans des circonstances difficiles, — il s'agissait du passage des troupes françaises se rendant en Italie, — et vous avez été nommé, pour votre belle conduite, Chevalier de la Légion d'honneur.

En 1860, pour favoriser l'annexion des Alpes-Maritimes, vous vous êtes multiplié, et vous avez lutté avec la plus grande énergie pour le triomphe de cette cause.

Au moment de l'invasion prussienne, votre nom figure le premier, comme volontaire, sur le Registre de la commune de Villefranche, — et cependant vous aviez 46 ans, et tout une famille à soutenir."

Pendant le siège de Paris, vous étiez commandant des Brancardiers de la Société de Secours aux blessés militaires; vous avez participé à toutes les sorties, et partout où s'est montré l'étendard de l'humanité, vous avez donné l'exemple du plus noble dévouement; un certificat, dûment légalisé, constate qu'à Champigny, vous avez relevé sur le champ de bataille et conduit, sans aucun aide, à l'ambulance, 32 militaires français blessés très-grièvement, et cela au péril de votre vie; et à la même époque, vous avez sauvé un homme qui, à Joinville-le-Pont, allait être écrasé sous un fourgon.

Commandant Féraud, causons encore un peu de votre conduite pendant la Commune.

Le 22 avril 1871, au risque d'être fusillé, vous avez pris à votre service deux Frères de la Doctrine chrétienne que les magistrats communards recherchaient activement.

Le 25 du même mois, vous vous êtes dévoué pour ramener, de Neuilly à la rue Lafayette, et cela au milieu des balles, un homme à sa famille.

Le 28 mai suivant, le feu était terrible à la barrière de l'Étoile ; malgré ce feu, commandant, vous avez ramassé un homme qui avait la jambe et le bras cassés par un éclat d'obus, et vous l'avez porté à l'ambulance du Cours la Reine; déjà, quelques jours auparavant, vous aviez agi de même, aux Champs-Élysées, pour un brancardier belge.

Je n'en finirais pas, commandant, si je citais tous vos actes de courage et tous vos bienfaits pendant nos tristes époques, car vous avez pris bien des fois l'initiative de souscriptions en faveur des pauvres et des blessés, et ce n'est pas votre faute si vous n'êtes pas mort, dans la rue des Buttes-Chaumont, de la balle qui vous frappa en plein front, alors que vous alliez relever un blessé.

La Société française de Secours aux blessés vous a donné sa croix de bronze, et vous a décerné une médaille spéciale; les Ambulances suisse, italienne, belge et espagnole vous ont délivré des diplômes qui attestent votre dévouement et votre courage; l'Ambulance de la presse vous a offert un diplôme sur parchemin avec une médaille de 1re classe, et toutes ont bien fait !

Avant de continuer, commandant, permettez-moi de tracer votre portrait, pour ceux qui ne vous connaissent pas :

Commandant, vous êtes un homme de moyenne taille; vous avez le regard franc et le cœur haut placé ; vous ne connaissez qu'une chose : le devoir, et vous n'avez qu'une idole : l'équité ; comme homme du monde, vous possédez la douceur, comme ancien soldat, vous êtes la témérité même; en un mot, pour me servir d'une expression méridionale : Votre nature est du plus bel acier, elle n'a pas besoin d'être fourbie pour reluire.

. . . .

Un dernier fait :

Le 27 janvier 1877, un grand incendie éclatait à Nice, n° 35, rue Victor; les journaux de la localité ont signalé le com-

mandant Féraud comme s'étant particulièrement distingué,
et ayant puissamment contribué à éteindre le feu.

. . . .

Aujourd'hui, le commandant Féraud est à la tête de la
Société des chevaliers-Sauveteurs des Alpes-Maritimes, qu'il
a fondée, et cette Société est devenue l'une des plus importantes de France.

Achille GOELZER

Achille-Henri Goelzer naquit, à Paris, le 29 juillet 1850. Il
est fils du philanthrope Philippe Goelzer, dont nous avons
déjà tracé le médaillon biographique.

Après avoir fait de bonnes études industrielles et com-
merciales au collège Chaptal, Achille Goelzer fut placé, par
son père, chez le directeur de l'établissement du gaz, à Coblentz, dans le double but d'étudier la fabrication du gaz, et
d'apprendre la langue allemande.

C'est dans cette ville de Coblentz que le fils de Philippe
Goelzer accomplit un premier sauvetage.

C'était en août 1867, — notre héros avait donc dix-sept
ans.

Un cheval, sans conducteur, attendait paisiblement à la
gare du chemin de fer, lorsque, subitement pris de délire,
il s'élança ventre à terre vers l'intérieur de la ville, du côté
des quartiers populeux dont les rues sont fort étroites.

Des malheurs s'accumulaient à l'horizon.

Achille Goelzer passait en ce moment; il s'élança sur
l'animal, le saisit par la bride et, après avoir été traîné sur
un parcours considérable, il fut assez heureux pour ramener le cheval docile à son point de départ.

La guerre de 1870 trouva Achille Goelzer au 29e régiment
d'infanterie; là, il se fit remarquer par des services excep-

tionnels et, comme dans l'armée de la paix, il remplit largement son devoir.

Les tristes événements de Paris, en 1871, trouvèrent encore Achille Goelzer attaché à l'état-major général en qualité de secrétaire, et il sut comme toujours se rendre utile, ainsi que le constatent plusieurs certificats.

Alors que Paris brûlait, Achille aurait pu rester tranquille au Palais-Bourbon, où siégeait l'état-major ; mais, n'écoutant que son dévouement à l'humanité, il se jeta résolument dans les flammes et prêta un concours des plus actifs à l'extinction des incendies de la rue Royale.

Le 6 du mois de juillet 1875, à l'angle du faubourg Poissonnière et de la rue Lafayette, arrivait au galop un cheval attelé à la voiture de place, n° 11,050, renfermant deux personnes ; le conducteur ayant laissé tomber les guides, se pencha si malheureusement pour les rattraper qu'il fut jeté sur la voie publique.

Le cheval n'étant plus maintenu et les guides lui fouettant les jambes, prit une course vertigineuse et bousculait tout sur son passage, lorsqu'un jeune homme, qui s'était élancé à la suite de la voiture, finit par atteindre le coursier — qui le traîna pendant un long trajet — et il eut le bonheur de le maîtriser au moment où la voiture allait être précipitée contre la devanture d'un magasin de la place du square Montholon.

Cette belle action, qui a sauvé la vie de plusieurs personnes, venait d'être accomplie par Achille Goelzer.

Quelque temps après le fait qui précède, une voiture de charbonnier traversait la place de la Concorde, lorsqu'un élégant landau, traîné par une superbe paire de pur-sang, déboucha des Champs-Élysées.

Le choc fut terrible ; le landau pris en écharpe fut renversé par dessus les voyageurs et l'avant-train brisé traîné par les chevaux, qui s'emportèrent.

Avec une grande présence d'esprit, Achille Goelzer, qui passait par là, s'élança à la tête des chevaux, les maitrisa, les confia à un curieux survenu sur ces entrefaites, et, aidé de plusieurs personnes, le courageux jeune homme releva le landau d'où sortirent un monsieur, une dame et un enfant fortement contusionnés. Puis, modestement, le Sauveteur s'éloigna.

Le lendemain, Achille Goelzer apprit, par les journaux, qu'il avait porté secours à l'ambassadeur d'Espagne et à sa famille.

Achille Goelzer, fils du philanthrope Philippe Goelzer, appartient, comme son père, à un grand nombre de Sociétés humanitaires ; il en a même fondé quelques-unes, entre autres : *la Société libre des récompenses au travail*, et il est actuellement secrétaire-général de la Société des Sauveteurs de la Seine.

Nous ne sommes pas les seuls qui sachions apprécier l'homme dont nous venons de tracer la notice.

Nous lisons dans un recueil sérieux les lignes suivantes, que nous sommes heureux de reproduire :

« M. Achille Goelzer ne suit pas seulement son père dans la voie artistique qui conduit au renom ; il cherche aussi à s'inspirer des sentiments d'amour pour l'humanité qui engagent, dans les liens de la philanthropie, les cœurs que n'a pas infectés le venin de l'égoïsme. C'est assez dire qu'il est heureux d'appartenir non pas tant aux Sociétés savantes qu'aux œuvres qui ont pour but le soulagement de l'humanité. Son cœur en fait un bienfaiteur de ses semblables. »

LÉGER (Claude-François)

C'est dans une situation poignante que Léger se révéla comme sauveteur. Il rentrait, avec sa mère, dans l'appartement de la famille, lorsque, ouvrant sa porte, il fut assailli par une fumée asphyxiante : le feu avait pris au berceau dans lequel dormait sa petite sœur, âgée de trois mois, et la flamme commençait à pétiller. La mère, saisie de terreur, crie au secours !... Léger s'élance, enlève l'enfant, le remet aux bras de l'éplorée, et travaille ardemment à l'extinction de l'incendie.

Ce fait se passait en 1849 ; Léger avait alors huit ans ; car il est né le 6 octobre 1841. Depuis cette époque, Claude-François n'a jamais manqué l'occasion de rendre service et de se dévouer.

A l'âge de quinze ans, il est remarqué comme l'un des plus actifs à la lutte, dans l'incendie d'une cité ouvrière, rue Campagne-Première.

En 1867, il dompte un cheval qui avait pris le mors aux dents et allait se précipiter, avec son cocher et son attelage, dans la Seine, près de la place du Châtelet ; un peu plus tard, il pénètre, malgré la résistance de ses amis, dans une cave en feu, découvre le foyer de l'incendie, et concourt à sa destruction rapide.

Dans l'année 1869, trois actes de courage : rue Barbette, à Paris, Léger arrête un cheval emporté qui, après avoir terrassé une personne, allait produire d'autres malheurs ; rue de la Grosse Horloge, à Rouen, il se distingue vaillamment dans un incendie ; enfin, le 28 décembre, il arrête, rue de Rivoli, à Paris, à onze heures du soir, un cheval qui eut inévitablement causé la mort de plusieurs personnes, car, à ce moment, la rue était encombrée.

Par la pratique du sauvetage, Léger a compris qu'il y avait encore une bonne œuvre à faire en encourageant, de sa propre fortune, à lui, loyal et intelligent ouvrier, les Associations qui protégent ceux qui se dévouent à leurs semblables. Il a fondé, en faveur des plus méritants, des Prix (Médailles d'argent) dans les Sociétés du Midi, de la Charente, du Loiret, de l'Oise et de la Belgique ; et ces Prix sont fort recherchés; car ils émanent d'un vaillant et modeste homme de bien. Léger a reçu la croix du Nichan-Iftikar pour ses actes humanitaires.

Pendant le dernier siège de Paris, Claude Léger était attaché à l'Ambulance du *Sauveteur*.

Le 19 septembre (1870), il est allé avec M. Adolphe Huard, directeur de l'ambulance, sur le champ de bataille de Châtillon, et tous deux, au péril de leur vie, ils ont rapporté plusieurs blessés, qu'ils ont soignés jusqu'à leur complet rétablissement. — Pour ce fait, Claude Léger a été médaillé de la Croix de bronze de la Société de secours aux blessés militaires; ce qui ne l'a pas empêché de remplir veillamment son devoir, comme lieutenant, au Bataillon des Sauveteurs de la Seine.

Enfin, le brave Léger a fait preuve d'un grand dévouement, le 19 juillet 1874, lors d'un incendie qui s'était déclaré, à Saint-Maur, dans le bois Guimier.

Il est jeune, courageux et dévoué; — donc, un bel avenir de Sauveteur attend Claude Léger.

GENDREAU (François)

A la date du 1er janvier 1870, Gendreau, né en 1831, possède sept Sauvetages à son avoir. Les citer c'est en faire le plus sincère éloge.

Mai 1848 : Il retire du port Ayreau, à Angers, un jeune garçon qui était tombé d'un bateau. Avril 1850 : il sauve un jeune homme qui s'était jeté dans la Mayenne, à Laval. Décembre 1851 : il préserve de la mort le sieur Ruau, journalier, qui avait glissé sous un bateau. Février 1852 : après avoir plongé plusieurs fois, il retire de la Mayenne, à Laval, un pauvre père de famille ; en août de la même année, il sauve encore un homme, se fait plusieurs coupures et s'en-

fonce deux côtes, mais une médaille d'argent (2ᵉ classe)
vient mettre un premier baume sur ses blessures.

Le 3 décembre 1860, Gendreau gagne carrément sa médaille de première classe en argent, par le sauvetage du sieur
Grégoire, qu'il retire, après d'innombrables difficultés, d'une
profondeur de huit mètres d'eau.

Enfin, le 28 juin 1868 a été un beau jour pour le marinier
de Grez-Neuville ; il a exposé sa vie en préservant celle du
sieur Maureau, et a reçu la médaille d'or, cette fois.

Il n'y a qu'une opinion sur le compte de Gendreau : c'est
un vrai brave et un sauveteur émérite !

MAGLIOCCO

Georges Magliocco est un ferblantier de Belfort, venu en
France sans fortune, mais qui, par un travail opiniâtre, est
devenu grand propriétaire.

Ainsi que l'indique son nom, Magliocco est d'origine italienne ; mais ce brave citoyen est, depuis longtemps, natu-
ralisé français.

Pendant trente-huit ans, il a servi comme simple sapeur
et comme sous-officier dans la compagnie des pompiers de
Belfort. Durant ce laps de temps, il s'est distingué dans un
grand nombre de sauvetages et d'incendies, et on le surnom-
mait le *Troueur de toits*, car c'était sa façon d'arriver plus
vite au foyer du sinistre.

Nous ne citerons que *grosso modo* le brave pompier rela-
tivement aux services qu'il a rendus, nous bornant à quelques faits saillants.

Le 2 mai 1868, la commune industrielle de Bavilliers, près
Belfort, était le théâtre d'un terrible incendie, déclaré dans
une fabrique importante.

Parmi tous les travailleurs qui se distinguèrent dans les

flammes terrifiantes, dévorant tout ce qui leur prêtait un aliment, Magliocco se fit remarquer le premier. Il sauva d'abord son capitaine, M. Meny; puis trois autres hommes, les uns après les autres, et il retourna combattre le fléau. — Cet acte lui valut la médaille du Gouvernement.

Dans un autre incendie, qui eut lieu à Belfort en 1869, Magliocco fit preuve d'une telle témérité, qu'il fut grièvement blessé et resta six mois dans son lit.

Pendant le siège de Belfort, lequel dura soixante-treize jours comme bombardement, les pompiers de la ville furent à leur poste, poste épouvantable, car il s'agissait, au milieu des obus, d'éteindre le feu allumé dans les maisons par ces mêmes obus.

Le premier encore, Georges Magliocco se distingua dans cette grande lutte patriotique; jour et nuit il fut sur pied. — Rien d'étonnant à cela, d'ailleurs, le caporal Magliocco n'avait plus de lit chez lui; sa maison était transformée en Ambulance; tous les étages étaient occupés par les blessés et les malades; de ces blessés et malades, la famille de Magliocco soignait une partie, et son fils, âgé de quatorze ans, était le facteur de pharmacie. Hélas! le pauvre jeune homme n'a pas pu trouver de remède pour lui, et il repose, là haut, victime de son dévouement.

Après le siège de Belfort, Magliocco a été nommé sergent de sa compagnie, et a reçu du Gouvernement la médaille de première classe.

Au mois de juin 1873, notre brave Sauveteur a arraché, au risque d'être broyé, un enfant qui traversait la voie ferrée, à Héricourt, au moment où le train passait à toute vitesse.

Au mois de juillet suivant, il sauvait encore un enfant qui allait être écrasé par une voiture chargée de bière.

Nous terminons, par un dernier fait, lequel prouvera que la France a eu raison de naturaliser Georges Magliocco.

C'était après le siège de Belfort.

En quittant la ville, l'armée allemande avait laissé, sous la garde de l'autorité locale, quelques malades, et un pasteur protestant pour le nécessaire de son ministère.

Cet aumônier militaire, se promenant dans les rues de Belfort, fut assailli par des gens qui auraient dû rester calmes, et allaient lui faire un mauvais parti, quand Magliocco l'arracha des mains des forcenés, et l'abrita dans sa maison.

Mais les émeutiers avaient lâché leur proie à regret, et la maison de Magliocco fut bientôt assaillie à son tour ; les carreaux volèrent en éclats et, sans l'autorité qui fut requise, on ne sait trop comment cela aurait fini.

Le maire de Belfort félicita Magliocco de son courage; car si les choses avaient été poussées plus loin, Belfort aurait vu une seconde occupation allemande, et eut subi une rançon exorbitante.

Quelque temps après, le pasteur protestant offrit à notre brave de signaler le fait à l'autorité militaire allemande et, par ainsi, de lui obtenir une récompense honorifique...

Magliocco refusa.

RIGOULAU

Enfant de la Gironde, né à Caudéran, le 15 mars 1821, Rigoulau a beaucoup voyagé dans sa jeunesse ; il a parcouru la France, la Belgique, l'Angleterre et l'Espagne ; mais plus son corps s'éloignait du berceau de ses premières années, plus son cœur et sa pensée retournaient vers lui.

Aussi, à peine rentra-t-il dans ses foyers qu'il s'engagea dans le service militaire et fit, avec honneur et éclat, les campagnes d'Afrique.

Au milieu du courage militaire, Rigoulau sentit se développer en lui le courage et le dévouement civils ; aussi s'appliqua-t-il à mériter véritablement le titre de Sauveteur.

Tout d'abord, à Oran, le 29 septembre 1845, il arrêta deux chevaux emportés et fut blessé à la cuisse droite.

En 1846, pendant l'expédition des Schots (petit désert), il sauva de la rivière la Tafna, dont le courant était très-fort, deux hommes qui allaient se noyer, et cela dans des circonstances tellement périlleuses, qu'elles méritèrent à Rigoulau le surnom de : *Jarret d'acier*, qui resta son nom de guerre.

Peu de temps après, en allant rejoindre la colonne de réserve commandée par le général de Mac-Mahon, il fut placé à la garde des prisonniers et des otages, où il trouva l'occasion, sans trahir son devoir, d'apporter des améliorations humanitaires dans le sort des déclassés de la victoire.

Une autre fois encore, en soutenant un blessé qui écrivait son dernier adieu à sa mère, Rigoulau reçut une balle dans le ventre, et cependant il eut encore le courage de tenir, jusqu'à la fin de la lettre, le bras du fils expirant, puis il le porta à l'ambulance où il mourut, — et alors Rigoulau songea à se faire soigner lui-même.

Rentré dans la vie privée, notre brave se dit : « Rien ne doit être changé en moi pour mes semblables. »

Et, en effet, rien ne fut changé en lui comme Sauveteur.

En voici les preuves :

D'abord, il sauva trois personnes qui se trouvaient dans une voiture dont le cheval s'emportait, et, en 1842, il avait accompli le même fait.

En septembre 1852, il arrachait une fille de seize ans à une mort certaine.

En 1858 et 1861, il arrêtait des chevaux emportés.

En 1864 et 1865, il se distinguait brillamment dans des incendies.

En 1869, Rigouleau arrêtait encore un cheval emporté et il était blessé, en portant secours à un homme qui allait être brûlé.

Enfin, en 1874 et en 1876, notre Sauveteur était encore blessé en arrêtant des chevaux emportés.

Pour tous les faits qui précèdent, notre brave a reçu une Médaille d'honneur du Gouvernement.

Mais ce n'est pas tout ; Rigoulau est aussi bon que vaillant.

Pour venir en aide à ses collègues infirmes ou malheureux, Rigoulau a fait des dons à la *Société des Sauveteurs de la Gironde* et à la *Société Philomathique* de Bordeaux, qui rend de si grands services à la classe laborieuse en lui donnant gratuitement l'instruction de tout genre et de tout degré.

Un exemple pour finir :

Du 13 novembre 1870 au 6 avril 1872, Rigoulau n'a pas dépensé moins de six mille francs, de ses propres deniers, pour soulager les familles souffrantes. *Jarret d'acier et cœur d'or*, voilà la Légende de Rigoulau.

RIAND (Ythier-Pierre-Célestin)

Riand est né à Sandillon (Loiret), le 21 décembre 1835.

Riand est un de ces hommes rares qui sont les premiers à donner l'exemple des préceptes qu'ils recommandent.

Sorti, en 1845, de l'École normale d'Orléans, il fut envoyé, en Sologne, dans la commune d'Isdes, pour fonder une école réclamée depuis longtemps par les habitants.

Regardant sa mission comme un sacerdoce, Riand s'appliqua à développer, chez ses élèves, les sentiments les plus élevés de la morale et de la vertu.

Six années de jeunesse et de santé sacrifiées à cette tâche ingrate, ont rendu, à Isdes, le nom de Riand en quelque sorte vénéré ; et c'est justice, si l'on songe aux améliorations, tant matérielles que morales, qu'il introduisit dans cette contrée marécageuse, malsaine et presque sauvage.

Pendant ce dur noviciat, le jeune instituteur donna le premier exemple du courage et du dévouement qu'il recommandait à ses élèves.

Au mois de juin 1851, le feu envahit nuitamment, à Isdes, une de ces vieilles maisons de bois si communes dans les campagnes. En un instant, l'incendie avait pris des proportions telles que rien ne pouvait l'arrêter. Les habitants regardaient stoïquement brûler cette cabane en ruines, qu'ils croyaient inhabitée, lorsque, tout à coup, des cris déchirants se firent entendre.

Ils étaient poussés par deux malheureuses jeunes filles qui se trouvaient, par hasard, enfermées dans cette misérable masure.

Les assistants frémirent d'horreur, mais n'osèrent s'aventurer pour sauver les infortunées.

Seul, et sans chercher à se rendre compte de la présence inopinée des jeunes filles dans cette maison, Riand s'élança courageusement au milieu des flammes.

Bientôt il reparut, les cheveux, les sourcils et les habits brûlés... Mais il rapportait, double et précieux fardeau, les deux victimes à demi-mortes.

En 1855, dans la commune de Mézières, le jeune Sauveteur arrête, non sans danger, un commencement d'incendie qui avait éclaté dans le parc d'un château entouré de bois immenses.

En 1856, dans la même commune, il éteignit, avec ses élèves, auxquels il enseignait aussi l'intrépidité, le feu qui allait dévorer une maison isolée, habitée par deux septuagénaires infirmes et hors d'état de fuir le terrible danger.

En 1864, à Saint-Hilaire-Saint-Mesmin, près d'Orléans, Riand arrête, au péril de sa vie, un cheval emporté et sauve trois femmes et une jeune fille qui se trouvaient dans la voiture, entraînée par le cheval furieux.

Sur le rapport du Préfet du Loiret, le Ministre de l'intérieur accorda alors au modeste instituteur une Médaille d'argent de deuxième classe, pour le récompenser de cet Acte de dévouement.

Mais toutes ces actions, tous ces exploits humanitaires ne sont rien si on les compare au zèle, au courage et à la présence d'esprit déployés par Riand, lors de la terrible inondation de la Loire, en 1866.

La partie de la commune Saint-Hilaire-Saint-Mesmin située dans le Val, se trouve, dès le premier jour de la crue, couverte de plusieurs mètres d'eau, par suite de la réunion de la Loire et du Loiret.

Les habitants, surpris pendant la nuit, n'avaient eu que le temps de se réfugier dans la partie supérieure de leurs maisons.

Lorsque le jour éclaira cette scène d'horreur, l'eau montait toujours et menaçait d'envahir ces malheureux, même dans leur dernier refuge.

Au milieu du fracas des ondes, on entendait les cris : « Au secours, » et l'on apercevait, sur le frêle flot d'une toiture qui craquait, des groupes de suppliants désespérés.

A ce spectacle, l'âme de Riand s'émeut, son courage s'exalte, il saute dans sa barque, et, aidé de quelques personnes intrépides, il s'aventure sur le fleuve en courroux.

Après une lutte périlleuse contre les courants, les arbres et les débris de toute sorte que chariaient les ondes, il parvint à organiser le sauvetage.

Quatre jours et quatre nuits, le digne instituteur est sur pied, veillant et travaillant à l'accomplissement de son œuvre d'humanité ; il ne quitte le fleuve que lorsqu'il n'y a plus personne à sauver !

Après un semblable travail, Riand eut pu prendre un instant de repos ; mais non, cette nature d'élite ne pouvait laisser passer une occasion de se rendre utile.

On le vit, après qu'il n'y avait plus personne à sauver, porter des provisions aux inondés que l'eau retenait dans leurs maisons, et, au risque d'être cent fois submergé, faire le trajet d'Orléans dans sa barque, portant les nouvelles et rapportant les dépêches que le terrible fléau avait interrompues.

Cette belle conduite, dont toute une population l'a félicité, a valu au courageux Sauveteur une Médaille en argent de première classe, du Ministre de l'intérieur.

Depuis la guerre de 1870, et pour cause de santé, Riand a quitté l'instruction; mais il n'a pas abandonné la bravoure!

La preuve, c'est que :

En 1870, il a sauvé deux enfants qui étaient tombés dans plus de quatre mètres d'eau de la rivière du Loiret;

De la même rivière, il a arraché encore trois personnes.

Enfin, en juin 1873, il sauve un conducteur que son cheval avait précipité dans la Loire. — Brave Riand, l'étoile de la Légion d'honneur ne brille pourtant pas sur la poitrine.

KLEIN

Klein (Charles) est né à Paris, le 11 brumaire, an VI de la République française, — c'est-à-dire le 2 novembre 1800.

C'est un de ces hommes dont le mérite acquiert une double valeur par une modestie rare, et qui compte les années par les actes de courage, les bienfaits et les travaux utiles à la patrie.

« Si je ne consultais que mes sentiments personnels, — nous écrit M. Klein, lorsque nous avons insisté pour obtenir des renseignements nécessaires à sa Notice biographique, — ils ne seraient pas favorables à la publicité des actes qui me concernent, étant bien convaincu que l'ombre de la modestie est toujours ce qui sied le mieux aux actions méritoires, quelles qu'elles soient. Mais, comme je considère aussi que certains faits, mis au grand jour, peuvent avoir pour suprême avantage de moraliser les masses, en développant, chez elles, les idées de devoir et d'abnégation,

l'intérêt général doit prévaloir sur les impressions personnelles, et je m'en rapporte à ce que vous jugerez convenable
de faire. »

D'après ce qui précède, il ne nous est donc permis que de
laisser parler les actes du brave et modeste sauveteur ; aussi
les résumons-nous dans leur plus simple expression.

Le 26 juin 1820, à Foëcy, Charles Klein a sauvé la vie à
Jean Perigault, qui allait se noyer.

Le 16 février 1829, même fait se produit pour tirer, de
dessous un bateau, le sieur Auconturier, qui allait disparaître dans la rivière d'Yèvre.

Le 2 mars 1831, il sauve le capitaine de cavalerie Perrot.

Le 21 juillet 1834, la veuve Montigny, âgée de 60 ans et
presque aveugle, revenait, à dix heures du soir, du village
de Chantelot (Cher) ; trompée par les ombres de la nuit, elle
tombe dans l'Yèvre, près du pont de Beauvoir ; Charles
Klein entend ses cris, accourt, se jette à l'eau et, après une
longue lutte, parvient à la ramener sauve au rivage.

Le 10 septembre 1836, M. Amichot, chirurgien à Mehun,
tombe à l'eau et s'enchevêtre dans la corde du filet avec lequel il pêchait. Charles Klein le retire, malgré la difficulté
qui se présentait à son dévouement.

Le 19 décembre 1838, un ouvrier, du nom d'Orion, tombe
dans le canal du Berry ; c'est à notre héros qu'il doit la vie.

Trois incendies éclatent successivement, en 1845, aux environs de Mehun-sur-Yèvre ; Charles Klein donne l'exemple
du zèle et de la sympathie qu'on doit attendre d'un loyal et
brave citoyen.

Précédemment, le 2 août 1840, il s'était jeté tout habillé
dans un endroit fort dangereux de l'Yèvre, et en avait retiré M. Sauchoir, propriétaire, de Chataume-sur-Cher.

Nous allions oublier un fait dont on se rappellera toujours dans la contrée, bien qu'il se soit passé le 25 août 1828.
Ce jour-là, M. Dutar, curé de Vignoux-sur-Barangeon, était
blessé grièvement par un accident de voiture et tombait sur

la route, totalement privé de connaissance. Charles Klein se trouvant au lieu de l'accident, prodigua les meilleurs secours au blessé et franchit, le tenant dans ses bras, la distance de trois kilomètres. Sans le bon cœur de Charles Klein, il est probable que M. Dutar eût perdu la vie.

Le 16 octobre 1849, notre héros sauve le sieur Pichon, ex-canonnier au 5e régiment d'artillerie.

De 1830 à 1837, Charles Klein rendit à la cause de l'ordre des services dont tout homme de bien doit se louer.

C'est au zèle, à l'intelligence, à l'activité courageuse de notre sauveteur, que fut due, en 1846, l'arrestation de trois dangereux malfaiteurs qui avaient attaqué, à main armée, la diligence de Bourges à Châteauroux, et s'étaient emparé de 40,000 fr. qu'elle contenait.

Dans tous ses sauvetages, Charles Klein semblait jusqu'alors avoir défié tout malheur personnel; mais il devait, à son tour, recevoir le baptême de la blessure. Le 24 janvier 1852, dans l'incendie qui se manifesta au domaine de Vaubut, il fut grièvement blessé à la jambe droite; le sauveteur s'était trop ardemment élancé dans la lutte contre le fléau dévastateur.

Comme on le voit, les faits qui précèdent n'ont pas besoin de commentaires.

Diverses récompenses honorifiques ont été accordées à Charles Klein par le gouvernement.

Parmi elles, nous citerons :

1o Une médaille d'or de 2e classe, pour sauvetages ;

2o Une médaille de 3e classe et une médaille de 1re classe, pour de nombreux travaux en matière de statistique.

A 25 ans, Charles Klein a été juge de paix, et non-seulement il a su honorer la magistrature, mais encore, dans la balance de la justice, il a souvent placé son cœur, lorsqu'il s'agissait de faire pencher le plateau du côté de la bienveillance et de l'humanité.

Antoine PILLET

Grand, fort, ancien sous-officier de cuirassiers, Pillet semble taillé tout exprès pour supporter ou affronter les plus dangereux périls.

Il est né le 20 mars 1820, à Prémery (Nièvre).

Sa vie se compose d'une suite d'actions éclatantes, qui perdraient de leur réalité si nous les racontions autrement que sous la forme de *Bulletin du courage*.

Aussi, allons-nous tout simplement citer.

En mai 1835, à Prémery (Nièvre), Antoine Pillet sauve, au péril de sa vie, un nommé Lherbette, jeune épileptique, tombé dans la rivière pendant un accès de sa maladie, et le ramène sain et sauf, après s'être précipité dans un courant très-rapide ; sous les vannes, ils ont failli être engloutis tous deux.

En août 1842, appartenant au 10e cuirassiers, en garnison à Melun, il faisait partie des *Moniteurs* de natation, et allait, avec ses camarades, tracer les limites de la baignade du régiment dans la Seine. Un soldat s'étant glissé dans leurs rangs sous le prétexte qu'il était très-bon nageur, se mit à l'eau le premier et ne tarda pas à être entraîné par le courant. Pillet, qui se préparait dans un bateau amarré, voit le danger que courait cet homme, s'élance à sa poursuite, se fait au pied une grave blessure, en sautant du bateau sur un fond de bouteilles, mais parvient à le ramener sain et sauf au rivage, après l'avoir maintenu à la surface de l'eau pendant le parcours de plus d'un kilomètre.

En 1843, à Chartres, Pillet se fait remarquer dans l'incendie du quartier Saint-Jean.

En 1844, à Châteaudun, il combat intrépidement deux incendies presque successifs, qui ont lieu dans les magasins à fourrages d'un hôtel.

Durant les mois de juillet et d'août, le choléra sévissait à Varzy (Nièvre); la terreur était tellement grande, que toutes les personnes aisées avaient pris la fuite. Les inhumations étaient sur le point de cesser, faute de bras. Pillet, pour exciter les fossoyeurs, travailla avec eux, ensevelit les cholériques et visita tous les malades, concurremment avec un médecin et une sainte sœur de charité qui, plus tard, a été décorée. Pillet a même, nous dit-on, fourni une partie de sa literie aux malheureux qu'il a soignés et sauvés.

Le 1er janvier 1852, toujours à Varzy, alors que les troupes revenaient de comprimer l'insurrection de Clamecy, le corps-de-garde, plein de paille et contenant quantité de poudre, prit feu au moyen d'un poêle chauffé à outrance par les soldats ivres. — Deux hommes restaient sur le lit-de-camp, et aucun des militaires présents n'allait à leur secours. Aidé d'un nommé Boisseau, charron, Pillet se précipita dans les flammes et sauva ces deux hommes; puis il aida puissamment à éteindre le feu, en défonçant une fenêtre et les volets du corps-de-garde.

Le 24 juin 1853, trois hommes se baignaient dans l'étang du Besle, près Cruxlaville (Nièvre); deux seulement savaient nager. L'un, Dussert, qui n'avait pu suivre ses camarades au large, chercha à se rapprocher du rivage en essayant de nager. Par ses mouvements désordonnés, en se maintenant à la surface de l'eau, il arriva à un endroit profond et disparut; ses deux camarades, effrayés, loin d'aller à son secours, gagnèrent le rivage. Pillet, de la levée, s'élança dans l'eau et arriva à hauteur de Dussert, quand, pour la troisième fois déjà, il disparaissait. Par un plongeon heureux, il parvint à le saisir et le dirigea sur le rivage. En arrivant près des deux autres nageurs qui n'avaient de l'eau que jusque sous les bras, il leur lança Dussert qui, les étreignant trop fort, les fit affaisser et s'engloutit avec eux. Force fut encore à Pillet de courir sur ce groupe submergé et de le ramener à bord. Dussert, qui en a été quitte pour un commencement d'asphyxie, n'a cessé, depuis, de manifester sa reconnaissance à son Sauveteur.

En juillet et août 1854, le choléra sévit à la Charité-sur-Loire; Pillet se hâte de porter des secours et de visiter les cholériques.

En mai et juin 1856, lors de la grande crue de la Loire, l'intrépide Sauveteur, sans prendre une minute de repos pendant ces terribles journées, s'élance partout où sa présence est utile. Se servant d'une voiture en guise de barque, il sauve une mère et son enfant qui allaient périr, et court le risque d'être entraîné lui-même dans le gouffre.

Dans le faubourg de Loire, presque entièrement submergé, les deux ailes du pont venaient de crouler; le cri de *Sauve qui peut* se fait entendre, et plus de deux cents personnes effrayées vont se précipiter dans un courant des plus rapides. Par son sang-froid et son énergie, Pillet contient cette masse épouvantée et la préserve des plus grands dangers. Notre brave a aussi empêché les habitants de détruire leur mobilier en le jetant à l'eau, sous prétexte de le sauver; car, selon plusieurs avis, le faubourg allait entièrement disparaître.

En mai 1859, à la Charité, trois chevaux attelés à un tombereau et appartenant à M. Thibault, adjoint de la commune de Narcy, prennent peur et s'emportent en descendant la ville. Le conducteur, qui cherchait à les retenir, est renversé. Attiré par le bruit et les cris des habitants, le brave Soldat de la paix s'empare d'une gaule et attend les chevaux; il porte au premier un coup de son arme improvisée et en change la direction. Le cheval fait alors tour à gauche et entraîne l'équipage. Pillet, se trouvant dans le cercle formé par les chevaux et la voiture ne dut son salut qu'à son sang-froid. Il parvint à redresser les quadrupèdes et à les diriger dans l'angle de la place, où ils furent arrêtés. Cette manœuvre, habile et dangereuse, mérita au Sauveteur les plus grands éloges, car elle préserva la vie à bon nombre de personnes.

En 1860, toujours à la Charité, une voiture attelée de trois chevaux et chargée d'une lourde et longue pièce de bois, perd sa barre d'enrayage en descendant la ville ; le cheval du limon, entraîné par la pente et traîné par le jarret ne pouvant plus être dirigé par le conducteur, privé de sa raison, Pillet s'empare de l'extrémité de la pièce de bois pour l'empêcher de heurter dans les devantures de boutiques, et crie au conducteur de lancer ses chevaux au galop. Par ce moyen, dangereux pour celui qui tenait ce gouvernail, on parvint à traverser la longue et sinueuse rue de la ville, sans occasionner le moindre accident.

En 1865, le 23 décembre, le courageux Sauveteur, se trouvant à Prémery (Nièvre), aperçut de sa chambre, à minuit, les lueurs d'un incendie qui éclatait dans son quartier. L'un des premiers, il jette l'alarme et arrive sur le lieu du sinistre; Il aide au sauvetage des personnes et du mobilier, et, en l'absence de l'autorité, organise les chaînes. Après avoir lutté jusqu'à cinq heures du matin, c'est-à-dire jusqu'à l'extinction du fléau, par un froid des plus intenses, Pillet est atteint d'une forte fièvre et se met au lit pour un mois.

En mai 1866, à Vannes (Morbihan), une voiture attelée de deux vigoureux chevaux descend la rue du Merré, et cela d'une allure fort vive. Le cocher ne peut diriger ses chevaux au bas de cette rue, et ils se jettent dans la devanture d'un magasin, qu'ils enfoncent. L'un des chevaux est retenu par le mur, tandis que l'autre entre dans le magasin, rompant le limon du véhicule. En un instant, les chevaux se cabrent; ils vont tourner à droite en renversant la voiture et exposant aux plus grands dangers les deux conducteurs, immobilisés par la peur sur leur siège, et les trois personnes qui se trouvent renfermées dans cette voiture. Le champion du courage, sans calculer le danger, s'élance à la tête des chevaux, les maîtrise pendant qu'il ordonne aux conducteurs de descendre, et fait ouvrir la portière pour délivrer les trois personnes qui étaient dans le véhicule. De fortes écorchures et des contusions graves furent sa récompense.

Enfin, le dimanche 5 mai 1867, Pillet aperçoit, à onze heures du soir, un incendie qui se déclare, à un deuxième étage, chez le sieur Ménage, de Falaise. Tout le monde dormait. Notre brave jette l'alarme, réveille les habitants, court au feu, lutte avec acharnement, se brûle les mains, et grâce à lui, un immense malheur est évité.

Tel est Antoine Pillet, Médaillé d'or et d'argent.

Nous avions raison d'affirmer que sa vie est un *Bulletin de victoires pacifiques.*

ANDRIOT-GUÉRIN

Pierre-Andriot-Guérin est né à Luzy (Nièvre), le 27 août 1830.

A l'âge où les autres enfants ont pour unique préoccupation le jeu et les amusements, Andriot commence à se rendre utile à ses semblables. A douze ans, pendant l'été de 1842, il fait ses débuts de Sauveteur.

C'était un soir, sur les cinq heures de l'après-midi, Andriot se promenait avec un de ses camarades, Lazare Menat, lorsqu'ils eurent la fantaisie de pêcher des grenouilles dans un vivier profond et creusé comme un puits, c'est-à-dire en pente droite à quatre faces. C'était imprudent. En effet, au moment où il était le plus attentionné à sa pêche, le jeune Menat, glissant sur l'herbe, fut précipité dans le vivier. Tout en appelant « au secours ! » Andriot eut la présence d'esprit de se pencher sur le bord du gouffre, et d'une main se cramponnant aux herbes, de l'autre il cherchait à rattraper son malheureux camarade. Après plusieurs tentatives infructueuses, il réussit à l'empoigner aux cheveux et à le retirer de l'eau. Il était temps.

En 1846, à Decize, Andriot, toujours prêt à rendre service, va donner un coup de main à un patron qui hissait de gros meubles, à dix-huit pieds de hauteur, pour les faire entrer par une fenêtre. Tout à coup, soit maladresse, soit rupture d'une corde, un des meubles tombe sur Andriot et lui casse les deux bras. Mais cet accident ne devait, en rien, modifier son désir d'être utile à son prochain. C'est ainsi qu'en 1848, au mois de novembre, à Dijon, lors de l'incendie du faubourg d'Ouche, il se porte des premiers sur le lieu du sinistre, et déploie un courage, une intrépidité tels, que c'est à peine s'il s'aperçoit que ses vêtements brûlent sur lui.

Au mois de décembre de l'année suivante, notre brave Guérin sauve une jeune fille de dix-huit ans, dont la voiture était emportée, par un cheval furieux, à travers des matériaux de marine, dans la direction du bassin du canal.

En 1852, au mois d'août, Andriot retire d'un *gourd*, dit des Moindrots, situé à 1,500 mètres de Luzy, le plus jeune des frères Voillot, avec lesquels il venait de se baigner. Deux fois le noyé échappa aux mains de son sauveteur et manqua de se briser la tête contre les racines du bord ; deux fois Pierre parvint à le ressaisir. Enfin, après de longs efforts et avec l'aide de Voillot aîné, il réussit à tirer à terre le naufragé que les frictions ramenèrent à la vie. A son lit de mort, en 1859, la mère du sauvé attesta, en présence de MM. Gallois, notaire, et Richard, curé, ce fait dont elle avait, toute sa vie, gardé un reconnaissant souvenir.

Non content de se distinguer dans les occasions où il faut déployer du dévouement et du courage, Andriot veut encore occuper ses loisirs au profit des malheureux. La charité le rend industrieux, artiste même, car on le voit organiser des soirées dramatiques où l'on joue des pièces dont il est à la fois l'auteur et l'un des principaux acteurs. Grâce à ces représentations, auxquelles la foule abonde, les pauvres ont pour quelque temps du pain et des vêtements. La représentation qui fit le plus d'honneur à Andriot est certainement celle qu'il organisa le 16 septembre 1860, à Luzy, en faveur des chrétiens du Liban.

En 1861, à Luzy, et en 1862, à Chiddes, Pierre travaille activement à éteindre un feu de cheminée, puis un incendie. Dans le premier il se fait griller les cheveux, les cils et les interstices des doigts ; dans le second, il a une main brûlée et fait preuve de bravoure.

L'année suivante, au mois de mars, un cheval échappe aux mains d'un jeune homme de 14 ans, le fils Guinot, et s'élance au galop dans les rues de Luzy, renversant tout sur son passage. Personne n'ose se hasarder à l'arrêter, quand Andriot arrive et se jette résolument à la bride de l'animal. Après avoir été traîné environ l'espace de cent mètres, le courageux Sauveteur parvint à se cramponner à une porte et à contenir ainsi le quadrupède. Sans cet acte de dévouement et d'intrépidité, plusieurs enfants auraient pu être écrasés.

En 1864, au mois de juillet, le vaillant Soldat de la paix se signale dans un incendie, déclaré dans la maison du sieur Compin, à Luzy.

Sans lui, une partie de la ville courait risque d'être détruite, car la maison du sieur Compin se trouvait au centre du pays. Cette action lui mérita une Médaille d'honneur, avec un Brevet rappelant toutes les occasions où il s'était signalé.

La même année, l'incendie de Limoges stimule de nouveau le zèle dramatique et charitable d'Andriot ; il remonte son théâtre d'amateurs et peut envoyer aux malheureux incendiés une somme de 110 francs. L'année suivante, il organise encore, pour le Bureau de bienfaisance des représentations théâtrales. Des lettres flatteuses sont adressées à Andriot, pour le féliciter de son activité et de sa charité infatigables.

Le 15 juillet 1865, il se met à la tête d'une souscription et récolte 1,260 fr. 35 cent. à l'acquisition d'une pompe pour la commune de Luzy. Grâce à cette première mise de fonds, le maire de Luzy put faire voter le complément de la somme nécessaire à l'équipement d'une compagnie de pompiers qui, actuellement, fonctionne avec un ensemble admirable.

L'année 1866 voit Andriot, toujours à la piste du danger, trouver l'occasion de se dévouer deux fois.

Dans la même année encore, il sauve, dans un incendie qui s'était déclaré à Luzy, le mobilier du sieur Dupuis.

Le 3 décembre 1867, il concourt puissamment à l'extinction d'un incendie, qui s'était déclaré chez madame Dorain.

Enfin, le 23 janvier 1868, il manquait perdre la vie en tombant dans le foyer même d'un incendie qu'il cherchait à étouffer au château de Laplanche.

Andriot Guérin a fondé, à Luzy, la société des Sauveteurs de la Nièvre, qui est en pleine voie de prospérité et fait le plus grand honneur à son président-fondateur.

Eugène VAUDIN

Eugène Vaudin, qui a été tour à tour adjoint et maire de Vincelottes (Yonne), est né à Paris, le 10 juillet 1831.

Non-seulement il fut bon administrateur de sa commune, et reçut les témoignages de satisfaction de son Préfet, mais Eugène Vaudin est un savant et un artiste distingué.

En 1859, il fit de curieuses recherches iconographiques dans les monastères orthodoxes russes et grecs du mont Athos (Turquie), recherches qui lui étaient demandées par l'Empereur de Russie.

Le pape Pie IX lui conféra la croix de Saint-Silvestre, pour ses peintures byzantines.

Eugène Vaudin fut sous-officier aux éclaireurs à cheval de l'Yonne, pendant la guerre de 1870; le 6 janvier 1871, il eut un cheval pris par l'ennemi, et, le 3 juin 1876, il fut nommé sous-lieutenant de dragons dans l'armée territoriale. Avons-nous besoin d'ajouter que son courage fut à la hauteur des périls qu'il eut à conjurer.

Non-seulement l'homme dont nous parlons ici est un brave citoyen, un savant et un artiste, mais encore il a reçu un grand nombre de récompenses pour ses actes de courage.

En 1844, il a obtenu, pour sauvetages, une médaille d'honneur, et une autre en 1848.

En 1875, le Gouvernement français lui décerna une autre médaille d'honneur pour avoir arrêté, au péril de sa vie, un cheval emporté, attelé à une voiture, et dont le conducteur allait être écrasé.

Il reçut encore, pour ses actes de bienfaisance et d'humanité, un Ouvrage du Ministre de l'Instruction publique, et une médaille d'honneur de la *Société d'Encouragement au Bien*.

Enfin, après avoir été Camérier du pape Pie IX, Eugène Vaudin a été nommé Camérier du pape Léon XIII.

Notre héros possède l'estime générale, et il porte avec honneur et fierté les nombreuses décorations qu'il a gagnées.

RABIER (Louis

Ce Sauveteur, né à Deuil (Seine-et-Oise), le 16 mars 1830, est une de ces natures modestes et vaillantes, dont la vie, consacrée au soulagement de l'humanité, s'écoulerait dans l'ombre et l'oubli, si l'on ne prenait soin forcément de la signaler.

Dût la modestie de Louis-Adolphe Rabier être froissée, nous allons raconter, sommairement, les principaux Actes de courage et de dévouement qui l'honorent.

Ces Actes sont nombreux et lui ont mérité, déjà, une Médaille d'argent du Gouvernement.

Rabier a une funeste habitude : il se dévoue, sauve son semblable, et s'esquive comme s'il avait honte de la belle action qu'il vient de commettre.

Il s'imagine qu'on ignore ce qu'il vaut ; aussi sera-t-il fort étonné, si ces lignes lui tombent sous les yeux, de voir que nous avons recueilli les faits suivants à son actif de courage.

Dans le courant du mois de mars 1857, il éteint un commencement d'incendie dans la maison d'un sieur Michel Léguillier, cultivateur à Deuil.

Au mois de novembre 1859, le feu éclate dans le fournil du sieur Jean-Baptiste-Eugène Fauveau, qui appelle au secours ! Rabier accourt, et avec l'aide d'une seule personne, empêche un désastre qui menaçait de devenir considérable.

Le 20 avril 1860, à Asnières, un jeune homme tombe d'un bateau dans la Seine : notre Sauveteur, qui se trouve là, heureusement, se précipite dans les flots et ramène le naufragé à sa famille.

Cette belle action valut à Rabier sa Médaille de sauvetage.

Au mois de mai 1863, Louis-Adolphe fait preuve de dévouement, et surtout de sang-froid et d'habileté, en retirant, à Enghien-les-Bains, deux ouvriers asphyxiés, du fond d'un puits que l'on creusait pour trouver des eaux sulfureuses.

Le 5 janvier 1865, le feu se déclare chez Mlle Desgranges, près du théâtre de la Porte-Saint-Martin. En entendant crier, Rabier se précipite dans la maison et concentre le foyer en bouchant les issues. Lorsque les pompiers arrivèrent, ils se rendirent facilement maîtres de l'incendie.

Le 22 juin 1866, à Deuil, Rabier empêcha une petite fille de se noyer dans un fossé rempli de vase de savon.

Le 1er août 1867, à l'accident de Saint-Albans, Louis-Adolphe qui revenait de Marseille, fit preuve du zèle le plus louable. Il avait eu le bonheur de n'être pas atteint dans la catastrophe ; au lieu de fuir, comme tant d'autres, et au risque d'être blessé ou tué, il se précipita au secours de ses semblables.

Enfin, le 2 novembre 1867, il empêcha également un vieillard d'être écrasé par une charrette que conduisait un enfant.

Voilà ce que nous avons appris. La renommée publiera sans doute bien d'autres Actes de courage concernant ce brave et modeste Sauveteur.

VOISIN

Ancien brigadier des douanes à Camaret (Finistère), Voisin est encore un de ces hommes modestes et courageux qui, une fois l'action d'éclat accomplie, s'oublient pour ne faire ressortir que le mérite de ceux qui les ont aidés.

Le 13 novembre 1840, un chasse-marée, le *Philippe Ier*, vient se briser sur les rochers, à l'entrée de l'anse de Camaret. Tout l'équipage va périr. Mais Voisin a vu le danger. Sans hésitation et aidé de quelques citoyens courageux, le vaillant brigadier s'expose à la fureur des flots et réussit à établir un va-et-vient, grâce auquel l'équipage est sauvé. Dans ce sauvetage, Voisin conserva deux fois l'existence au capitaine du navire, M. Loget, que ses soins seuls conservèrent à la vie.

Le 4 janvier 1841, le sloop la *Mère de Famille*, capitaine Languélard, allait indubitablement se briser à la côte, lorsque Voisin, appréciant le péril qu'il allait affronter, ne craignit pas, avec quelques amis dévoués, de s'exposer à périr lui-même pour aller porter secours au navire en danger. Grâce à sa courageuse initiative et à ses habiles manœuvres, la *Mère de Famille* put entrer dans le port et se mettre à l'abri de la tempête, qui l'aurait certainement engloutie corps et biens.

Au mois d'août de la même année, les soins dévoués et intelligents du brigadier rappelèrent à la vie deux hommes qui allaient périr, à la suite d'asphyxie par immersion.

Enfin, le 18 juillet 1843, lors de l'incendie qui eut lieu au Treillis-Vert, hors des portes de la ville, Voisin se conduisit avec un courage et un dévouement extraordinaires, et mérita les plus grands éloges, qu'il attribua exclusivement, selon son habitude, à ceux qui avaient coopéré, avec lui, à l'œuvre de sauvetage.

Depuis, Voisin, dans un intérêt humanitaire, a fondé la Société des Sauveteurs du Nord. Par cette fondation, loyalement créée, il s'est acquis l'estime des honnêtes gens et a obtenu, des principaux fondateurs de toutes les Sociétés, des marques de distinction.

Un grand bonheur pour Voisin, c'est de se dire qu'ils sont tous sauveteurs dans sa famille : père, frère et enfants, chacun a pu combattre, et modestement, sur le champ de bataille de l'humanité.

L'abbé Voisin, fils du fondateur de la Société des Sauveteurs du Nord, après avoir été missionnaire apostolique, est aujourd'hui aumônier de l'asile de la douleur que l'on nomme la Salpétrière ; il s'est naguère signalé d'une façon si remarquable dans un incendie, à Saint-Denis, qu'il n'a pu éviter une ovation, et que tous les journaux ont retenti de ses louanges.

Un autre fils de Voisin a sauvé un de ses amis qui se voyait.

Voilà tout ce que j'ai pu savoir concernant l'homme dont le nom est en tête de cette Notice. Cependant je lui avais écrit pour obtenir des détails utiles à ma Morale en action de l'humanité.

La lettre suivante, que m'a adressée le sauveteur Voisin, peindra sa nature toute entière :

« Si je désire quelques lignes heureuses, c'est pour mon frère aîné, mon parrain, qui n'existe malheureusement plus, mais que je ne puis oublier, pas plus que ses belles actions de dévouement.

» Vous savez que, dans notre Bretagne, nous avons la religion du souvenir ; aussi c'est une prière que je vous fais : laissez-moi de côté, mais rendez justice à la mémoire de mon frère.

» Il a été chirurgien-major dans la marine, chirurgien militaire breveté à l'hôpital militaire d'instruction de Lille et de Paris, inspecteur des établissements de bienfaisance du département du Finistère, et il est mort... voici comment :

» Étant docteur en médecine établi aux environs de Paris, le choléra éclata.

» Mon frère demanda au Gouvernement de l'envoyer exercer dans les endroits les plus infectés. Le Gouvernement obtempéra à cette demande ; mon frère fit un grand nombre de cures heureuses... et il succomba dans la tâche.

» Je vous en prie encore, tout pour lui, pour sa mémoire, rien pour nous ; il reste de lui des enfants qui seront charmés de ce bon souvenir et vous béniront. »

Votre lettre est reproduite ; êtes-vous content, brave Voisin ?...

Paul MARTIN

Paul Martin est un homme d'une cinquantaine d'années. Signes particuliers :

Il a appris à lire par sa seule volonté, et il a fondé la bibliothèque de Condillac (Drôme), son pays natal.

Signes généraux :

Il a obtenu le prix Monthyon, en 1877, à l'Académie française et voici pour quelles raisons :

A 19 ans, Paul Martin était orphelin, sans ressources, et l'aîné de six frères et sœurs, — il se constitua leur père.

Par son travail, il pourvut constamment aux besoins de sa jeune famille.

Bien mieux, Paul Martin avait une vieille tante infirme ; il se dit :

« Quand il y a pour sept, il y a pour huit, en travaillant du matin au soir. »

Et il se chargea de la parente infirme, sans pour cela négliger ses frères et sœurs, qui sont aujourd'hui tous honorablement établis, grâce au dévouement de leur *petit père*.

Mais bien que ses jours fussent précieux, à ce Paul Martin, pour élever sa famille, il les risqua cependant plusieurs fois dans sa vie, et, pour cette cause, il a le droit de figurer dans notre Œuvre.

Pour le prouver, extrayons des notes dans le rapport qui a été fait, sur l'enfant de Condillac, à l'Académie française.

Tout d'abord, il a arrêté deux chevaux emportés et sauvé la vie à quatre personnes qui allaient être précipitées dans un abîme.

Pendant la guerre de 1870-1871, au risque d'être fusillé s'il était pris, Paul Martin a résolu, encouragé et favorisé la fuite de prisonniers Français envoyés en Allemagne, et il est ensuite parvenu à empêcher les soldats Allemands d'incendier des maisons à Fontainebleau.

Enfin, en 1872, un jeune homme, soutien de famille, ayant eu la jambe prise dans un engrenage, Paul Martin se chargea du blessé, et, pendant deux ans, il lui donna, — en prenant toujours sur son propre travail, — linge, nourriture et argent pour sa famille.

Paul Martin a également reçu, le 31 mars 1878, la médaille de la Société d'Instruction et d'Éducation populaires ; — il était déjà lauréat de la Société d'Encouragement au bien ; car l'enfant de Condillac s'efforce de donner à autrui cette instruction qui lui a manqué dans son jeune âge, en payant la rétribution scolaire des enfants qui ne sont pas inscrits sur les listes de la gratuité. Le père de Paul Martin était un brave soldat du premier Empire, sous lequel il fit plusieurs campagnes et se battit courageusement ; en 1822, sous Louis XVIII, Martin fut blessé, sous les murs de Pampelune, dans un combat héroïque où les soldats français remportèrent la victoire. — Après avoir élevé huit enfants, le vieux brave rendit son âme à Dieu, quelques mois après sa vertueuse épouse, en léguant à son fils aîné, pour héritage moral, de saines traditions d'honneur et de loyauté et les devoirs de chef de famille, devoirs que Paul a, du reste, remplis avec la plus grande ponctualité.

Auguste VINCENT

Né à Saint-Geniez (Aveyron), le 26 novembre 1818.

Dans les modestes fonctions qu'il a toujours exercées, Vincent a fait preuve non-seulement d'une exactitude et d'une conduite hors ligne, mais encore d'un courage et d'un dévouement extraordinaires.

C'est un homme d'action et d'énergie, que l'on voit surgir à point nommé au moment du péril ; il a tout ce qu'il faut aussi pour être un vrai sauveteur : l'audace, l'activité et le sang-froid.

A le voir au feu, on croirait qu'il s'y précipite sans réflexion, sans idées arrêtées. On se tromperait ; car, en même temps que, poussé par son instinct de dévouement, il s'élance, d'un coup-d'œil il envisage le péril et discerne le point où le secours est le plus nécessaire.

Pour lui, l'action et le conseil ne font qu'un; alors même qu'il se porte aux endroits les plus périlleux, il indique à ceux qui l'assistent les manœuvres à opérer et les moyens de combattre le danger. Du reste, en sa qualité d'ancien artilleur, il est habitué au feu !

C'est à Saint-Geniez, son pays natal, où il était facteur des postes en 1851, que, pour la première fois, il montra son savoir-faire.

Un incendie venait d'éclater; quand on porta les premiers secours, le bâtiment, entouré de flammes et de fumée, paraissait inabordable.

Personne n'osait avancer. Seul, Vincent donne l'exemple, escalade la toiture et se met en devoir de conjurer le fléau. On l'imite, et bientôt le sinistre est réduit à des pertes presque insignifiantes.

Plus tard, le 11 juillet 1864, un incendie se déclare dans la commune de Saussan (Hérault), et menace de dévorer plusieurs maisons.

Comment faire ? Les habitants, inexpérimentés, s'épuisent en efforts inutiles et en plaintes désespérées. Tout est-il perdu? Non, car Vincent est prévenu.

Il arrive et, se plaçant au point le plus périlleux, le Sauveteur assigne à chacun son poste et son emploi.

Grâce à Vincent, cette fois encore le feu est éteint et sa belle conduite est récompensée par une médaille d'argent de 2e classe.

Le 20 novembre 1866, notre héros du dévouement gagne une médaille de première classe en argent, pour le courage qu'il a manifesté lors d'un violent incendie qui menaçait de détruire une partie de la commune de Saint-Georges d'Orques (Hérault).

Le feu consumait un hangar et des celliers; les flammes,

alimentées par un tas de sarments et de futailles, dit le maire de Saint-Georges dans un rapport au Préfet de l'Hérault, menaçaient la charpente et la toiture du bâtiment, ainsi que des foudres pleins de vin.

Vincent comprit qu'il fallait diminuer, autant que possible, les ravages du feu et garantir les magasins contigus, d'où l'incendie se serait communiqué certainement aux maisons voisines. Il saisit une échelle et monte sur le toit, au moment où le feu atteignait un grand foudre, placé immédiatement sous ses pieds.

La situation était périlleuse ; le sauveteur le savait ; pourtant, un pied sur une poutre, et l'autre sur le mur, il continue à isoler le feu en abattant, à coups de hache, tout ce qui peut l'alimenter.

On lui crie de revenir ; il n'écoute pas ; sa besogne n'est pas terminée ; il frappe, il frappe sans relâche !

Tout à coup un cri immense retentit ; la toiture s'effondre dans les flammes et un nuage de fumée obscurcit l'air...

Où est Vincent ? se demandent les habitants de Saint-Georges, avec effroi.

Vincent, sain et sauf, s'est accroché miraculeusement à un pan de muraille, et il redescend pour continuer l'extinction de l'incendie.

Jusqu'à trois heures du matin, quoiqu'il eût la main brûlée et les vêtements en lambeaux, le vaillant sauveteur resta à son poste ; il ne rentra qu'après l'étouffement complet des flammes.

On admettra bien certainement, d'après ce qui précède, que les habitants de Saint-Georges, où Vincent est garde-champêtre, peuvent être tranquilles !

Leurs récoltes et leurs biens sont en sûreté, sous la vigilance du modeste fonctionnaire ; car Vincent, qui a été, comme nous l'avons dit, artilleur et facteur, apporte, dans l'exercice de son emploi rural, l'exactitude et la probité de ses premiers métiers.

Au surplus, sa surveillance est commode, car les délinquants sont rares dans une localité dont tous les habitants aiment et estiment leur garde-champêtre, au point de ne rien faire qui pût le contrarier en le forçant à sévir.

Aussi, à l'inverse du brigadier de Pandore, Vincent peut-il chanter :

> Ah ! c'est un métier bien facile :
> Défendre la propriété,
> Protéger les champs et la ville
> Du meurtre et de l'iniquité !

Le 14 novembre 1874, Auguste Vincent a gagné sa médaille d'or du Gouvernement, pour avoir participé à l'extinction d'un incendie, à Juvignac, et avoir été blessé et brûlé grièvement. A bientôt d'autres sauvetages.

DUSANIER (Jean-Baptiste-Benoît-Honoré)

Né le 28 septembre 1814, à Collines-Beaumont (Pas-de-Calais). — C'est dans l'Administration des Douanes que Dusanier, comme il le dit modestement lui-même et sans vouloir s'expliquer sur les actes qu'il a accomplis, a obtenu deux Médailles d'honneur, frappées : l'une en 1842 et l'autre en 1843, pour avoir sauvé sept personnes.

Sans nulle doute, pour mériter ces deux récompenses, il avait dû faire preuve d'un courage et d'un dévouement remarquables ; car, lorsqu'en 1848 la maladie le força de donner sa démission, il se retira dans ses foyers, emportant l'estime entière de ses chefs et surtout de M. Boucher de Perthes, digne appréciateur en fait d'intrépidité et d'abnégation.

Mais, à défaut de renseignements, nous devons nous taire et raconter seulement les faits qui sont parvenus à notre connaissance.

Donc, rentré dans ses foyers, Dusanier continue, comme précédemment, à se rendre utile à ses concitoyens.

D'abord, c'est une centaine d'ouvriers auxquels il assure du pain pendant six mois de l'année, en les employant à l'extraction de la tourbe, dont il a l'idée de faire commerce, en 1849.

Plus tard, en 1851, il est élu membre du Bureau de bienfaisance de sa commune, et outrepasse son mandat en contribuant, de ses deniers personnels, au soulagement d'infortunes qu'il a la discrétion d'oublier.

Puis, vers 1852, un incendie menace de détruire une dizaine de maisons, à Villers-sur-Authie, et il parvient à l'éteindre en quelques heures.

Dans la même année, il pourvoit à la sécurité publique en organisant, à Villers, une compagnie de pompiers, dont il commande, encore aujourd'hui, la subdivision, en qualité de sous-lieutenant.

Enfin, depuis qu'il est rentré dans la vie civile, Dusanier n'a cessé de déployer un zèle et une charité extraordinaires, pour le soulagement de ses semblables.

Ce qui précède était écrit lorsque nous avons pu, à la suite de renseignements nouveaux, obtenir communication de faits qui complètent la biographie de Dusanier.

D'abord, suivant un certificat du Maire de Villers-sur-Authie, il ressort : que Dusanier s'est très-vaillamment distingué dans un incendie, le 10 mai 1856.

Voici un autre fait qui mérite d'être relaté au long :

En janvier 1866, les environs de Villers étaient couverts d'une épaisse couche de neige, qui interceptait la circulation ; le pays allait manquer de subsistances ; Dusanier construit à la hâte une sorte de traineau qu'il a inventé, y attelle son cheval et ceux de quelques cultivateurs, et, dans l'espace d'une demi-journée, toutes les rues sont ouvertes et la circulation devient libre. Cependant, son œuvre n'était point terminée ; il fallait, pour avoir des provisions, se rendre aux villages voisins, et principalement à la ville de Rue ; Dusanier cherche de nouveau des chevaux, prend avec lui une soixantaine d'ouvriers, se met au travail, et, en moins de trois heures, la circulation est aussi rendue possible entre Villers et Rue.

A son arrivée dans cette dernière ville, l'agent voyer vint adresser des éloges à Dusanier et le remercia du service qu'il avait rendu. En un mot, il serait trop long de détailler tous les sauvetages de Dusanier. Nous préférons dire de suite que, grâce à lui, quatorze personnes ont eu la vie sauve.

Du reste, cet homme courageux a trouvé, dans ses belles actions, sa récompense ; et, maintenant que, selon son dire, il est heureux d'avoir été pris en considération par les Sociétés de Sauveteurs, et qu'il a obtenu les Médailles de Paris, de Rouen et de la Méditerranée, il n'a plus qu'un désir : celui de voir tous les Sauveteurs unis, ne formant qu'une seule famille.

En juillet 1869, Dusanier a encore obtenu du Gouvernement une Médaille d'or, pour avoir sauvé une femme en danger de se noyer, et avoir arrêté des chevaux emportés.

Ce n'est pas tout encore :

En 1871, et les années suivantes, Dusanier a accompli cinq sauvetages, et le Ministre de l'Intérieur lui a accordé, le 12 juin 1875, une nouvelle Médaille d'or.

Résumons :

Le brave Dusanier a exposé vingt-deux fois sa vie pour sauver son semblable, — et quatre Médailles d'honneur brillent sur sa poitrine.

Bernard ANOUILH

Il est des âmes courageuses, qui, dans une sphère modeste, vivent exemptes d'ambition et n'ont qu'un but : se rendre utiles aux hommes, et mériter ainsi leur affection et leur estime.

C'est un bien louable but, et Bernard Anouilh l'a atteint, dépassé même depuis longtemps ; car, à Pamiers (Ariége), où il naquit le 8 juillet 1812, il est l'objet du respect et des sympathies générales.

La popularité dont il jouit, du reste, est glorieusement méritée par ses Actes de courage.

Ce fut à Lyon que Bernard Anouilh déploya, pour la première fois, l'intrépidité et l'énergie qui lui acquièrent une place parmi les Sauveteurs célèbres.

En 1834, lors d'un incendie qui détruisit les chantiers d'un marchand de bois de construction, à la Guillotière, Bernard, âgé de vingt-deux ans, se dévoua pour arracher aux flammes un enfant qui brûlait dans son berceau.

Malheureusement, cet acte fut impuissant à sauver le pauvre petit être ; quand Anouilh, triomphant, le rapporta à sa mère, cette dernière jeta un cri déchirant et s'évanouit... le corps de son fils était carbonisé.

Quelques jours plus tard, le jeune Sauveteur fut plus heureux avec l'eau qu'avec le feu.

Aux applaudissements de toute une population, il sauva des flots de la Saône une dame et sa fille, qui avaient été contraintes de se jeter dans la rivière, pour ne pas être broyées par une voiture qui passait sur le pont.

Complimenté par le Préfet de Lyon, Bernard refusa toute

récompense, ne demandant qu'une seule chose : rentrer chez lui pour changer de vêtements ; c'était la veille de Noël.

Revenu dans sa ville natale, Anouilh, en 1848, entre à la fois dans la garde nationale et dans la compagnie des pompiers de Pamiers.

C'était chose difficile de se faire remarquer, au milieu de ces braves ouvriers, si courageux et si vaillants.

Bernard y parvint cependant, car le 13 août 1863, il reçut du Gouvernement un Brevet et une Médaille d'argent, pour le dévouement dont il avait fait preuve dans un grand nombre d'incendies.

Le 16 novembre de la même année, ses nombreux services lui valent un Brevet et une Médaille en vermeil (1re classe) de l'Etoile du Mérite civil d'Angleterre.

Bernard Anouilh a aussi reçu le prix Monthyon, et tous ses compatriotes désirent pour lui la récompense exceptionnelle des braves et des hommes hors ligne.

Le 13 janvier 1866, un décret impérial accorde à Anouilh, pour avoir, au péril de sa vie, arrêté un cheval emporté attelé à une charrette, une Médaille d'argent de 1re classe.

Le 16 avril 1866, il expose encore ses jours et parvient, en déployant une énergie et une force incroyables, à arrêter deux chevaux qui s'étaient emportés, entraînant une voiture.

Reconnaissant du service que venait de rendre Anouilh à la population de Pamiers, en maîtrisant deux animaux dangereux, le maire de la ville fit faire une enquête « constatant l'Acte de bravoure accompli par le sieur Anouilh, officier des pompiers. »

La conclusion de ce procès-verbal est trop à l'avantage du Sauveteur ariégeois pour que nous ne la citions pas :

« Considérant que ces Actes honorables de dévouement,
« réitérés et devenus, pour ainsi dire, une vocation, recom-
« mandent d'une manière toute particulière le sieur Anouilh
« (Bernard) à la bienveillance du Gouvernement, est d'avis

» qu'il lui soit accordé une récompense exceptionnelle. »

En 1870, Bernard Anouilh a, comme nous l'avons déjà constaté, reçu le prix Mouthyon, ainsi que l'établit l'allocution lue par M. Legouvé, directeur de l'Académie française, le 23 novembre 1871.

Est-il besoin d'ajouter que le Sauveteur de Pamiers est aussi charitable que courageux ; que toujours les nécessiteux ont trouvé ouverts son seuil et sa bourse ; et qu'il est secrétaire, depuis 1842, de la Société de Secours mutuels établie à Pamiers ?

Non, n'est-ce pas !

Le peu que nous venons de raconter suffit amplement pour classer, à sa juste valeur, un homme tel que Bernard Anouilh : le Sauveteur Ariégeois.

Et, cependant, nous avons quelque chose à ajouter :

Le 19 avril 1876, Bernard Anouilh a encore sauvé d'une mort certaine le nommé Duffie, qui était tombé dans un précipice.

Puis il a été mis à l'ordre du jour par les autorités pour s'être vaillamment distingué dans les incendies de Saverdun et de la Caussade.

Plus de quarante personnes doivent la vie à notre Héros de la paix, qui, il y a deux ans, a été nommé capitaine des sapeurs-pompiers de la ville de Pamiers.

Aujourd'hui, le brave Sauveteur a 66 ans, et il vient encore, dernièrement, d'arrêter au péril de sa vie, un cheval emporté attelé à un véhicule, au moment où il allait écraser une pauvre femme.

Zacharie RENDU

L'homme intelligent qui devait plus tard fonder la Société des Sauveteurs de l'Oise, naquit le 21 février 1832, à Francières. Sa jeunesse fut laborieuse, et ses goûts pour l'art du dessin dénotaient déjà un architecte remarquable. A 22 ans, Rendu était membre de la Société des antiquaires de Picardie, et, à 24, il avait publié des travaux littéraires et scientifiques qui firent beaucoup parler de lui. Jetons un coup d'œil sur sa carrière de Sauveteur.

Rendu, soit dans la vie privée, soit dans son séjour au corps des sapeurs-pompiers de Compiègne, a rendu de nombreux services et a secouru bien des fois les malades et les nécessiteux. A Crépy-en-Valois, le 25 juin 1860, il sauvait une personne ; le 6 juin 1868, il exposait sa vie en arrêtant, dans sa course furieuse, un attelage qui allait écraser une jeune fille et pouvait, en outre, causer de graves accidents, car la rue était encombrée de monde.

Puis Rendu, tout en écrivant encore des œuvres historiques et archéologiques, — dont l'une fut lue en séance publique à la Sorbonne, — fonda la Société des Sauveteurs de l'Oise. Dans cette tâche, il déploya un zèle actif et un dévouement qui furent dignement appréciés de l'opinion publique.

Rendu a été médaillé du Gouvernement, le 5 avril 1869. Il est décoré du Nichan-Iftikhar. En ce qui concerne ses autres titres honorifiques, nous citerons les suivants. Rendu est : Inspecteur aux travaux des monuments historiques de France ; Membre de la Société académique d'archéologie, sciences et arts de l'Oise; de l'Institut philotechnique italien; de l'Académie des Quirites de Rome ; de l'Institut Bandiera de Palerme ; de la Commission promotrice du monument européen à élever à la mémoire de Guido-d'Arezzo ; de la Société historique de Compiègne ; du Comité archéologique de Noyon; de la Commission départementale de surveillance des bateaux à vapeur naviguant sur les rivières et canaux de l'Oise ; président-titulaire de la Société des Sauveteurs de l'Oise ; Président et Vice-Président d'honneur d'environ quinze Sociétés de sauvetage françaises et étrangères, etc.

BÉOR

(LE POÈTE SAUVETEUR)

Louis-Joseph Béor est né à Fourges (Eure), le 5 février 1840.

Ses parents, qui étaient chargés d'une nombreuse famille, ne purent l'envoyer longtemps à l'école ; aussi, dès l'âge de treize ans, quitta-t-il son village pour se rendre à Paris, où il se livra à de pénibles travaux manuels. Béor travailla pendant six ans dans la maison Martinet, comme ouvrier monteur en bronzes, et ne quitta cette maison que pour entrer au service militaire.

Mais, pendant qu'il était monteur en bronzes, le séjour de la capitale ne fut pas nuisible à L.-J. Béor, comme il l'est généralement à tant d'autres jeunes gens.

L'ouvrier était né poète, et il se délassait de ses fatigues matérielles par la lecture des grands penseurs, et en cherchant à les imiter.

C'est ainsi que, en 1861, 1862 et 1864, il remporta les premiers prix aux cours du soir de l'École de la rue Sainte-Croix-de-la-Bretonnerie, y compris le prix décerné par la Ville de Paris.

À peine son nom commençait-il à se faire connaître, que Béor fut appelé sous les drapeaux.

En qualité de sergent-fourrier du 10e de ligne, il assista à tous les combats livrés sous Metz, ainsi qu'à la capitulation de la ville. — Mais, avant cette capitulation, il était parvenu, à force de courage, à conquérir l'épaulette d'adjudant.

Fait prisonnier de guerre, il s'échappa des mains des Prussiens, traversa le Grand-Duché-de-Luxembourg, Namur, et rentra en France, à Lille, en novembre 1870.

Bientôt après, nommé sous-lieutenant, il fut envoyé à Amiens. Lors de la reddition de cette ville, Béor fut encore fait prisonnier; il s'évada de nouveau, rejoignit le corps d'armée en marche sur Péronne, resta treize jours dans cette cité investie, et fut capturé une troisième fois ; il allait être transféré en Prusse lorsque l'armistice fut signé.

Alors, L.-J. Béor, ne se sentant pas la vocation nécessaire pour poursuivre la carrière des armes, rentra définitivement dans la vie civile, en 1873.

Et, depuis cette époque, non-seulement il consacre ses loisirs à la poésie, mais encore il continue à être un Sauveteur émérite.

Citons, en effet, les belles actions de L.-J. Béor.

En 1867, il a conduit, de Belle-Ile-en-Mer à Rennes, dans une barque de pêcheur et par une mer dangereuse, un soldat atteint d'aliénation mentale.

Il a été mis à l'ordre du jour de son régiment, en 1868, pour s'être signalé dans un incendie à Limoges.

Au camp de Châlons, en 1869, le Sauveteur-poëte a arrêté un cheval emporté.

A Auxerre, en 1873, Béor a opéré le sauvetage d'un enfant tombé dans un puits.

En 1875, à Pithiviers, il a sauvé des bijoux d'une grande valeur, et, dans la même année et dans la même ville, il a enlevé un fût de pétrole resté dans une maison qui brûlait.

L.-J. Béor, le poëte Sauveteur, est médaillé du Gouvernement.

Un écrivain a dit de lui :

C'est le Travail uni au Dévouement.

Nous ajouterons, nous :

L.-J. Béor signifie :

Talent et Courage.

LAPICIDA

Un pauvre ouvrier de Thionville (Moselle), qui avait sept enfants et ne voulut jamais rien recevoir de la charité publique, devait un jour, cependant, avoir le bonheur d'entendre louer un de ses enfants devenu célèbre.

Cet enfant du pauvre ouvrier, et dont l'adolescence fut triste et soumise à bien des privations, se nomme Alexandre Lapicida, et c'est son histoire que nous allons tracer.

Alexandre Lapicida est né le 3 octobre 1845.

« C'est chez les Frères des Ecoles chrétiennes que j'ai fait mes premières études, nous a-t-il dit personnellement ; le peu d'instruction que je possède, je le dois à ces dignes instituteurs des classes populaires ; ce sont eux qui m'ont inculqué les principes sacrés de la Religion, de la Patrie, de la Charité et du Dévouement. »

Entré en apprentissage à dix ans et demi, Alexandre Lapicida était ouvrier à quinze ans et, à dix-sept ans, il accomplissait son premier sauvetage en retirant, vivant, un enfant du canal Saint-Martin.

En 1869, il était blessé en sauvant deux vieillards qui allaient brûler dans un terrible incendie nocturne du faubourg Saint-Denis.

Le 21 juillet de la même année, Lapicida avait le tibia cassé en arrêtant deux forts chevaux emportés et attelés à un omnibus du chemin de fer d'Orléans. — A la suite de cet acte, il recevait sa première médaille d'honneur.

Pendant la guerre de 1870-1871, Alexandre Lapicida, qui possédait quelques notions de médecine, devint aide-major et, en cette qualité, assista aux combats de Champigny et de Buzenval.

Sous la Commune, il fut arrêté par les insurgés, emprisonné pendant dix-sept jours et, à sa sortie de captivité, il contribuait puissamment à sauver du pillage et de l'incendie la Caisse des Dépôts et Consignations.

Le 7 août 1871, dans l'église de Saint-Pierre-Montmartre, M. le curé Bertaux faisait une quête. Une femme s'approche de lui, tire de sa poche un revolver et vise le pasteur; mais un homme s'élance, — c'est Lapicida, — il saisit le bras de la misérable, détourne le coup et le pasteur est sauvé. Une seconde médaille d'honneur a récompensé notre brave.

Un certificat, légalisé par le commissaire de police du quartier Vivienne, constate que, quelque temps après, Alexandre Lapicida a sauvé, au péril de sa vie, deux ouvriers gaziers qui allaient être asphyxiés complétement, en travaillant à la réparation d'une fuite de gaz dans l'église Notre-Dame-des-Victoires, et les a rappelés à la vie par ses soins empressés.

Et, enfin, le 14 août 1876, à neuf heures du soir, il a éteint un incendie qui s'était déclaré dans le logement du concierge du n° 32 de la rue Notre-Dame-des-Victoires.

En outre de ses médailles du Gouvernement, Alexandre Lapicida a été médaillé par un grand nombre de Sociétés de sauvetage et humanitaires; de plus, il a reçu la croix de bronze de la Société de secours aux blessés militaires, et il a été décoré de l'ordre du Bene Merenti, par S. S. Pie IX.

Bref, Alexandre Lapicida a reçu, de la Société d'encouragement au bien, une médaille d'honneur, « pour avoir, dit le rapport de la Société, rendu les plus grands services, être le soutien de ses vieux parents, et avoir adopté un orphelin. »

De notre part, louanger un tel homme serait outrepasser le but.

TORRÈS-CAICEDO

En 1855 et en 1857, les journaux d'Amérique parlèrent de quelques sauvetages opérés, dans la mer Caraïbe, par un jeune homme qui n'allait pas tarder à se faire un grand nom dans le monde. Lorsque des navires étaient en péril, ou que des victimes tombaient à la mer, il s'élançait, soit à la nage, soit dans des canots, et arrachait sa proie aux abîmes de l'Océan.

Ce jeune homme se nommait J.-M. Torrès Caïcedo. Il était né à Bogota, le 30 mars 1830, d'une famille qui comptait de nombreux savants; et son père, Don Julian de Torrès y Pena, qui passait pour l'un des plus illustres mathématiciens et jurisconsultes, possédait sept langues vivantes, et avait rendu d'immenses services à l'humanité par la profession, en toute gratuité, de l'enseignement public.

Torrès Caïcedo fut l'architecte de sa propre fortune; car, orphelin de bonne heure, et pauvre par suite des révolutions sociales, il travailla avec tant d'ardeur, qu'après de solides études, il fut reçu docteur en droit et avocat. Sa force en jurisprudence ne tarda pas à être signalée; bien plus, journaliste ardent et sincère, parce qu'il était honnête homme, il devint le collaborateur d'importantes feuilles, entre autres: *El Progresse*, *El Dia*, le *Nuevo Écho de Ambos-Mundos*, la *America* (de Madrid), et le *Correo del ultramar*, dont il fut le rédacteur en chef. Puis Torrès publia des poésies qui dénotaient un esprit d'étincelante imagination, et qui rayonnait de l'inspiration patriotique et libérale.

Ces poésies furent, plus tard, réunies en un beau volume, ayant pour titre : *Religion*, *Patrie*, *Amour*, qui lui valut, de la part de l'impératrice des Français, une Médaille d'or justement méritée. Cette récompense fut une consolation pour l'homme vaillant qui, négligeant ses propres intérêts pour se dévouer à la cause de la liberté, avait vu détruire, en Amérique, son imprimerie par la force armée, et avait reçu une balle dont la blessure le fit cruellement souffrir pendant plusieurs années.

Comme écrivain encore, Torrés Caïcedo a publié de notables ouvrages, qui lui valurent la constatation élogieuse de toute la Presse, et l'estime profonde de la haute littérature des Deux-Mondes. De ces ouvrages, nous citerons : les Esquisses biographiques ; les Études sur l'Angleterre et la France ; les Mélanges et articles politiques ; les Principes de 89 en Amérique ; l'Histoire de la Littérature américaine ; l'Histoire de la diplomatie étrangère ; l'Autorité et la Liberté ; le Droit et le Devoir ; de la Peine de mort, etc., etc.

Tous ces ouvrages sont traités, par Torrés Caïcedo, avec une logique brillante « l'auteur porte haut et ferme, a dit un écrivain, le drapeau de la civilisation, en prêchant la paix et la fraternité. »

En même temps que grandissait son nom littéraire, Torrés Caïcedo voyait reconnaître, par sa propre patrie, son mérite diplomatique, que toutes les nations allaient constater à leur tour. Torrés Caïcedo devint successivement : Député suppléant au Congrès Neo-Granadin, Secrétaire de Légation à Paris et à Londres, Intendant des finances des États de Bolivar et de Magdalena, Secrétaire d'une mission extraordinaire à Washington, Consul, puis Agent confidentiel de Venezuela, et Chargé d'affaires de cette République en France et dans les Pays-Bas.

Le 12 avril 1864, Napoléon III nomma Torrés Caïcedo Officier de la Légion d'honneur ; peu de temps auparavant, il avait reçu une Adresse du corps diplomatique américain, qui le félicitait de ses nombreux travaux, si utiles à la cause de la liberté.

Après un voyage, fait en Espagne, avec le général Santos Guttierez, voyage dans lequel il remplit, officieusement, une mission considérable pour les intérêts de sa patrie. Torrès Caïcedo fut nommé, en 1868, Ministre de Colombie près la France et l'Angleterre, et, en 1869, Ministre plénipotentiaire du Salvador près le gouvernement Belge.

Durant son existence, si courte d'années, et cependant si bien remplie, Torrès Caïcedo n'oublia jamais qu'il était Sauveteur, et se montra sans cesse l'ami et le défenseur des Institutions humanitaires. Aussi, en attestation de son affection dévouée aux principes de la charité, les Sociétés de Sauveteurs de France et de Belgique le nommèrent-elles leur Président d'honneur ; mais, comme Torrès-Caïcedo n'est jamais en retour de généreuse pensée, — quelque justement mérité que soit l'honneur qui lui advient, — il fonda pour ces Sociétés des Prix-Médailles, destinés à récompenser les plus vaillants.

Comme toutes les intelligences d'élite, Torrès Caïcedo s'est vu décerner par les puissances souveraines de nombreux titres glorieux. Il est : Grand'croix de Santa-Rosa, Grand'croix du Nichan-Iftikar, Grand officier de l'Ordre équestre de Saint-Marin, Grand officier du Lion et Soleil de Perse, Commandeur extraordinaire de Charles III, Commandeur de Saint-Grégoire-le-Grand, Officier de la Légion d'honneur, décoré de la Médaille de Bolivar et du Grand cordon de l'Ordre du Mérite de Venezuela, Officier des Saints Maurice et Lazare, Chevalier de l'Ordre de la Rose du Brésil, etc.

Ses œuvres littéraires l'ont fait admettre, avec éclat, dans les Sociétés suivantes :

Des Gens de lettres, d'Économie politique, de Géographie, de la Société impériale d'acclimatation, de l'Institut historique (vice-président), de la Société d'archéologie américaine (Président), de la Société d'Ethnographie (Président), de l'Institut polytechnique, de l'Académie des Quirites et des Arcadiens, de l'Institut historique du Brésil, de l'Académie nationale d'agriculture, de l'Association belge pour le développement des sciences sociales, etc.

Torrès Caicedo, le premier parmi les publicistes, a donné une forme scientifique et a réuni tous les avis sur cette grave question : « Les gouvernants légitimes sont-ils responsables des dommages causés par les factions aux étrangers ? » Puis, quand la dignité le commandait, il n'a pas hésité à présenter sa démission et à quitter des postes très-considérables et très-lucratifs ; ainsi a-t-il agi, d'abord comme ministre de Venezuela, ensuite comme ministre de Colombie. Aujourd'hui, Torrès-Caicedo est ministre plénipotentiaire de San-Salvador en France. Il a figuré, d'une façon brillante, comme ministre délégué de son gouvernement au Congrès national de 1878.

Nous l'avons dit, Torrès Caicedo est un vrai honnête homme, — et, par ce fait même, il est maître par exellence dans l'art de connaître l'humanité ; son cœur ressemble à un timbredélicat, que chaque belle action fait vibrer, mais qui reste froid et silencieux devant l'égoïsme.

CHERRIÈRE

Nicolas Cherrière, né à Mulhouse (Haut-Rhin), en 1832, a 27 ans de services, tant dans l'armée que dans les douanes, administration dans laquelle il est arrivé au grade d'officier à la force du poignet, ce qui n'est pas peu dire dans les contrées alsaciennes.

Mais Nicolas Cherrière est aussi Sauveteur, ce que nous allons prouver.

Au mois de juillet 1857, il a retiré du Rhin un jeune homme de 15 ans qui se noyait ; le 4 octobre de la même année, il a retiré encore du même fleuve un préposé des douanes, le nommé Dessieur, et pour ce fait il a été médaillé du gouvernement.

En 1861, près du couvent de Reiniengen, il a lutté contre cinq malfaiteurs qui voulaient dévaliser une famille, et il est parvenu à les faire capturer; le 4 août de la même année, il a sauvé deux jeunes gens qui se noyaient dans le grand bassin de Mulhouse.

Le 14 novembre 1863, il a retiré du canal du Rhône au Rhin un père de famille qui allait y périr.

Le 6 juin 1867, Cherrière se trouvant à Paris pour affaire de service, et passant au bois de Boulogne, a arrêté, au péril de sa vie, Beresowsky, en lui arrachant des mains le pistolet qui avait servi à tirer sur les empereurs de France et de Russie, de façon qu'il n'y eut de tué que le cheval de l'aide-de-camp de Napoléon III. Reconnaissant, l'empereur de Russie a nommé Cherrière chevalier de l'Ordre militaire de Saint-Stanislas.

En 1870-71, Nicolas Cherrière a soigné, dans les ambulances, les blessés des deux camps. Le médecin-major allemand voulait à toute force le faire décorer par son roi; mais notre héros ne consentit à accepter que la croix de bronze de la Société française de secours aux blessés.

En 1873, le brave alsacien se distingua dans un incendie, près Belfort; et, enfin, en 1874-1875, il fut l'un des membres de la Société de secours aux blessés espagnols, et recueillit d'innombrables offrandes en faveur des victimes de la Peninsule.

Tels sont les services de l'excellent patriote qui a nom Nicolas Cherrière.

FOURNIÉ DE LAMARTINIE

Auguste Fournié de Lamartinie, avocat, est né à Agen; il est fils de Pierre Fournié, ex-capitaine d'infanterie et chevalier de la Légion-d'honneur et de Saint-Louis, le même que le général Labédoyère envoya près de Napoléon Ier à son retour de l'île d'Elbe, pour l'assurer des sympathies de l'armée.

Par son courage, Fournié de Lamartinie a su conquérir l'affection et l'estime de ses concitoyens. Nous allons retracer ses principaux actes.

En 1833, un jeune homme de 19 ans, le nommé Michel se baignait dans la Garonne, près d'Agen ; l'imprudent s'était avancé jusqu'au courant du fleuve ; il avait perdu pied, et, roulé par les flots, c'en était fait de lui, lorsque Fournié, qui était sur la rive, s'élança, et, après des efforts inouïs où ses jours furent en danger, il ramena sur la berge le jeune Michel. Par ce fait, Fournié gagna une médaille de deuxième classe.

En 1866, il délivra la ville d'Agen d'un animal hydrophobe, qui avait causé les plus grands ravages dans le département de Lot-et-Garonne. Tous les habitants d'Agen fuyaient épouvantés ; Fournié, seul, osa affronter cet animal qui, l'œil en feu, la gueule écumante, se précipita sur lui... et, après une lutte prolongée, il l'abattit à ses pieds, aux applaudissements des nombreux témoins de cet acte de courage qui lui valut une médaille de première classe.

Fournié s'est encore distingué, comme caporal des Sapeurs-pompiers, dans un nombre considérable d'incendies, entre autres le 26 septembre 1869, sur la route Neuve, à Agen. Il a été aussi médaillé par la Compagnie d'assurances *le Soleil*, en récompense du dévouement qu'il a manifesté en toutes circonstances néfastes.

Plusieurs Sociétés de Sauveteurs ont manifesté leur estime à Fournié de Lamartinie, en lui décernant leurs diplômes et leurs insignes de président d'honneur et de membre honoraire. Il est donc inscrit sur le Livre d'Or des Sociétés : Sauveteur de la Seine, de la Gironde, d'Indre-et-Loire, de la Charente, de la Seine-Inférieure, de Belgique, d'Italie, etc., etc.

Depuis la dernière édition de notre livre, Fournié de Lamartinie, continuant son œuvre de dévouement humanitaire, a été récompensé encore par un grand nombre de Sociétés philanthropiques et humanitaires.

Jean MAGNÉ

Jean Magné, né à Viellat (Gers), le 16 décembre 1832, est un de ces vaillants héros du bien qu'on est toujours certain de rencontrer partout où l'on fait appel au courage et au dévouement.

Raconter ici toutes ses belles actions serait chose impossible ; en conséquence, nous nous bornerons à signaler quelques-uns des exploits qu'il a accomplis.

D'abord, en 1856, au moment de l'inondation, nous trouvons, à Lyon, Magné, qui, toujours prêt à se dévouer pour ses semblables et à faire preuve de courage et d'abnégation, sauve, dans le quartier de la Guillotière, à l'angle de la rue de Chartres, quatre personnes réfugiées sur une voiture que le courant entraînait.

Plus tard, le 25 décembre 1865, sur la place Viarme, à Nantes (Loire-Inférieure), il arrache aux flammes qui allaient le dévorer, un enfant de trois ans endormi dans une voiture de marchands de paniers, à laquelle l'inflammation d'une bonbonne de vernis avait mis le feu. Dans cette occasion, Magné reçu les applaudissements de la foule et les félicitations de l'autorité.

L'année suivante, le 28 octobre 1866, au lieu dit La Chapelle (Indre-et-Loire), Magné ne se contente pas de prêcher d'exemple en s'exposant lors des inondations, mais encore il provoque un acte de charité qui vint en aide aux malheureux inondés.

Poursuivant le cours de ses humanitaires et utiles exploits, le Soldat de la paix, dans la petite commune de Huisseau (Loir-et-Cher), ouvre une souscription en faveur des inondés, récolte 15 fr. 60 centimes, et au risque de périr se rend à Blois et parvient, après des efforts inouïs, à fixer des jalons destinés à guider les voitures et à faciliter les communications entre la commune et son chef-lieu de département.

Plus tard, le 25 décembre 1870, nous le retrouvons dans son pays natal, à Auch, où il va, à neuf heures du soir, à pied, retirer du milieu des neiges la famille Delauriers, dont la voiture avait été surprise par une avalanche. Sans le dévouement de Magné, les voyageurs qui, depuis neuf jours, ne pouvaient bouger, crainte d'être entraînés dans un précipice profond de 100 mètres, auraient infailliblement péri de froid ou de faim. Heureusement, alors que tout le monde hésitait à s'aventurer dans des localités inconnues, Magné eut l'audace d'entreprendre une tâche des plus difficiles. Aussi bien que la fortune, la Providence aime les audacieux, surtout quand ils travaillent dans un but désintéressé. C'est pourquoi, dans cette occurence, le brave Magné réussit à délivrer les malheureux voyageurs et à les ramener à la ville, où il leur prodigua tous les soins que nécessitait leur état.

Avec de pareils états de service, il semblerait qu'on dût se reposer sur des lauriers glorieusement acquis.

Mais Magné, lui, ne paraît pas disposé à prendre sa retraite ; loin de là, il éprouve comme une recrudescence dans ses sentiments philantrophiques. C'est ainsi que, au mois de juin 1871, il sauve la vie à M. X., notaire à Clairvaux. Cet honorable officier ministériel se trouvait pris sous la capote de son cabriolet, que son cheval, emporté avait entraîné hors de la route, sur une élévation où il avait fait plusieurs fois pirouetter la voiture sur elle-même. Heureusement,

Magné n'était pas loin. Sans hésiter, le vaillant Sauveteur saute aux naseaux du cheval furieux, qu'il maîtrise, dégage le notaire, qui en est quitte pour quelques contusions, et se sauve sans vouloir accepter, pour récompense, autre chose qu'une franche et cordiale poignée de main.

Dans ce sauvetage, Magné fit preuve d'une audace et d'une habileté qui témoignaient d'une expérience acquise. En effet, précédemment, en maintes circonstances, le brave Jean avait eu à empêcher un malheur. Ainsi, en 1862, le jour de Pâques, à Moussereaux, près Fontevrault (Maine-et-Loire), il s'était élancé à la tête d'un cheval qui, mal dirigé par son conducteur — lequel, par distraction, avait tiré une guide pour l'autre — avait déjà entraîné une roue de la voiture hors du parapet de la route. Grâce à l'énergique intervention du courageux Sauveteur, un grand malheur avait pu être évité.

Quelques années après le sauvetage du notaire de Clairvaux, Jean Magné se jette tout habillé, à Montpellier, dans le plus haut bassin de l'esplanade, pour en retirer, aux applaudissements de la foule, un enfant de six ans, le jeune Pagnères, qui allait périr dans l'eau où il venait de tomber.

A Ancenis, au mois de décembre 1875, un camarade de notre Sauveteur, Cherrier, se trouva dans un état de santé nécessitant les plus grands soins. Dans cette triste circonstance, Jean — qui sait comprendre et pratiquer tous les devoirs — n'abandonna pas le compagnon frappé par la maladie, loin de son pays, loin de sa famille. D'abord, il conduisit le malade à l'hôpital, et pendant deux mois le soigna avec un zèle et une abnégation incroyables. Malheureusement Cherrier était frappé à mort et rien ne put le soustraire au trépas. Devant cette triste perspective, au lieu de se laisser abattre par une douleur bien naturelle, Magné songea à procurer à son ami les félicités que la religion permet à ceux qui s'éteignent dans son sein. Grâce au zèle pieux du Sauveteur, Cherrier reçut les sacrements de l'Eglise, et rendit le dernier soupir en bénissant celui qui avait consolé ses derniers instants.

. . . .

Dans le domaine de l'humanité, Jean Magné a été souvent secondé par sa compagne, Mme Magné. — Citons ce que les deux époux ont accompli ensemble.

En 1870, à Tarbes, ils firent enterrer à leurs frais une petite fille dont les parents étaient dans la misère; puis ils sortirent ces mêmes parents de leur triste position.

Ils soignèrent avec beaucoup de cœur le fils d'un médecin de Brives qui se mourait dans un hôpital.

Ils recueillirent une petite fille qui avait été abandonnée par ses parents.

En 1873, ils recueillirent encore toute une famille qui se mourait de faim dans les Landes.

Ils sauvèrent du déshonneur un marchant ambulant, et cela en lui donnant quatorze cents francs pour lui éviter d'être saisi et emprisonné.

A Nantes, en 1875, ils firent une souscription pour sauver deux vieillards de la misère.

Ils firent une autre souscription en 1878, à La Villette, pour enterrer une jeune enfant dont la famille était sans aucunes ressources.

En 1875, à Montluçon, ils avaient déjà formé une tombola dont ils fournirent tous les lots, et dont le produit fut affecté à secourir les victimes des inondations du Midi.

. . . .

Revenons à Jean Magné personnellement.

En 1870, quoique marié et père de famille, il fut un des premiers à répondre à la levée des hommes de guerre.

A Aire (Landes), le 2 février, il arrêta un cheval emporté.

En février 1877, à La Villette, il arrêta le feu qui avait pris dans le cirque Lambert.

A Arles (Hérault), en 1875, il sauva un conducteur qui allait périr sous les pieds de ses chevaux emportés.

Les récréations de Jean Magné consistent à découvrir les personnes qui ont accompli des actes de sauvetage et d'humanité, et à les enrôler dans la grande famille des hommes courageux et dévoués — qu'on appelle *les Sociétés de Sauveteurs*.

GUSTAVE DE BELOT

Jean-Henri-Gustave de Belot est né à Auterive (Haute-Garonne) ; il descend d'une noble et ancienne famille du Languedoc, qui compte parmi ses membres trois Capitouls.

Après des études sérieuses, il prit successivement ses inscriptions à l'Ecole de droit de Toulouse et fut promu, pendant ce laps de temps, à l'honneur de la Présidence de la jeunesse des Ecoles de Droit et de Médecine de la vieille Ville parlementaire. Il fonda le journal l'*Etudiant*, Revue des Ecoles de Toulouse. Reçu avocat, il plaida avec succès à la Cour Impériale et à la Cour d'Assises de la Haute-Garonne. Puis, un jour, il fut appelé dans l'Amérique-Centrale par le Général Barrios, Président de la République du Salvador, qui désirait lui confier la réorganisation des finances et de l'instruction publique.

La guerre qui éclata entre le Guatemala et le Salvador empêcha le Président de tenir ses promesses. Cette guerre devint une lutte de caste, — Indiens et Blancs. — Plusieurs

Française, entre autres le Docteur Bessert, de la Faculté de Paris, et M. François Louchetti, furent assassinés aux cris de : *Vive l'Evêque ! Mort aux Blancs !* Leurs cadavres furent coupés en morceaux.

Devant un péril qui grandissait sans cesse, la colonie française du Salvador adressa une demande de secours à la Légation de France à Guatemala. Pour porter la pétition, il fallait un homme d'une résolution à toute épreuve, car il s'agissait de franchir deux cents lieues, à cheval, par des chemins à peine praticables, pendant la saison des pluies, et à travers les embuscades des Indiens. Ce fut de Belot qui se dévoua pour le salut commun..... et il arriva à bon port !...

En face de la situation où se trouvaient ses nationaux, le Chargé d'affaires de France n'hésita pas à accorder à la colonie ce qu'elle lui demandait : la nomination de Gustave de Belot comme Agent consulaire de France à Sonsonate, et Délégué du Consulat général à San Salvador.

Mais il fallait revenir. La mission de Gustave de Belot était connue des Indiens révoltés ; il avaient appris son dévouement à l'Empereur du Mexique ; ils supposaient qu'il portait des dépêches importantes ; une bande d'assassins fut apostée sur son passage à Atacos. De Belot tua trois des assaillants et arriva blessé à San Salvador, avec ses dépêches.

A peine installé dans ses nouvelles fonctions, de Belot fut chargé des Consulats d'Espagne et d'Italie, et investi de pouvoirs extraordinaires par l'Empereur Maximilien. C'est en cette quadruple qualité qu'il assista au long siège de la capitale. Bloquée pendant les mois d'août et de septembre, la ville fut bombardée du 28 septembre au 27 octobre 1863.

Ici la conduite de Gustave de Belot fut celle d'un vaillant

représentant de quatre grandes Puissances. Nous laissons parler les documents officiels.

Extrait d'une correspondance envoyée au Journal de Bordeaux, *en date du* 19 *novembre* 1863.

« M. Courtade, à la *Union*, et M. de Belot, à *San Salvador*,
» ont protégé nos existences. M. de Belot, que l'on avait dé-
» signé au choix du Conseil Général comme Vice-Consul, a
» fait si bien son devoir, que les Français, Italiens, Espa-
» gnols, Suisses et Belges, tous en masse, ont fait une sous-
» cription pour lui offrir une épée d'honneur. M. de Belot,
» quoique blessé, est resté en ville jusqu'à ce que le dernier
» de ses protégés ait été mis en sûreté.

» Signé: GROSCLAUDE. »

Correspondance de la Gironde, *datée de San Salvador*, 28 *octobre* 1863.

« De terribles événements désolent l'Amérique-Centrale,
» depuis le mois de février; une guerre sans trêve ni merci
» a ruiné le pays.

» M. de Belot, Vice-Consul de France et d'Italie, a été
» blessé par un éclat de bombe en défendant la vie et la for-
» tune de ses nationaux. San Salvador, aux trois quarts dé-
» truit par un bombardement de vingt-six jours, est un
» monceau de décombres.

» Grâce aux mesures énergiques qu'il a prises, et à sa po-
» sition, M. de Belot a pu sauver une grande partie des mar-
» chandises. Aussitôt guéri, il retournera au Guatemala
» pour demander une indemnité. »

M. Dario Gonzalès, chirurgien en chef de l'armée du Salvador, certifiait le 15 octobre:

« Que, dans la soirée du 12 octobre, et vers les cinq heures
» et demie du soir, M. Jean-Henri-Gustave de Belot,

» avocat et vice-consul de France et d'Italie, a souffert
» des blessures au côté et au bras gauche, occasionnées
» par les éclats d'une bombe qui tomba presque à ses
» pieds;

» Que ces blessures ont gravement altéré la santé de M.
» de Belot, qui, malgré mes prescriptions, a refusé de
» garder le lit, pour aller aux tranchées faciliter la sortie
» des Français, Italiens et Salvadoriens, qui voulaient sortir
» de la ville;

» Et que si l'on joint l'air putréfié qu'on respire ici, ainsi
» que d'autres mauvaises conditions hygiéniques, la sortie
» de M. de Belot est indispensable.

» Signé Dario Gonzalès. »

Adresse de la Colonie Européenne de San Salvador du 10 novembre 1863 :

A Monsieur Gustave de Belot, Chargé des Consulats de France, Espagne, et Italie dans cette Capitale.

» Monsieur,

» La Colonie Européenne, reconnaissante pour l'énergie
» et la prudence avec laquelle vous avez défendu ses intérêts
» pendant les derniers événements, croirait mériter le titre
» d'ingrate, si elle attestait sa gratitude seulement par ses
» protestations.

» Aussi a-t-elle résolu de vous offrir une épée, comme
» emblème de votre mérite et de votre courage. Acceptez
» donc cette marque de notre sérieuse sympathie et de notre
» dévouement. »

(Suivent les signatures).

Après ces événements, de Belot fut nommé vice-consul de France à San Salvador; par cette nomination, l'Empereur Napoléon III créait un poste consulaire.

Par lettre du 13 décembre 1863, M. Llorantès, Ministre d'Etat d'Espagne, annonçait à de Belot qu'un décret du même jour le nommait chevalier de l'ordre royal d'Isabelle la Catholique.

Puis, le 21 avril 1864, M. Visconti-Venosta, Ministre des affaires étrangères d'Italie, lui envoyait, au nom du Roi, le diplôme et les insignes de l'ordre des Saints-Maurice et Lazare.

Enfin, le 16 août 1865, M. Drouyn de Lhuys, Ministre des affaires étrangères de France, lui écrivait que l'Empereur, pour récompenser son généreux dévonement, le nommait Chevalier de la Légion d'honneur.

Cette triple récompense lui était bien due par les Gouvernements de la race latine d'Europe, dont de Belot est un des plus intrépides défenseurs.

A l'ombre de ces grands faits, de Belot accomplissait, sans emphase, deux actes de vrai Sauveteur. Le 5 octobre 1863, il sauvait des flammes, à l'hôpital militaire du San Salvador, un officier d'artillerie, un Français, qui se nommait Vassel; et à la *Union*, en mars 1864, il préservait encore, de l'assassinat, un autre Français nommé Coquet.

Malgré l'amitié qui unissait intimement de Belot au Président Barrios, il ne put cependant réussir à faire reconnaître le Gouvernement Impérial du Mexique au Salvador.

A la chute de Barrios, la nouvelle administration du Président Duènas était encore moins accessible à toute proposition d'alliance avec le Mexique. La mission du vice-consul de France au Salvador, alors que les intérêts et les existences de nos nationaux n'étaient plus en péril, devenait désormais pour lui sans but; il se décida à donner sa démission et à revenir en Europe, à la fin de 1865.

Investi de la confiance du président Baëz, à Saint-Domingue, et ami du Président Médina, du Honduras, de Belot, arrivé à Bordeaux, entreprit dans la presse départementale, d'accord avec M. Rus, consul du Mexique, et avec le Général Almonte, une campagne sérieuse, pour faire comprendre aux Hispano-Américains que les races latines de l'Europe, loin de chercher à les opprimer, voulaient, au contraire, les soustraire à tout jamais à l'annexion des Etats-Unis.

Si les événements qui se précipitèrent au Mexique empêchèrent le succès de couronner ses efforts, il reçut du moins, des mains du Général Almonte, au nom de l'Empereur Maximilien, la croix de Guadalupe et de l'Aigle mexicain.

Pendant son séjour à Bordeaux, de Belot sauva la vie à trois personnes qui se noyaient. Le fait est constaté par les procès-verbaux déposés à la Préfecture de la Gironde, et le Préfet demanda pour lui une médaille d'or. L'année suivante, il était nommé Président d'honneur des Sauveteurs médaillés de la Charente.

Appelé à Paris par le Ministre du Honduras pour travailler avec lui à la réalisation du projet de chemin de fer interocéanique, de Belot eut le bonheur de voir réussir l'œuvre commencée.

Le vaillant citoyen dont nous retraçons la vie est l'auteur de diverses brochures sur l'Amérique-Centrale, la Grèce, et autres pays. Ses travaux littéraires, dès ses débuts, l'avaient signalé à l'attention des Souverains, qui l'avaient décoré des Ordres : du Mérite civil, de Saint Jean et de Constantinien. Aujourd'hui, jeune encore, Gustave de Belot est chargé d'affaires de la République Dominicaine à Bruxelles, et Envoyé extraordinaire et Ministre Plénipotentiaire de la même République à Berlin, à l'effet de conclure un traité d'amitié et de commerce entre le Gouvernement qu'il représente, et la Confédération de l'Allemagne du Nord; il est en outre, aujourd'hui, directeur du *Journal des Consulats*, organe honorablement accrédité auprès du Corps diplomatique français et étranger.

On le voit, peu de carrières ont été aussi remplies que celle-là, par le courage, le dévouement, l'amour de la patrie et les devoirs sociaux.

Le docteur DODEUIL

Le docteur Dodeuil (Constant-Marie-Timoléon), né à Ham (Somme), appartient à une famille honorable et l'une des plus anciennes de cette ville.

Au 16e siècle vivait à Ham un habile artiste de ce nom, qui fut l'auteur d'œuvres calligraphiques très-remarquables.

L'aïeul du docteur Dodeuil, en qualité d'ancien militaire, concourut à l'organisation des milices nationales, remplit longtemps les fonctions de chef de bataillon et fut nommé, le 6 décembre 1797, commandant temporaire de la place et du château-fort de Ham.

Dodeuil ne connut point son père qui mourut très-jeune, laissant au milieu des siens le souvenir durable qui survit à l'homme dont toute la gloire réside dans la probité et le travail.

Sa mère, privée de soutien et dans une situation modeste, se sacrifia pour élever l'enfant sur lequel reposait tout son espoir et elle eut la noble pensée de ne reculer devant rien pour en faire un homme utile à la société.

Grâce à la sollicitude éclairée de cette bonne mère, le jeune homme franchit les premières difficultés de la vie et, après avoir remporté les plus beaux succès scolaires, il fut placé dans un des meilleurs établissements de Paris pour compléter ses études classiques.

Les premiers résultats ne se firent pas attendre; à dix-sept ans, après avoir satisfait aux épreuves complètes du baccalauréat, Dodeuil était inscrit à la Faculté de Médecine.

Les débuts furent un peu pénibles ; le jeune étudiant était à Paris sans appui, sans protecteur. Son isolement fut de courte durée. Il ne tarda pas à être distingué par son ardeur au travail et par le soin qu'il apportait dans les travaux pratiques et les pansements qu'on lui confiait. Il subit les épreuves exigées avec un remarquable succès.

En 1861, il se présenta au concours des prix de l'Ecole Pratique. Ses compétiteurs étaient des élèves beaucoup plus anciens, parvenus depuis à de hautes positions scientifiques. Il obtint une première mention honorable.

La même année, il aborda le concours de l'Internat et il se plaça, dès le début, parmi les premiers, par l'excellence de ses épreuves.

Pendant les quatre années où il remplit les fonctions d'interne, à Lariboisière, à l'Hôtel-Dieu, à la Charité, à la Salpétrière et enfin à la Maison Municipale de Santé, il s'attira l'estime et l'affection de ses chefs, qui lui accordèrent les témoignages de confiance les plus flatteurs.

L'un d'eux, le professeur Foucher, agrégé de la Faculté, enlevé prématurément à la science, le choisit pour son suppléant pendant plusieurs mois, alors que son état de santé l'obligeait à s'éloigner de sa clientèle.

Dodeuil était aimé des malades, et il montra dans diverses épidémies un zèle infatigable.

En 1865, l'administration de l'assistance publique lui décerna une médaille pour ses services dans les hôpitaux pendant son internat.

S. Exc. le Ministre de l'Instruction publique, informé de sa belle conduite, lui adressa une récompense avec lettre spéciale de félicitations et le mit à l'ordre du jour au Moniteur officiel.

Pendant la violente épidémie de choléra qui sévit à Paris en 1865, il montra un dévouement et une activité qui lui valurent une médaille du Ministère de l'agriculture, du commerce et des travaux publics.

Tant de zèle déployé pour le service de l'humanité avait porté une sérieuse atteinte à la santé de notre jeune docteur ; aussi était-il temps qu'il revint, dès sa réception en janvier 1866, se retremper auprès de sa mère, et se reposer des rudes labeurs auxquels l'épidémie cholérique avait mis le comble.

Il eut le chagrin de trouver elle-même, gravement malade, celle qui s'était sacrifiée pour lui et, pendant quelque temps, on put croire que cette vertueuse femme ne jouirait pas de son œuvre.

Mais ce n'était qu'une épreuve, et la Providence ne souffrit pas la séparation trop cruelle qu'on avait redoutée.

Les soins qu'exigeait la santé de sa mère, son attachement au sol natal et l'accueil empressé de ses compatriotes déterminèrent le docteur Dodeuil à se fixer d'une manière définitive dans la ville de Ham.

Un poste brillant, doublé d'une position officielle, lui était offert dans une une ville importante ; il en fit le sacrifice.

Une clientèle nombreuse, plusieurs services d'assistance publique, des expertises judiciaires fournirent au docteur Dodeuil des occasions fréquentes d'appliquer les connaissances sérieuses qu'il avait acquises.

Lorsqu'éclata la guerre de 1870-1871, à la fin de juillet, il signa un engagement volontaire pour les ambulances ; et il rendit de nombreux services, non seulement comme chirurgien, mais encore comme organisateur.

Le 8 octobre, Saint-Quentin fut attaqué par l'ennemi ; il se porta avec un détachement de volontaires au secours de cette ville ouverte qui repoussa victorieusement cette première agression.

Le 9 décembre 1870, les Prussiens qui occupaient la ville

et le fort de Ham sont attaqués par notre armée du Nord qui reprenait l'offensive. Une lutte acharnée s'engage dans les rues de la ville et jusque dans les habitations. Dodeuil marche avec la colonne d'attaque du 91e de ligne qu'il accompagne jusqu'au voisinage du fort où les Prussiens sont retranchés et se défendent avec vigueur. Nous empruntons ces détails à M. Gustave Ramon, l'historien de l'*Invasion en Picardie* (2 vol. J. Quentin, éditeur à Péronne).

(Textuel). C'étaient les plus habiles tireurs de l'ennemi qui faisaient pleuvoir sans relâche une grêle de projectiles et balayaient les rues voisines de l'esplanade du château...

Les blessés étaient transportés dès le début de l'action dans la maison de M. Ducrot, près de l'octroi de Noyon, située à l'un des angles de l'esplanade.

C'est là que fut établie une ambulance provisoire par les soins de M. le docteur Dodeuil qui, au bruit des premiers coups de feu, était accouru, à travers les balles, pour secourir nos soldats tombés en combattant... La persienne d'une des fenêtres de la maison Ducrot, qui regarde le fort, n'avait pas été fermée. La lumière du flambeau qui éclairait le chirurgien attira l'attention de l'ennemi, qui la prit pour objectif à son tir. Les balles pleuvaient autour de la maison et s'applatissaient contre le mur. A la vue du danger, un officier du 91e de ligne qui se trouvait dans l'ambulance et qu'on croit être le capitaine Philippot, descendit dans le jardin et, sans hésiter, alla bravement fermer la persienne.

Au bout de quelques instants, l'ambulance était encombrée; il fallut évacuer les blessés sur l'hôpital. Mais tous les soldats valides étaient à leur poste de combat et il n'y avait personne pour porter les brancards. Aidé par un habitant qu'il rencontra dans la rue (ils étaient rares), le docteur Dodeuil, dont le courage égalait le dévouement, se chargea lui même de cette pénible besogne, rendue périlleuse par les balles qui ricochaient de toutes parts dans la rue de

Noyon. Heureusement un officier supérieur qui se trouvait sur son passage lui envoya quatre hommes qui achevèrent le transport des blessés ; mais le docteur fut encore obligé d'accompagner ses brancardiers, afin de donner le mot d'ordre aux sentinelles qui les arrêtaient sans cesse au passage...

Dans cette nuit mémorable qui se termina par la capitulation de la garnison prussienne, l'ennemi nous ayant tué un parlementaire, nos troupes irritées se préparaient à tenter une manœuvre dangereuse avec le désir d'en tirer vengeance. Le docteur Dodeuil, témoin de cette scène, les en dissuada par des indications topographiques données fort à propos.

Il serait trop long de rapporter ici toutes les circonstances où Dodeuil s'est signalé pendant cette guerre pénible, non-seulement comme médecin mais aussi comme membre de l'administration municipale d'une ville alternativement occupée et abandonnée par l'ennemi.

Citons encore un fait :

Le 20 décembre, à 6 heures du matin, le maire de Ham est arrêté par suite d'une fausse accusation concernant les faits de guerre les plus graves et il est conduit à Lille, devant M. Testelin, commissaire de la Défense.

Ham était alors sous le joug prussien, Dodeuil convoque la commission municipale ; il prend sous sa responsabilité de rétablir le télégraphe, détruit par l'ennemi, afin de pouvoir correspondre avec le commissaire de la Défense nationale. Dans l'après-midi, le docteur ayant été obligé de quitter le poste télégraphique, l'employé, qui cependant était un homme courageux, mais qui se rappelait les menaces des Prussiens, se refusa non sans raison à maintenir les communications et les fils furent de nouveau interceptés. Mais le but était rempli : le maire de Ham, complétement justifié, était mis en liberté.

Jusqu'à la fin de la guerre, le docteur Dodeuil montra le même dévouement aux blessés et il fut en outre chargé du service spécial des varioleux pendant l'épidémie qui fit de nombreuses victimes dans l'armée du Nord.

Il reçut des lettres de félicitations de M. de Guigné, préfet de la Somme, de M. le comte de Flavigny, président de la Société de Secours aux blessés militaires.

Depuis, comme adjoint au maire, il n'a cessé de s'intéresser aux affaires municipales. Il a fait partie de la commission d'arrondissement pour la réorganisation de l'assistance publique et il a été nommé délégué cantonal par le conseil départemental de l'Instruction publique.

La croix de bronze de la Société française de Secours aux blessés militaires lui a été décernée.

Il reçut la médaille d'honneur de première classe en argent, dite de Sauvetage, pour avoir secouru nos blessés sous le feu de l'ennemi.

Le docteur Dodeuil, continuant sa mission humanitaire, fait partie de plusieurs sociétés savantes ou philanthropiques.

Il remplit les fonctions de médecin-inspecteur de la Société protectrice de l'enfance ; il est membre titulaire de la Société anatomique, membre de la Société d'anthropologie de Paris etc., etc.

Notre sauveteur a publié quelques travaux scientifiques dans des Revues de Médecine, des Bulletins de Sociétés ou sous forme de brochures.

Il a abordé les sujets suivants :

Nécrose de la voûte du crâne ; fonctions protectrices et réparatoires de la dure-mère (1862) ; — De la rupture du cœur avec description de l'altération des fibres musculaires de ce viscère (1863) ; — Vice de conformation simulant l'hermaphrodisme (avec planches, 1865) ; — Traitement du rhumatisme articulaire par les injections sous-cutanées de sulfate de quinine; recherches sur l'absorption hypodermique de ce médicament (1865); — Recherches sur l'altération sénile de la prosate et sur les valvules du col de la vessie (1866), — Ouvrage qui fut jugé par la Faculté digne d'être signalé au Ministre de l'Instruction publique.

Sans jamais perdre de vue ses études médicales, Dodeuil s'est livré quelquefois à des recherches intéressantes d'histoire, d'archéologie et de numismatique. Il a réuni des documents assez importants qui dénotent une grande patience dans le travail.

Ancien médecin requis pour le service du 12ᵉ chasseurs à pied, et plus tard du 87ᵉ de ligne, à l'époque où par suite de la réorganisation de l'armée il y avait pénurie de médecins militaires, le docteur Dodeuil, qui par son âge fait encore partie de l'armée territoriale, a été nommé médecin de cette armée dès sa formation. Un décret du 15 avril 1876 l'a confirmé dans son grade et, en outre, nommé aux Hôpitaux.

POURQUERY DE BOISSERIN

Pourquery de Boisserin, né le 19 novembre 1819, est Président honoraire des Sauveteurs de la Méditerranée et du Midi; membre de la Société centrale des Sauveteurs de France et de Belgique, et de plusieurs Sociétés philanthropiques.

Nous allons d'abord laisser parler les faits qui concernent ce remarquable citoyen.

Le 15 août 1838, à Bergerac (Dordogne), il a sauvé la femme Dellac, aveugle, abandonnée au milieu de l'incendie de Moulin-Ader.

Le 20 juillet 1844, à Montignac (Dordogne), il a arraché aux flammes les époux Boisselet, aubergistes, qui s'obstinaient à vouloir périr dans leur maison, qui fut littéralement détruite par l'incendie.

Le 1er mars 1845, à Mauriac (Cantal), dans l'incendie du château de Marchan, Pourquery, par son activité, son bel exemple, ses avis et la direction qu'il donna aux travaux de sauvetage, préserva d'une ruine complète le fermier de Marchan et les réserves de deux récoltes appartenant au sieur Chapelle, propriétaire du château.

Le 21 juillet 1851, à Rocle, arrondissement de Largentière (Ardèche), il préserva également d'une mort certaine le gendarme Gamançon, assailli par des énergumènes. Le 10 août de la même année, à Laurac, arrondissement de Largentière (Ardèche), les brigades de gendarmerie de Jaugeac et Largentière, réunies à Laurac pour maintenir l'ordre troublé par un rassemblement considérable d'exaltés, se trouvaient attaquées avec une brutale agression. Ces braves gendarmes, dont les dispositions personnelles et les ordres à exécuter étaient on ne peut plus pacifiques, n'avaient presque pas de munitions et luttèrent d'abord seuls, sans espoir, contre une multitude égarée. Soudain, Pourquery, que ses fonctions d'employé amenaient ce jour-là à Laurac, accourut à leur secours. « Je suis sans arme, dit-il au brave maréchal-des-logis Chaman ; mais je suis fonctionnaire et ma place est parmi vous ! » Pourquery, parlementant d'abord avec la foule, à laquelle il cherchait à faire comprendre l'énormité du crime qui allait se consommer, parvint à dissiper une partie de l'attroupement, et, lorsqu'il se trouva en présence des plus exaltés, il exerça toute son énergie, toute sa présence d'esprit, et maîtrisa un instant la situation. L'attaque recommença néanmoins ; Pourquery s'arma alors d'une carabine déchargée et devenue inutile à l'un des gendarmes déjà frappé, et s'en servant comme d'une massue, fit le vide

antour des huit gendarmes qui, tous blessés, se résignaient
à mourir en soldats.

Deux d'entre eux, plus grièvement atteints par des pierres,
furent renversés; Pouquery leur fit un rempart de son corps,
et, à l'ombre de son courageux dévouement, les six autres
gendarmes parvinrent à pénétrer dans la maison commune,
où le brave Sauveteur réussit lui-même à transporter les
deux mutilés.

Les 5, 6, 7 et 8 décembre 1851, à Perthuis (Vaucluse), vingt-
deux des plus honorables citoyens de la cité le désignèrent
pour leur chef, et avec eux, il accomplit des actes de grand
cœur, qui rétablirent le calme parmi une population fausse-
ment excitée.

Le 4 mars 1852, à Mirabeau (Vaucluse), un jeune Piémontais s'était imprudemment endormi sur le bord de la Durance; il tomba dans les flots et allait périr, lorsque Pourquery, en tournée de service, attiré par les cris de gens qui
avaient vu disparaître le jeune homme, se précipita dans la
rivière et en retira vivante la victime.

Le 8 août 1854, à Lagnieu (Ain), le feu éclata dans la maison Dollet; en un instant, l'incendie fit des progrès considérables. Accouru l'un des premiers, Pourquery concourut
avec les pompiers à organiser les secours urgents; mais une
maison voisine, la maison Bourdin, où se trouvait un magasin de spiritueux, était menacée de l'envahissement du feu.
Pourquery se porta aussitôt, avec le pompier Chausson, à
l'endroit le plus périlleux, pour opérer une tranchée; arrivé sur la maison déjà en flammes, le pompier Chausson,
entraîné par la toiture qui s'effondrait, allait être précipité
dans le foyer de l'incendie; avec la rapidité de la pensée,
notre Sauveteur le saisit par ses vêtements, le soutient
au-dessus des flammes, s'exposant ainsi à être entraîné
avec lui, et, par un puissant effort, parvint à le relever sur

les poutres lui servant d'appui et qui se trouvaient déjà en
fusion.

De février 1859 à septembre 1863, à Thiers (Puy-de-Dôme),
Pourquery fut plusieurs fois signalé, par les journaux de
la localité, pour son dévouement dans divers sinistres.

D'octobre 1863 à décembre 1864, à Beaucaire (Gard), où il
remplissait les fonctions de contrôleur des contributions in-
directes, Pourquery a été cité pour sa conduite dévouée dans
dix-sept incendies. Blessé grièvement, le 12 janvier 1864, à
l'incendie de la maison Girard, il lui a été décerné, au nom
de l'Empereur, une médaille d'honneur. Voici encore quelques faits qui nous sont signalés par des notables d'Avignon,
où Pourquery habite depuis 1867.

A l'incendie de l'hôtel du Luxembourg, qui éclata le 9
juillet 1867, il paya de sa personne de la façon la plus
louable, et fut remarqué sur les points les plus menacés,
donnant l'exemple d'une activité aussi intelligente que courageuse.

Le mois suivant, 6 août 1867, le feu se manifesta dans la
distillerie Salomon, rue Carreterie, à Avignon; l'explosion
d'une futaille de spiritueux fournit un aliment désastreux à
l'incendie; la toiture d'une partie de l'usine s'écroule, les
habitations voisines sont menacées ! Pourquery, accouru un
des premiers sur les lieux du sinistre, remarque bientôt que
la chaudière à vapeur de la distillerie est encore en activité,
mais que le tuyau d'alimentation d'eau froide est inter-
rompu; l'explosion de la chaudière est imminente !... Inonder
et éteindre le fourneau fut aussitôt fait que pensé par Pourquery; quelques instants de retard dans cette courageuse
manœuvre, accomplie par le brave sauveteur et au péril
de ses jours, pouvaient déterminer ses plus funestes consé-
quences.

Dans la matinée du 8 février 1868, des ouvriers s'étant pris
de querelle, dans la rue des Lices, deux d'entre eux (Bar-

thélemy et Estève) portefaix, énivrés par la colère, s'arment
de couteaux ; un grand malheur est sur le point de se produire. Pourquery, attiré par le bruit de la lutte [(il demeurait alors rue des Lices, 42), voit l'imminence du danger, et
s'exposant lui-même à devenir victime de son dévouement,
il s'élance au milieu des combattants, les sépare, contient
énergiquement le plus exalté et lui enlève le couteau de
la main. Bref, par sa fermeté, et les bonnes paroles
qu'il adresse à ces natures violentes, Pourquery parvient à
les calmer.

Le 9 juillet 1868, à onze heures du soir, le feu éclate au
n° 12 de la rue Portail-Magnanen; la maison renferme de
nombreux habitants qui, tous plongés dans le premier sommeil, sont menacés d'être asphyxiés par l'épaisse fumée qui
envahit l'étroit escalier conduisant aux appartements supérieurs, où reposent plusieurs familles de travailleurs. Pourquery arrive des premiers avec son fils, donne l'exemple du
travail, et son initiative attirant de nombreux voisins, l'incendie, qui menaçait de prendre des proportions considérables, fut promptement éteint.

En résumé, Pourquery de Boisserin a laissé un témoignage de son dévouement à l'humanité, dans chaque résidence où l'ont appelé les avancements qu'il a successivement obtenus, dans les diverses positions de sa carrière administrative. Doué d'un caractère ferme et conciliant, il
inspire à tous une sympathie qui s'affirme par des sentiments honnêtes et généreux. Ces sentiments mêmes lui ont
valu d'être nommé, à l'unanimité, membre du Conseil d'Administration de la Société de secours mutuels des sapeurs-
pompiers d'Avignon.

Les faits si recommandables que nous venons d'énumérer
nous prouvent, une fois de plus, que le courage et le dévouement sont héréditaires dans la famille Pourquery, à laquelle
Louis XIV conféra, en 1654, à la Cour des Aides de Guienne,

des armes de concession royale qui symbolisent ses honorables traditions (1). Ces armes sont : *d'azur, à la balance d'or équilibrée sur une épée d'argent à la poignée d'or ; soutenue par un bras armé et ganté de fer : en chef la couronne royale d'or.* Les anciennes armes de Pourquery sont ; *d'azur à la hure de sanglier d'argent.* Devise : *Servio fideliter.*

Plusieurs membres de cette estimable famille se sont distingués dans les armées, les hautes fonctions ecclésiastiques les sciences, et ont siégé dans les Parlements (2). La charge de juge royal de la ville de Montpazier (en Périgord), lui est restée héréditaire de 1529 à 1709 ; l'un d'eux fut élu capitoul

(1) (1656) Extrait du Registre des enregistrements des Edits, Lettres-patentes et Déclarations du Roi, par la Cour des Aides de Guienne, déposé aux archives du département de la Gironde..., savoir : Raymond de Pourquery, ancien officier au régiment d'Hautefort, Juge royal héréditaire de la ville de Montpazier (en Périgord), fut honoré d'un témoignage de la munificence souveraine, pour reconnaître le courageux dévouement que ledit Pourquery avait si bien montré à la cause royale pendant les guerres qui désolaient la province de Guienne, au milieu du XVIIᵉ siècle, et notamment en 1651, au siège de la ville de Belvès, en Périgord, où commandait le comte de La Valette (frère du duc d'Epernon), général de l'armée royale, qu'étaient venues attaquer les troupes ennemies, conduites par le marquis de Castelnau de la Force. — Dans cette circonstance, la ville de Belvès ne dut son salut qu'à l'activité et au dévouement de Raymond de Pourquery qui, au premier avis du danger, étant accouru avec ses amis et les hommes de sa juridiction, fait une trouée dans les rangs de Castelnau, parvint à entrer dans la ville assiégée, attaque ensuite l'ennemi avec tant de vaillance et de résolution, qu'il le contraint à lever le siège après lui avoir fait éprouver de grandes pertes. En récompense desquels services, le Roi... etc., etc., accorda à Raymond de Pourquery et sa postérité : des armes de concession royale, telles qu'elles sont ci-dessus désignées.

(2) Pierre Pourquery, évêque de Sarlat, en Périgord, de 1350 à 1358 (Gallia christiana ; plusieurs chanoines au Chapitre de Saint-Front, de Périgueux ; des Gardes du Corps, Mousquetaires, Chevau-Légers, Gendarmes de la Garde du Roi, Conseillers et Avocats aux Parlements de Toulouse, Bordeaux et Aix ; des Chevaliers de Saint-Louis, de la Légion d'honneur, et un officier de ce même ordre : — Guillaume Pourquery (de Péchalvés), Chef de bataillon en retraite, tué en 1791), décoré de la main même de Napoléon III.

de la ville de Toulouse, en 1747. Il reste encore plusieurs branches de Pourquery établies en Périgord, en Auvergne et en Languedoc. Celui dont nous venons de tracer la Notice biographique appartient à la branche Pourquery de Boisserin, qui compte trois de ses membres parmi les Sauveteurs de la Méditerranée.

Pourquery de Boisserin est le père d'un jeune et brillant avocat du barreau d'Avignon, qui s'est déjà fait une réputation dans les causes célèbres du Midi.

Ce jeune avocat est aussi le défenseur des pauvres et le protecteur des malheureux, — et, à ces titres, on l'honore comme un homme dévoué au bien.

Jules BUCK

Jules Buck est attaché à la Chancellerie de l'Ambassade de Russie depuis plus de quinze années, et sa conduite publique et privée mérite d'être signalée à tous égards.

D'abord Buck est un Sauveteur.

A l'âge de dix-huit ans, il sauvait, au pied du Jura, une jeune fille emportée par un torrent.

En septembre 1865, au bois de Boulogne, il préservait l'existence de trois personnes, en arrêtant deux chevaux qui avaient pris le mors aux dents.

Et, maintenant, voyons ce que Jules Buck a fait comme citoyen plein de cœur.

Pendant le Siège de Paris, il a contribué à faire parvenir les nouvelles et les dépêches à l'extérieur, et il a sauvé, des quartiers bombardés par les Prussiens, plusieurs familles qu'il a logées dans les appartements des Russes absents.

Pendant la Commune de Paris, Jules Buck a sauvé un

grand nombre d'otages, de prêtres, d'officiers, et a contribué à faire élargir beaucoup des victimes de l'anarchie.

Il a empêché l'incendie et le pillage de diverses propriétés, notamment l'Orphelinat Eugène-Napoléon, dans le faubourg Saint-Antoine; mais il a failli être conduit à Vincennes par les fédérés.

Dans les derniers jours de la Commune, Jules Buck ne pouvant plus sortir de son quartier, car les barricades abondaient dans les rues du Bac et de Grenelle; Jules Buck, disons-nous, alla ramasser les blessés sous la mitraille, pansa ces blessés, en transporta quelques-uns chez lui et les soigna pendant plusieurs semaines.

Une attestation couverte de nombreuses signatures, et que nous avons sous les yeux, se termine ainsi :

« Dans ces circonstances, M. Jules Buck a donné toutes les preuves de courage et de dévouement que puisse donner un homme de cœur, et, ce qui double encore la valeur de ces actes de dévouement, c'est sa qualité d'étranger. »

Jules Buck est lauréat de la Société de Secours aux blessés, lauréat de la Société d'Encouragement au bien, médaillé d'or de sauvetage de Belgique, et de nombreuses sociétés de sauveteurs.

Il est chevalier de l'Ordre équestre de Saint-Marin.

Enfin il a reçu du Gouvernement français, en 1874, par ordre du maréchal Président de la République, une récompense exceptionnelle consistant en une médaille d'or (hors classe) frappée en son nom, et contenant les titres d'actes de dévouement accomplis en diverses circonstances. — Cette médaille d'or se porte au cou comme un croix de commandeur.

Jules Buck est issu d'une famille française expulsée de France à la révocation de l'édit de Nantes.

Le baron de FAUCONNET

Il existe des familles dont le nom est auréolé d'une telle gloire, qu'elles inspirent un unanime respect et une admiration sans bornes. Telle est la famille de celui que nous inscrivons en tête de cette trop courte Notice.

Le grand-père du lieutenant-colonel, baron de Fauconnet, était général de division et avait fait toutes les campagnes de la République et de l'Empire. Il eut quatre fils. Le premier mourut général à Waterloo; le second fut tué, colonel, à Châlons, en 1814; le troisième, aide-de-camp de Napoléon Ier, fut tué à la Bérésina; et le quatrième, commandant, périt à Leipsick. Quelle sublime hécatombe!

Le baron de Fauconnet est le fils du général tué à Waterloo; certes, l'opinion publique a consacré déjà sa vaillance. Quelles belles pages nous aurions à écrire sur ce sujet; malheureusement, nous devons nous restreindre dans un cadre spécial.

A côté de la croix d'officier de la Légion d'honneur, brille, sur la noble poitrine du baron de Fauconnet, le ruban tricolore des vrais Sauveteurs; le courage militaire et le courage civil se donnent le fraternel baiser. Sa médaille d'argent, le baron l'a gagnée aussi au péril de sa vie, en sauvant, dans un incendie, à Vienne (Isère), deux pauvres enfants qui allaient périr. Plusieurs fois encore, le baron de Fauconnet fut mis à l'ordre du jour pour son dévouement dans les incendies; mais il nous a été impossible d'obtenir des détails, et force nous a été de respecter la modestie de l'homme de cœur.

. . . .

Au moment de la guerre franco-allemande, le baron de Fauconnet était général de brigade.

Le 30 octobre 1870, les troupes cantonnées sous les murs de Dijon purent voir, vers onze heures du matin, une ligne noire s'avançant du côté de la ville. C'était l'ennemi.

Le général baron de Fauconnet, à l'approche des Prussiens, fit aussitôt rassembler les notables de Dijon et leur communiqua ses projets.

« Je crois, Messieurs, qu'il vaudrait mieux que j'évacue la ville avec les troupes et que je me réfugie à Beaune, où je pourrai avoir de l'artillerie et un renfort d'hommes, ce qui me permettra de faire face à l'ennemi. »

Les paroles du général furent mal reçues par le Conseil municipal, qui demandait la bataille, se réservant d'y assister à distance.

Aussitôt la décision prise, le général fit rassembler ses troupes et sortit de la ville, se dirigeant vers Saint-Apollinaire.

Une heure après, la lutte était engagée sur tous les points. La défense fut héroïque ; quoique écrasés par le nombre, nos vaillants soldats ne reculèrent pas d'une semelle ; du reste, comme le bon et grand roi Henri IV, le général se trouvait toujours à leur tête, le premier au feu, le dernier à la retraite.

A deux heures de l'après-midi, il avait déjà eu trois chevaux tués sous lui et venait d'être frappé d'une balle qui lui avait emporté le talon. N'ayant plus de cheval, et n'écoutant que son courage, le général prit un fusil et une giberne d'un soldat mort, et, comme le dernier de ses hommes, fit le coup de feu contre l'ennemi.

Cela dura ainsi pendant un quart-heure ; enfin ses officiers d'état-major, à pied comme lui, lui amenèrent un cheval.

Atteint d'une autre balle qui lui coupa l'oreille gauche, il ne voulut pas quitter le champ de bataille. Vers 4 heures du soir, il fut frappé d'un éclat d'obus qui lui brisa les reins.

Le général tomba de cheval et fut emporté mourant par ses hommes.

Je laisse ici place aux paroles de l'aumônier militaire qui a assisté à ses derniers moments.

« C'est vers quatre heures et demie que le général de brigade, baron de Fauconnet, blessé mortellement à la tête de ses troupes, près de la caserne des Capucins, fut apporté à l'ambulance dont j'étais l'aumônier.

» Les médecins ayant déclaré que son état ne promettait aucun repos, le général demanda du laudanum, ce qui lui fut de suite accordé. Je m'approchai alors de lui, il fut heureux de voir un prêtre et me tendit immédiatement la main.

» Tout de suite, je sentis que j'avais affaire à une noble et loyale nature ; me regardant dans les yeux il me dit : « Suis-je blessé mortellement ? Je vous adjure de ne me rien cacher. Je suis un soldat étranger ici, j'ai besoin d'être assuré que je trouve en vous un ami.

» Je dus lui dire avec tous les ménagements possibles que sa blessure était sérieuse.

» C'est bien, me répondit-il, revenez dans une demi-heure.

» Je revins, en effet, au bout de ce temps, mais le général avait vu un autre prêtre et lui avait dicté quelques lignes d'adieu pour sa femme et ses enfants.

» Les voici textuellement :

« Ma chère femme, mes chers enfants ; j'ai fait mon de-
» voir ; je meurs en soldat et pour la France. »

» C'est l'abbé Drouin qui fut chargé d'envoyer ces belles paroles.

» Je restai pendant tout le temps à côté de lui ; son calme, sa patience ne se démentaient pas un seul instant ; il me décrivit les péripéties du combat, comme s'il eût été en bonne santé et accoudé à la cheminée de son salon.

« Ce matin, me dit-il, je montai à cheval avec la convic-
« tion que j'allais à la mort. »

« Comme je lui annonçais que les ennemis s'étaient reti-
rés : « Ils reviendront, me répondit-il, la résistance est impossible ; du moins je ne verrai pas l'occupation de la ville. »

« Il éprouvait une sorte de soulagement à mettre son bras
droit sur mon épaule ; c'est dans cette attitude qu'il expira,
sans aucune agonie, vers sept heures du soir. »

Malgré l'émoi causé par l'entrée des Prussiens à Dijon,
un grand nombre de personnes honorables et de militaires
déguisés vinrent dans la chambre où l'on avait exposé les
restes du général, apporter l'hommage de leur respect et de
leur sympathie.

A ses funérailles, les Badois rendirent les honneurs militaires.

La ville de Dijon vient d'élever un monument au général
de Fauconnet ; c'est le quatrième qui atteste en France le
courage et l'honneur de cette famille.

Louis et Clément COLLARD

Louis-Frédéric Collard, aujourd'hui âgé de 42 ans, a 24 années de services dans l'enseignement, possède les palmes
d'officier d'Académie, et est chef d'institution à St-Quentin
(Aisne).

Il naquit le 3 janvier 1837 à Fère-Champenoise (Marne) ;
il est breveté pour l'instruction primaire, bachelier ès-lettres
et ès-sciences ayant rang officiel de chef d'institution de plein
et complet exercice, et il a obtenu de nombreux succès dans
l'honorable profession de l'enseignement, car il a pour devise : *Dieu, Honneur, Devoir, Patrie* et *Famille.*

Louis Collard est membre de la Société industrielle de St-Quentin et de l'Aisne, membre de l'Académie nationale agricole manufacturière et commerciale ; membre correspondant de la Société des chefs d'institution de Paris ; membre honoraire de la Société de prévoyance et de secours mutuels de St-Quentin.

Comme sauveteur, il a accompli, le 25 août 1859, un acte de dévouement ; le 6 mai 1861, le dévouement compte encore un acte à son avoir, et le 25 mars 1872, il est l'auteur d'un magnifique trait de dévouement et d'humanité.

Et cependant, Louis Collard considère comme son plus bel acte et son sauvetage le plus périlleux, ceux qui ont été appliqués à ses élèves, depuis 24 ans, en ce qui regarde l'éducation morale, physique et intellectuelle, au nom de cette maxime de Juvénal : *Mens sana in corpore sano.*

Membre d'honneur de plusieurs sociétés de sauvetage et d'humanité, Louis Collard a aussi payé de sa personne pendant la néfaste guerre de 1870.

Il a été présent parmi les gardes nationaux qui sont accourus à la défense de la prison de St-Quentin, le 2 mai 1870.

Il a été présent aussi à sa compagnie, avec ses concitoyens, lors de la défense de St-Quentin contre les Prussiens, le 8 octobre 1870.

Enfin, à la funeste bataille de St-Quentin, le 19 janvier 1871, Louis Collard a mis le matériel de son établissement à la disposition des ambulances.

. . . .

Louis-Clément Collard, père du précédent, est aujourd'hui âgé de 73 ans, a 52 ans de services militaires et civils, et est titulaire de deux médailles d'argent et de la médaille d'or de 1re classe.

Son fils, auquel nous avons demandé, tout naturellement, des renseignements biographiques, nous a répondu tout d'abord :

« Je dois surtout à mon père, Louis-Clément Collard, les sentiments de charité, de fraternité et d'humanité qui m'animent ; ces sentiments, mon bien-aimé père a le don, au premier chef, de les posséder à un haut degré ; les beaux exemples, les traits de rare dévouement, qu'il se plaisait souvent à raconter à ses enfants, sont restés gravés dans leur cœur et ont contribué puissamment à développer et à entretenir la noble et généreuse émulation si utile à la jeunesse.

» Ne faites pas aux autres ce que vous ne voudriez pas que l'on vous fît, et faites-leur ce que vous voudriez qu'ils vous fissent ; telles ont toujours été les maximes du bon et dévoué Louis-Clément Collard. »

Né à Fère-Champenoise (Marne), le 26 juillet 1806, Clément Collard était le dernier fils d'une honorable famille et succéda, sous les drapeaux, à deux frères qui avaient servi 21 ans pour leur propre compte.

Après être rentré au 19e régiment d'infanterie de ligne, appelé par le sort en 1827, il fut libéré, en 1834, avec le grade de sergent instructeur du bataillon.

Alors il prit du service dans la compagnie des sapeurs-pompiers de Fère-Champenoise et devint successivement sergent-major, sous-lieutenant, membre du conseil de recensement, chef de bataillon des gardes nationales du canton, enfin capitaine président commandant cantonal des sapeurs-pompiers au licenciement de la garde nationale.

Si nous ajoutons à cela : qu'il fut membre du conseil municipal de la ville et membre du conseil d'administration de la caisse d'épargne, nous aurons dit combien il était estimé de ses concitoyens.

Clément Collard a commandé sa compagnie pendant 28 ans, en a été officier 45 ans et a été présent à plus de 80 incendies.

Pendant la guerre 1870-1871, Clément Collard rendit des services exceptionnels en tous genres.

Mais voyons son actif de sauveteur :

En 1832, il sauva des flammes un enfant de sept ans ;

En 1843, il sauva la vie d'un homme que piétinait une vache furieuse ;

En 1855, il dompta un cheval emporté et, en 1864, il agit de même ;

En 1872, il fut grièvement blessé dans un incendie.

Pour récompense d'une existence de mérite et de courage, Clément Collard reçut, comme nous l'avons dit, deux médailles d'argent et une médaille d'or de 1re classe.

Le préfet du département et le docteur Plicot, maire de Fère-Champenoise, rassemblèrent à ce sujet les fonctionnaires et les habitants et, devant eux tous, remirent à Clément Collard la médaille d'or qu'il avait si bien gagnée, et cela au cri de : *Vive la France !*

Nous conclurons par quelques paroles que nous pensons du fond de l'âme.

Louis-Clément Collard est un brave soldat qui a maintes fois exposé sa vie pour rendre service à ses semblables. C'est un homme de bien, droit et loyal, c'est un grand citoyen qui n'a jamais agi contre sa conscience d'honnête homme, et qui a constamment été l'homme du devoir, dévoué de cœur et d'âme à son pays et à sa patrie.

Enfin, c'est un être d'élite, digne du prix Monthyon et peut-être de l'étoile des braves.

Pierre DECKER

Né à Eschwiller (Bas-Rhin), le 18 juillet 1826, Jean-Pierre Decker est établi au Havre depuis vingt-cinq ans et a opté pour la nationalité française.

Après avoir payé la dette de sang à la patrie, au 55ᵉ régiment de ligne ; après avoir été blessé grièvement dans les sanglantes journées de juin 1848, Jean-Pierre Decker a été libéré, en 1850, du service militaire comme sous-officier et, en 1870, il était capitaine adjudant-major de la garde nationale du Havre.

Au début de la guerre franco-allemande, Decker envoya en Alsace-Lorraine, dans les communes frontières, plus de six cents kilos de linge de pansement dans les ambulances qu'il avait organisées, surtout à Diebling (canton de Forbach), où plus de deux cents de nos soldats blessés à la bataille de Spickeren, reçurent les soins les plus dévoués de la part des deux sœurs de Decker, en religion : sœur Jeannette et sœur Floriane.

Ces deux dignes religieuses, pour leur dévouement reçurent la croix de bronze des ambulances.

La majeure partie des frais d'ambulances, organisées par Decker, fut payée par lui, c'est-à-dire nourriture, médicaments, etc., etc.

Les Allemands voulaient bien se charger des malheureux blessés, mais comme on allait les conduire à l'hôpital de Forbach, sœur Jeannette et sœur Floriane ne purent se résigner à les laisser partir à cause de leurs graves blessures, et aussi à cause de leurs cris de désespoir et de leurs supplications navrantes.

Jean-Pierre Decker est fondateur et président de la Société des Nageurs de la ville du Havre, société aujourd'hui en pleine prospérité et qui a rendu de grands et signalés services à l'humanité.

En 1866, 1868 et 1871, notre héros a sauvé, au péril de sa vie, quatre personnes qui auraient infailliblement péri sans son dévouement.

En outre :

Dans la nuit du 19 au 20 août 1871, le brick le *Saint-*

Jacques, mouillé au large et monté par un seul matelot, nommé Olivier, faisait des signaux de détresse ; mais, vu l'état de la mer, il était impossible d'aller à son secours. A minuit, la chaîne de l'ancre se brisa ; au cri du matelot Olivier, Decker se jeta au milieu des flots courroucés, et fut grièvement blessé par des morceaux de bois flottants. Malgré sa blessure, d'où le sang s'échappait avec abondance, le président de la Société des Nageurs du Havre parvint à sauver le matelot Olivier. — Pour cet acte de courage, le sauveteur reçut la médaille d'or décernée par le Ministre de la Marine et des Colonies.

En 1872 et 1874, Jean-Pierre Decker se distingua encore dans un grand incendie et arrêta un cheval emporté qui allait causer des malheurs.

On ne dira pas, d'après ce qui précède, que le président de la Société des Nageurs du Havre nage entre deux eaux en ce qui concerne le courage et le dévouement.

Le capitaine MOULIS

Fils d'un boulanger, qui eut dix enfants et put les élever à l'aide de son travail seul, Auguste Moulis est né à Castres (Tarn), le 9 octobre 1823.

A l'âge de dix-huit ans, il s'engagea au 62ᵉ de ligne et, dans ce même régiment il termina, comme capitaine et officier de la Légion d'honneur, sa carrière militaire trop tôt interrompue par suite d'une blessure grave reçue sur le champ de bataille, en 1870, après avoir fait, dans les rangs du 62ᵉ, les campagnes de Rome, de Crimée, de Mexique, et la dernière guerre franco-allemande.

Le capitaine Moulis a accompli dans sa vie la plus grande

somme possible de bien; il a toujours été fidèle à l'honneur et aux convictions de son passé; à Rome, pendant neuf mois, il a défendu les soldats traduits devant les Conseils de guerre et son cœur a sans cesse débordé dans tous ses plaidoyers.

Du reste, dans la famille Moulis, on a toujours été l'apôtre de l'humanité; depuis un siècle, elle a fourni cinq sœurs de charité, une sœur de la Croix et deux curés, dont l'un fut déporté à Cayenne, en 1793, pour refus de serment.

Pendant qu'il était militaire, Auguste Moulis s'est plusieurs fois distingué dans des incendies; en 1849 surtout, il fut cité à l'ordre de son régiment pour l'intrépidité qu'il manifesta dans un feu important qui s'était déclaré à la caserne de Noailles.

Enfin, si le capitaine Moulis porte sur sa poitrine la croix d'officier de la Légion d'honneur, c'est qu'il a obtenu cette belle promotion à la suite d'importants faits d'armes. Il s'est retiré de la carrière militaire en emportant l'estime et l'affection de ses subordonnés et de ses chefs, parce que sa porte et son cœur avaient toujours été ouverts à l'infortune qui venait y frapper.

MEUSY (Charles-Victor)

Il est membre de la Société centrale des Sauveteurs de la Seine, de Rouen, Lyon, Orléans, Bordeaux, Aude, l'Oise et Beaucaire, etc.; membre de la Société protectrice des Animaux, et de plusieurs Sociétés humanitaires; Commissaire du bureau de Bienfaisance, etc.

Il a:

Sauvé à Lille, en 1852, une femme et deux enfants qui allaient périr dans un incendie; préservé d'une catastrophe inévitable, en 1854, plusieurs enfants qui allaient périr par suite de l'emportement furieux d'un cheval; en mai 1855, à

Amiens, empêché, par son sang-froid, un jeune homme d'avoir le bras broyé entre les roues d'une machine ; en 1864, préservé la vie d'un enfant.

Le 20 septembre 1865, à La Villette, rue de Flandre, Meusy est traîné par un cheval emporté, à la tête duquel il s'était jeté pour l'empêcher d'écraser des enfants qui se trouvaient sur son passage.

Vers le commencement de 1866, une jeune fille, en proie à un accès de fièvre chaude, se jette dans un puits ; elle va périr. Meusy arrive, se fait descendre dans le puits et attache un nœud coulant sous les bras de l'infortunée, que l'on retire saine et sauve. L'année 1866 le voit encore se dévouer dans un incendie.

En septembre 1867, il retire une petite fille qui allait être écrasée sous la roue d'un cabriolet. Le 28 juin 1868, il retire, du canal Saint-Martin, un enfant de douze ans, qui y était tombé en jouant avec ses camarades. Le 5 avril 1868, rue de la Chapelle, une jeune fille avait été renversée par un fiacre, et elle ne dut son salut qu'au dévouement de Meusy, qui eut les doigts contusionnés.

Il se distingua encore : le 18 janvier 1869, au feu de la rue Labat, à Montmartre, et peu de temps après, rue de Flandre, à l'incendie Bresson ; puis, en revenant à son domicile, il dompte un cheval, qui ruait, se cabrait et mordait, — et cela en lui jetant une couverture sur la tête.

Le 21 mai 1869, à onze heures du soir, le feu se déclara chez M. Lalande, rue de la Chapelle. Meusy, qui passait en cet endroit, contribua beaucoup à l'extinction du feu ; il organisa lui-même une chaîne, prit une part très-active à la manœuvre de la pompe, alla chercher de l'eau dans les tonneaux appartenant à la Compagnie du chemin de fer du Nord, et aida à sauver les meubles de quelques pauvres locataires, tout en les sauvegardant eux-mêmes. Le 24 mai suivant, sur le boulevard de Strasbourg, il aperçut deux individus, pris de boisson, qui ne pouvaient plus se tenir debout ; ils se mirent à traverser ledit boulevard, en se tenant par la main ; à peine s'y furent-ils engagés, qu'ils se trouvèrent entourés par diverses voitures venant en sens contraire ; l'un des deux ayant tout à fait perdu l'équilibre, trébucha et tomba. Comme son camarade, il allait infailliblement être écrasé, sans la prompte intervention de Meusy, qui ne les perdait pas de vue.

Enfin, le 15 janvier 1870, il a sauvé des flammes une jeune enfant de six ans, en l'enveloppant d'une couverture qui étouffa les flammes. Grâce à cet acte de sang-froid, la petite fille n'eut que de légères brûlures.

Meusy est né, à la Chapelle Saint-Denis, le 14 novembre 1832 ; il est médaillé du Gouvernement.

En outre, il a reçu la médaille d'argent de la Société Nationale d'encouragement au bien, — et, pendant la guerre 1870-1871, il a été nommé à l'unanimité lieutenant porte-drapeau dans la garde nationale, poste que l'on ne confiait qu'à des hommes éprouvés dans le courage.

ROBERT

Ancien sous-officier d'infanterie, et attaché aux travaux du génie militaire, Charles-Désiré Robert, qui est né à Abbeville (Somme), a servi 32 ans comme agent de première classe dans l'admistration des ponts et chaussées, et pendant 32 ans aussi, il a appartenu, comme officier, à la compagnie des sapeurs-pompiers de Saint-Valery, où il s'est distingué dans plusieurs incendies.

Mais, durant sa longue carrière, Robert a accompli beaucoup de sauvetages.

Citons les plus remarquables.

En 1849, il a sauvé deux personnes en arrêtant un cheval emporté.

En 1850, un enfant de sept ans, entraîné par la marée montante, lui doit la vie.

Par un froid glacial, en 1853, il sauve la vie à un ouvrier belge occupé à la construction d'un pont.

Robert reçoit une médaille d'argent de première classe, du ministre de la marine, pour avoir, en 1857, sauvé la vie à un mousse qui était tombé à la mer.

En 1870, il exposa sa vie dans le sauvetage d'un autre mousse qui allait disparaître sous un barrage.

Après avoir été traîné deux cents mètres environ, en 1871, il arrête un cheval en furie qui allait causer de nombreux malheurs.

En 1873, à la suite de courageux efforts, il sauve un père, une mère et cinq enfants, en éteignant un feu occasionné par le pétrole, et, pour ce fait, il reçoit une médaille d'or du ministre de l'intérieur.

Charles-Désiré Robert appartient à un grand nombre de sociétés de sauvetage et humanitaires, et plusieurs lui ont accordé des prix pour reconnaître son courage et son dévouement.

VAUDRAND

Alexandre-Napoléon Vaudrand a accompli plusieurs sauvetages qui l'ont placé au rang des braves.

Vaudrand avait dix ans à peine, lorsque, en 1830, à Folembray (Aisne), son pays natal, il sauva un de ses camarades qui, en jouant, était tombé dans le canal du Chafour. Au même pays, il se distingua dans un incendie, le 12 mars 1863, et reçut plusieurs blessures graves. Le 16 mars 1866, le feu avait pris aux vêtements d'une femme ; Vaudrand se précipita à son secours, la roula par terre, lui arracha, par lambeaux, ses vêtements enflammés et la sauva de la mort.

Le 18 mai 1867, Vaudrand déploya beaucoup de zèle et de dévouement, à l'incendie de la rue d'Enghien, chez M. Lepage, armurier. Une autre fois, le cocher d'une voiture de remise conduisait son véhicule, dont le brancard était cassé ; au carré Saint-Martin, le cheval, blessé par ce brancard, s'emporte, prend le mors aux dents et parcourt, au triple pas de course, les rues Réaumur et Turbigo, semant la terreur et l'épouvante sur son passage. Au coin de la rue des Fontaines, Vaudrand s'élance à la tête du cheval, parvient à le maîtriser, tout en étant traîné par l'animal, qui s'abat tout à coup, et entraîne, dans sa chute, le sauveteur qui en a été quitte pour une forte blessure à la main.

Le dimanche 24 octobre 1868, un homme traversait le boulevard Saint-Michel, à Paris, lorsqu'il est atteint et renversé par une voiture, marchant à toute vitesse. Les assistants poussent un cri d'effroi, s'attendant à voir le malheureux broyé sous les roues de cette voiture. Mais, le cheval s'arrêta tout à coup, et une main vigoureuse enleva le blessé de dessous le véhicule. Le sauveteur Vaudrand avait vu le danger et s'était élancé. Avec la rapidité de l'éclair, il avait intrépidement arrêté la voiture et arraché à la mort la victime gisant sur le sol.

Pendant la guerre de 1870-71, Alexandre Vaudrand s'est engagé volontairement dans le premier bataillon du Génie auxiliaire, a assisté à tous les combats sous Paris, principalement à Châtillon et à Montretout, et a été mis à l'ordre du jour de la compagnie.

Le brave cœur dont nous venons de tracer rapidement la notice, a recueilli deux orphelins, qu'il élève comme ses propres enfants.

FATALOT

Firmin Fatalot est né à Dormans (Marne), le 21 septembre 1824.

Ancien sous-officier au corps spécial du Génie, il est médaillé d'honneur du Gouvernement français et chevalier de l'ordre du Médjidié.

Il a fondé, en 1865, la Société de secours mutuels des anciens sous-officiers de Nîmes (Gard), et il en est encore le président.

Nous ne citerons pas les nombreuses sociétés de philanthropie et de bienfaisance qui se sont honorées en l'admettant dans leur sein, leur nombre en est trop grand.

Nous ne pourrons pas citer non plus tous les sauvetages accomplis par Firmin Fatalot, parce qu'il s'est refusé à nous les communiquer.

Heureusement, un de ses amis nous a envoyé secrètement la lettre suivante :

« Fatalot est un homme trop modeste pour avoir répondu à vos demandes; moi, je ne puis vous apprendre que ce que je sais, et ce n'est pas tout; mais la meilleure volonté du monde ne peut donner que ce qu'elle a.

« En 1846, Fatalot a sauvé, dans le Lez, à Montpellier, une jeune fille qui se noyait ;

» Depuis lors, il a arrêté bien souvent des chevaux emportés, nus ou attelés, qui auraient pu causer des accidents graves ;

» Et, l'an dernier encore, il a fait le sauvetage d'un cheval qui se noyait dans le canal d'Aiguesmortes, où il était tombé accidentellement, et qui était la seule fortune de son propriétaire. »

Eugène MORIN

Eugène Morin n'est pas un de ces Marseillais qui entendent marcher les mouches sur la tour de la Cannebière; non, mais il entend toujours parler son cœur quand il s'agit d'accomplir de belles actions.

Les débuts d'Eugène Morin, dans la carrière du sauvetage, datent de 1852.

A cette époque, il avait quatorze ans, — lorsque, au retour d'une course nautique, on le vit se jeter à la mer et atteindre, après de vigoureux efforts, un malheureux ouvrier que les vagues entraînaient au large; cet acte de vaillance faillit coûter la vie au jeune sauveteur.

En 1854, il se distingua dans un incendie qui dévastait les bois de Saint-Marcel, près Marseille, et reçut les félicitations de M. Ferrié, capitaine des sapeurs-pompiers, dont il avait été un utile et sérieux auxiliaire.

En 1857, Eugène Morin fut grièvement blessé dans le terrible incendie Menpenti, après des actes de courage extraordinaires.

Le 23 août 1868, il retira de la mer, où il se noyait, un religieux de la Société de Saint-Pierre-ès-Liens, et après l'avoir disputé aux flots, il le disputa à la mort par d'énergiques insufflations; puis au moment où le religieux rouvrait les yeux pour reconnaître son sauveur, Eugène Morin, aussi modeste que brave, s'était déjà dérobé aux félicitations de la foule.

Pendant la guerre de 1870-1871, Eugène Morin se dévoua au service des ambulances, et manifesta tant de sollicitude pour les blessés, que sa conduite exemplaire lui valut la croix de bronze de l'œuvre internationale de secours aux blessés militaires.

Le 7 février 1871, il lutta, seul, contre un violent feu de cheminée et, après avoir couru de sérieux dangers, il l'éteignit. — Au mois de janvier précédent, il avait déjà sauvé, dans un incendie, cinq jeunes enfants qui allaient être asphyxiés, — et il avait retiré, de l'ancien port de Marseille, une jeune femme qui s'y était jetée par suite de chagrins.

Le 5 août 1872, notre sauveteur arrête un cheval emporté et reçoit une grave blessure, — et le 11 février 1873, dans un incendie, il n'hésite pas à parcourir neuf mètres au milieu d'une fumée étouffante, pour maîtriser le fléau.

Dans la nuit du 24 au 25 juin 1875, l'alcazar de Marseille était en feu. — Les journaux des Bouches-du-Rhône ont raconté l'héroïque conduite d'Eugène Morin en cette circonstance, — et ont signalé le début de son fils, Désiré Morin, âgé de 12 ans, dans la carrière du sauvetage.

Le 26 juillet 1875, notre brave retirait une petite fille de cinq ans de dessous les pieds d'un cheval emporté.

Le 13 août suivant, dans une distribution de prix, il sauvait une jeune élève qui venait de tomber dans un sous-sol, de la hauteur de six mètres.

Le 22 avril 1877, il retirait d'une écluse un enfant qui était en danger de mort.

Enfin, toute la presse marseillaise, sans exception, a manifesté des sentiments d'admiration et de reconnaissance pour le fait accompli, le 17 août 1877, par notre brave sauveteur : — Dans des circonstances très-périlleuses et très-difficiles, il sauva un jeune homme qui se noyait dans la mer, au quartier du Roucas-Blanc.

Nous ne parlerons pas du dévouement de notre héros, car c'est une vertu contagieuse dans la famille d'Eugène Morin.

Et la preuve, c'est qu'Eugène Morin a deux fils qui ont déjà accompli des sauvetages, — et qui deviendront célèbres à leur tour.

DELAPORTE

Auguste-Étienne Delaporte, ancien préposé des douanes à Dieppe, semble, lui aussi, avoir pris à tâche de veiller sur l'existence de ses semblables. Vétéran de sauvetage, il a accompli nombre de belles actions dont voici les principales :

Au mois d'août 1829, la nuit, un terrible incendie éclate au château de Mme Reculé, au village de Tibermont, banlieue de Dieppe; Delaporte, éveillé par le tocsin, se lève à la hâte et se précipite sur le lieu du sinistre. Là, sa conduite est admirable; il se multiplie et s'expose, sans souci du danger, il est partout où il y a un péril et agit avec tant d'énergie, que presque tout le mobilier est sauvé ainsi que les bestiaux.

En juin 1833, à Dieppe, étant de service au pont de bois, près la jetée du faubourg du Pollet, il se précipite dans les flots pour en retirer un jeune mousse, tombé de son bateau.

L'année suivante au mois de juillet, Delaporte sauve, la nuit, près *l'épée du Pollet*, un marin anglais qui était tombé en voulant s'embarquer sur son navire.

En 1835, au mois d'octobre, entre les jetées de Dieppe et du Pollet, vers la fin du jour, il empêche de périr quatre marins anglais, dont le navire était à la côte pour avoir manqué l'entrée du port.

En 1837, nouveaux exploits; d'abord, au mois de janvier, dans le port de Dieppe, il sauve une femme qui était tombée de la passerelle conduisant au faubourg du Pollet; ensuite, le 29 novembre, dans l'arrière port, il se jette à l'eau et sauve, avec une extrême difficulté, un homme qu'un fort courant emportait. Glorieux sauvetage accompli au milieu des applaudissements de plus de trois cents personnes, et qui valut à son auteur une Médaille d'argent, de première classe, du Ministère de la marine.

Le 4 février 1838, Delaporte était de service au bout de la jetée, à la chute du jour et par un temps des plus mauvais, lorsque cinq bateaux pêcheurs, voulant entrer dans le port, firent naufrage. Un des premiers, le préposé des Douanes se jette à la mer; bientôt, par ses soins, et avec l'aide d'autres personnes courageuses, un *va-et-vient* s'organise, et les équipages des bateaux sont sauvés.

Au mois de décembre 1844, le vaillant Sauveteur arrête un commencement d'incendie qui allait dévorer, dans le port de Dieppe, un navire chargé d'eau-de-vie et de vin.

Enfin le 11 août 1850, à Montmartre, rue du Château-Rouge, il arrête un commencement d'incendie dans un appartement dont les locataires étaient absents.

Delaporte qui est sauveteur médaillé du Gouvernement est aussi décoré de la Médaille militaire, pour sa belle conduite pendant la guerre de 1870-1871. Ajoutons qu'il s'est encore distingué, dans cette douloureuse période, en soignant les blessés dans *l'ambulance de Sauveteur* et dans celle du Jardin-des-Plantes. La Société des secours aux blessés militaires lui a décerné sa croix de bronze et un diplôme d'honneur, comme récompense de son dévouement humanitaire.

PÉCHIN

Péchin est encore un de ces hommes qui ne savent pas vous dire ce qu'ils ont fait; on est donc obligé d'aller aux renseignements sans eux, et tant pis si l'on n'apprend pas tout.

Donc, citons simplement ce que nous avons appris.

Péchin est un ouvrier de la manufacture d'armes de Tulle: la date de sa naissance, nous ne la connaissons pas.

Cet homme, brave et fort, a commencé sa carrière de courage le 8 mars 1857, en sauvant un être humain qui se noyait près de Belfort.

La même année, il sauve un homme au péril de sa vie.

Le 15 janvier 1858, il se jetait dans le canal du Rhône au Rhin, et sauvait un voleur ainsi que les deux gendarmes qui le poursuivaient; les gendarmes furent récompensés.

Le 1er septembre 1859, Péchin se distinguait particulièrement dans un incendie, et était grièvement blessé.

Le 4 décembre 1859, il retirait un homme de l'eau, et en 1866 il se faisait remarquer dans un incendie, à Toulouse.

Le 23 novembre 1874, Péchin arrêtait un cheval emporté et attelé à une calèche.

Après ce qui précède, notre brave a été médaillé d'honneur du Gouvernement; mais cette récompense n'a pas arrêté son courage. — Poursuivons :

Le 1er janvier 1877, Péchin s'est encore dévoué dans un incendie qui avait éclaté à Tulle.

Le 4 janvier suivant, il délivre un cheval de première taille qui était suspendu, au-dessus d'un abîme, par le timon d'une voiture.

Les journaux de la Corrèze disent encore que :

Dans les années 1873, 1876, 1877, notre brave a arrêté des incendies, dompté des chevaux furieux et, en un mot, qu'il est digne des plus grands éloges.

Péchin a servi pendant sept ans dans l'artillerie à cheval, et dix ans dans la compagnie des sapeurs-pompiers de la ville de Tulle. — Il a été proposé, par son préfet, pour la Médaille d'or.

MAISON

Dès son jeune âge, Jules-Ernest Maison, né le 27 août 1843, fit entrevoir ce qu'il serait un jour; il donnait un morceau de son pain à tous les pauvres qu'il rencontrait, et son père, le surprenant un jour dans cette nuance délicate du cœur,

l'embrassa tendrement et les larmes aux yeux lui dit :
« Persévère, mon enfant, dans la bonne voie que te trace la
Providence. »

Se sentant, par goût, attiré vers l'enseignement, il se lança
avec courage dans cette carrière digne, mais ingrate ; et
après avoir fait de bonnes études, il fut nommé instituteur
titulaire, à l'âge de 24 ans. — Il pendit la crémaillère de son
professorat par la venue en aide à une pauvre famille, à
laquelle il donna non-seulement les produits nécessaires à
l'existence, mais encore ses propres vêtements. — Comme
récompense, Jules Maison fut accablé des plus grossières
injures.

Mais ces injures ne détruisent pas la belle nature de Jules
Maison. N'écoutant que la voix de sa conscience, — ce tribunal secret dans lequel il ne reconnaît que Dieu pour souverain Juge à obéir, — il pense qu'il y aura toujours des
humains à soulager et une patrie à défendre.

En 1870, l'aigle germaine s'avançait sur Orléans, et une
partie de l'armée française passait dans le village où Jules
Maison exerçait les modestes fonctions d'instituteur et de
secrétaire de la mairie.

Dix mille Allemands, se ruant sur Orléans, allaient arriver avec armes et bagages dans le village qu'habitait notre
instituteur.

Celui-ci, toujours aux écoutes, apprend qu'un chef Teuton
se promettait de prendre tout ce qui lui tomberait sous la
main. — Aussitôt, il avertit tous les habitants de se mettre
en mesure de cacher ce qu'ils ont de précieux. — Grâce à
Jules Maison, les habitants du village n'ont presque rien
perdu.

Après la guerre allemande, notre instituteur fut accablé
de besogne, comme secrétaire de la mairie ; et, pour le
remercier de cette besogne, on lui alloua quelques centaines
de francs ; — Jules Maison sacrifia la somme à l'achat d'un

mobilier scolaire dont son école était complétement dépour
vue ; — ce qui ne l'empêcha pas, quelques mois plus tard, de
secourir un pauvre vieux soldat de la France, médaillé et
décoré dans nos guerres lointaines, et qui avait engagé, pour
vivre, ses titres les plus glorieux.

De l'Humanité, Jules Maison passe au Sauvetage.

Sans lui adresser une harangue, comme le Maître d'école
de La Fontaine, il sauva un de ses élèves qui allait périr
dans les eaux profondes de l'Oise, — et, pour cet acte, il
gagna la médaille d'argent du Gouvernement.

Peu de temps après, de la même rivière, il sauva encore
un vieillard.

Puis, ensuite, il rend la vie et la vue à un pauvre enfant
auquel on avait tiré un coup de feu dans la tête.

Enfin, se souvenant toujours que dans sa jeunesse il a
donné du pain aux indigents, notre brave instituteur a
secouru la fille en bas âge d'un de ses collègues décédé après
une longue et douloureuse maladie.

En outre qu'il a été médaillé par le Gouvernement, Jules
Maison est aussi membre-secrétaire des Comités institués
pour la protection des enfants en nourrice.

CROUZILLAT

Pierre-Léopold Crouzillat est marin. Qui dit marin dit
audace dans le courage ; aussi, Crouzillat possède-t-il, à son
actif, plusieurs actes d'audacieux courage. Quoique fort
jeune encore, en 1858, il a sauvé un zouave qui se noyait
dans la rade de Toulon. Le 30 décembre 1860, il était matelot
à bord du brick *Camille* ; le vent était terrible et la mer
furieuse ; en cette circonstance, Crouzillat a été fort remarquable, en aidant à sauver plusieurs personnes qui allaient
périr dans l'Océan.

Nous ne faisons que citer, sans cela, à lui seul, le marin Crouzillat suffirait à remplir nos pages.

Le 6 juin 1862, il a sauvé un tailleur de pierres, près du phare des Barges ; c'est un mousse qui lui doit la vie, dans le bassin de Granville, le 4 avril 1864.

Le 29 juillet 1865, il se jette à l'eau tout habillé et sauve un jeune homme de seize ans ; le 7 octobre 1866, il ramène au port l'équipage du lougre le *Duguesclin*, perdu en mer par un temps de brume. Une mère de famille, Marie Tessier, est retirée par lui, le 19 juillet 1866, du port des Sables, dans lequel elle était tombée ; le 22 septembre 1867, il sauve encore un homme, et obtient une seconde médaille d'honneur.

De 1866 à 1868, Crouzillat a été sous-patron du canot de sauvetage des Sables, et il compte plusieurs belles actions à son budget de courage.

Un steamer anglais est, par lui, préservé d'une perte certaine, et notre brave gagne sa médaille d'or. La date du 18 septembre 1873, et plusieurs autres dates encore jusqu'en 1877, ont été témoins de la vaillance de Crouzillat, et nous espérons bien que ce n'est pas la dernière fois que ce brave Sauveteur donnera l'occasion de parler de lui.

ANTOINE

S'appeler François-Narcisse Antoine, avoir servi sous le premier Empire, puis, à soixante-dix ans, s'engager comme volontaire pendant la guerre de 1870-1871, il faut être vraiment digne de porter la moustache et mériter les surnoms de brave lion, brave cœur !

Mais il n'y a rien d'étonnant à cela. Nous sommes dans un siècle où les plus modestes sont souvent les plus courageux.

Aussi, François-Narcisse Antoine nous pardonnera-t-il de résumer succinctement sa vie de bravoure, car tous les hommes de courage savent que le mot renommée exclut les éloges.

François-Narcisse Antoine est né à Verdun (Meuse), le 4 février 1800.

Citons rapidement :

Lors de l'invasion de 1814, il a servi comme volontaire civique dans sa ville natale; puis, l'année suivante, il faisait le service de la garde nationale à Paris.

En 1816, il s'enrôlait volontairement dans le 73e régiment de la légion de Seine-et-Marne, et passait successivement caporal et sergent; il était congédié du service actif le 31 décembre 1820.

Pour la seconde fois, il s'enrôlait dans l'armée, aux housards de la Garde royale, dont il ne tarda pas à être brigadier, et, le 1er mars 1829, il cessait d'en faire partie, pour être nommé garde-forestier à Versailles.

Dévoré de l'ardeur de servir son pays, Antoine se réincorporait, en 1840, dans le 4e bataillon de la 5e légion de la garde nationale, dont il passait bientôt sergent.

Comme tous ses camarades, il fut licencié en 1852.

Mais l'ennemi envahit le territoire français.

Antoine se dit: « Morbleu, j'ai encore du sang dans les veines, malgré mes soixante-dix ans ! »

Et il s'engagea volontaire tirailleur dans la 6e compagnie du 24e bataillon, le 4 septembre 1870.

Comme garde national sédentaire, il fit le service des remparts aux bastions 25, 26, 27, et fut élu capitaine commandant de sa compagnie.

Et, cependant, il se trouvait encore inactif.

Aussi, donna-t-il sa démission du grade de capitaine pour s'incorporer dans le 24e bataillon de guerre, 11e régiment de marche, et comme simple soldat, il assista aux affaires de

Champigny, de Fontenay, Nogent, Montretout et Buzenval.

Pendant les événements de la Commune, François-Narcisse Antoine rendit d'importants services, et, entre autres, il sauva la caisse des Petites-Sœurs des pauvres, et permit ainsi aux malheureux de ne pas mourir de faim.

Monseigneur Duquesnay, qui était alors curé de la paroisse Saint-Laurent, à Paris, écrivit à Antoine une lettre qui se termine ainsi :

« Je vous rends ici témoignage de votre dévouement, en priant Dieu de vous combler de ses bénédictions, vous et toute votre excellente famille. »

Bien plus encore, pauvre vieux soldat, il allait quêtant pour ceux qui manquaient de pain, et chacun sait qu'il faut souvent plus de courage pour tendre la main à l'opulent, que pour affronter les boulets de l'ennemi. Constatons qu'il avait souscrit lui-même pour une forte somme, et que, chaque jour, il vient en aide à de nombreux infortunés.

Au nom des pauvres, soyez béni, François-Narcisse Antoine !

La Société des Volontaires de 1870-1871, voulant récompenser notre vieux et brave soldat de la guerre, de sa belle et généreuse conduite, depuis un demi-siècle, l'a nommé l'un de ses premiers membres titulaires avec diplôme d'honneur en parchemin. L'Institut protecteur de l'enfance s'enorgueillit de le compter au nombre de ses membres d'honneur perpétuels.

NOGUE

Un brave dont on a peu à dire, mais ce peu signifie beaucoup.

Barthélemy Nogué est né à Argelès de Bigorre (Hautes-Pyrénées), le 7 juillet 1829 ; c'est un simple menuisier dont le regard a deux qualités : la première, c'est la douceur, c'est-à-dire l'humanité; la seconde, c'est la rudesse et l'acuité, comme s'il guettait les ours de ses Pyrénées, pour les empêcher de faire du mal aux hommes.

En 1861, Nogué sauvait un enfant qui se noyait dans le tourbillon du Gave.

Par une nuit horrible, aux environs de Tarbes, quelques années auparavant, il avait retiré un homme d'un torrent impétueux; ceux qui connaissent les départements qui forment la lisière de l'Espagne, comprendront le danger que notre sauveteur a couru.

Du reste, l'Espagne lui doit aussi un sauvetage, puisque, dans la rivière qui baigne Saragosse, il arracha aux flots la vie d'un enfant.

En 1861, le maréchal Pélissier lui accorda une mention honorable pour s'être distingué dans un important incendie.

En 1864, Nogué sauve la vie à un soldat qui allait être éventré par un énorme bœuf devenu furieux.

A la foire de Lourdes, en 1869, il dompte encore un animal furieux qui allait causer de grands malheurs.

Le 22 janvier de la même année, il avait déjà exposé sa vie pour arrêter à son début un grave incendie.

En 1876, il sauve deux prêtres qui étaient en danger de périr, sous l'impulsion de leurs montures emportées; et le 22 juillet 1878, il arrête un cheval fougueux, après en avoir été traîné deux cents mètres environ.

Barthélemy Nogué a été fort remarquable comme soutien de famille, et, pendant seize années, il a donné tout ce qu'il gagnait à son père, à sa mère et à ses trois frères.

DERNIS

Jean Dernis compte sept années de services militaires comme engagé volontaire et sous-officier, et quatorze campagnes d'Afrique; il a été quinze ans dans l'Instruction publique, et a 22 ans de grade comme greffier dans l'administration pénitentiaire à Lyon.

Mais c'est surtout un vétéran dans la grande carrière du sauvetage, et la ville de Pamiers (Ariége) doit être fière de lui avoir donné le jour en 1820.

Jean Dernis avait à peine neuf ans, que déjà il commençait ses premières armes du cœur, en sauvant un petit camarade qui se noyait dans le gouffre de Palanque.

En 1838, il préserva d'une mort certaine un copain de collége qui se baignait dans un endroit dangereux.

En 1842, à Montpellier, notre Sauveteur se distingua d'une façon remarquable dans un violent incendie, et, en 1843, à Cette (Hérault), il manifesta le même courage, tout en étant blessé, cette fois.

La même année, toujours à Cette, il sauva quatre sous-officiers de son régiment, qui se noyaient dans une mer houleuse.

A Mascara (Afrique), en 1845, à 10 heures du soir, Dernis éteignit le feu qui avait pris dans le magasin d'habillement du Génie.

En 1851, à Brignais (Rhône), ce brave sauva deux petites filles de cinq ans, qui étaient couchées dans une maison envahie par les flammes.

Un jour, c'était en 1853, on vint dire à Jean Dernis que sa femme était tombée subitement sans connaissance, et que le médecin et le curé la déclaraient morte. — Jean Dernis ne fit qu'un bond jusqu'à son domicile, et n'écoutant que la voix de son cœur, il prodigua courageusement à son épouse, pendant plusieurs heures, et avec une intelligence admirable, les soins les plus empressés, — si bien, qu'à la surprise de tout le monde, il ramena Mme Dernis à la vie.

A Emeringes, en 1856, un incendie considérable éclata ; Dernis se mit à la tête des pompiers, et grâce à son courage et à son énergie, tout en courant les plus grands dangers, il parvint à préserver un hameau de la proie des flammes.

Une autre fois encore, Jean Dernis lutta ardemment contre quatre voleurs pris en flagrant délit et qui se sauvaient; oui, la lutte fut vigoureuse, car notre brave reçut des coups dangereux au ventre et à la tête, coups qui l'obligèrent à garder le lit pendant un mois.

Jean Dernis a été récompensé par diverses Sociétés, et a été mis à l'ordre du jour par le général Pélissier, commandant la province d'Oran.

PHELIPPOT

Littérateur apprécié pour ses nombreux travaux historiques et archéologiques, Théodore-René Phelippot, né le 17 mars 1829, au Bois (île de Ré), joint aux qualités de l'esprit celles du cœur. On dirait qu'il se délasse des labeurs de l'intelligence par les travaux humanitaires.

Ses œuvres littéraires sont connues des savants; il n'en est pas de même de ses bonnes œuvres, que sa modestie a tenues constamment secrètes. Il nous appartient de dire quel homme est Phelippot.

Le 26 mars 1853, un cultivateur de la commune du Bois (île de Ré), se trouve enseveli dans une carrière, par suite d'un éboulement. Malgré le danger auquel il s'expose, Phelippot vole au secours du malheureux qui va périr. Un nouvel éboulement se produit et menace d'ensevelir sauveteur et sauvé. Heureusement la Providence veille sur les jours de Phelippot, qui, quoique blessé grièvement à la tête, parvint à retirer vivant du gouffre l'homme pour lequel il s'était dévoué.

Les 24 et 25 avril 1854, l'homme de lettres, quoique faible et convalescent, sauve, par son sang-froid et sa présence d'esprit, l'existence de plusieurs ouvriers qui travaillaient à reconstruire la façade de sa maison.

Le 2 mai 1860, Phelippot se dévoue et arrache à une mort certaine un sieur Bernard Bouthillier, qui, en creusant une fosse d'aisances dont les parois s'étaient écroulées, allait mourir dans un abîme humide de plus de quatre mètres de profondeur.

Sur mer, Phelippot est aussi courageux que sur terre ; ainsi, le 19 janvier 1863, à bord d'une yole battue par la tempête et allant de Rivedoux à Rochefort, il oublie son propre danger pour veiller exclusivement sur la femme et l'enfant d'un marin de l'Etat, le sieur Pechereau, qu'il préserve d'une mort certaine.

Successivement : le 15 juillet 1864, Phelippot arrête un cheval emporté et sauve une femme Boucard, qui allait être écrasée entre sa charrette et un mur, vis-à-vis de la Banatière ; le 8 août de la même année, il sauve des flammes de son moulin, au Bois, la femme Preux, saisie des douleurs de l'enfantement.

Phelippot, toujours prêt à offrir à ses semblables en danger le secours de son bras, est encore un de ces hommes que l'on trouve toujours le cœur et la main ouverts. En effet, le 27 août 1864, il aide un sieur Rateau-Guérande, du Bois, à rentrer sa vendange qui, faute de bras, allait être perdue. Ce malheureux, atteint d'une ulcération cancéreuse, était incapable de travailler. Grâce à la généreuse initiative de Phelippot, les habitants du Bois se réunirent et rentrèrent la vendange du malade. Quelques semaines plus tard, Phelippot agissait de même pour l'ensemencement des blés du pauvre Rateau-Guérande. Il mérita, par cette belle action, suivie de plusieurs autres, un diplôme d'honneur qui lui fut décerné par la Société de secours mutuels du Bois (île de Ré), le 21 mai 1866.

Phelippot se distingue encore, en conduisant, le 15 janvier 1869, à l'asile de Lafont, un pauvre aliéné, auquel il avait prodigué les secours les plus attentifs et les plus délicats durant sa maladie. Charitable conduite, que la Société de secours mutuels du Bois sut apprécier, en votant à son auteur de sincères remerciements.

On le voit, l'existence de Théodore Phelippot a été toute de travail et d'abnégation.

Comme sauveteur et comme littérateur, Théodore Phelippot est donc un homme remarquable. Adjoint au maire de la commune du Bois, — preuve de l'estime et de l'affection de ses concitoyens, — il est, en outre : Inspecteur de la Commission des arts et monuments historiques de la Charente-Inférieure ; Correspondant du Ministère de l'Instruction publique ; Lauréat et membre de plusieurs Académies ; Fondateur, membre honoraire, Secrétaire général et Président de Sociétés de secours mutuels et d'utilité publique, etc., etc., et titulaire de 18 récompenses honorifiques.

P.-F. RABIER

Pierre-Félix Rabier est né le 7 décembre 1827, à Deuil (Seine-et-Oise), et a parcouru, dans ce pays, une longue carrière de courage et de dévouement ; en 1876, il était encore sergent-major des sapeurs-pompiers.

Voici ce qu'écrivait, le 17 mars 1869, le maire de Deuil, sur ce brave citoyen :

« M. Pierre Rabier est un homme recommandable, non-seulement sous le rapport du courage, du zèle, de l'intelligence et de l'activité, mais aussi sous le rapport de la moralité, de la probité et de l'honorabilité. »

En vérité, tout cela ne nous étonne pas... Rabier est un enragé.

Son nom ne provient-il pas du mot latin *rabies*, qui veut dire rage.

Rage de courage et de dévouement, les faits sont là pour le prouver.

Rabier a été tour à tour membre du Conseil d'administration et secrétaire de la Compagnie des sapeurs-pompiers, membre du Conseil de recensement de la garde nationale, et aussi, plus tard, lieutenant à la 4e compagnie du 245e bataillon.

Dans un train de plaisir qui avait déraillé, en 1867, entre Mâcon et Châlons, Rabier s'est employé vaillamment à soigner les blessés et à les transporter au village de Saint-Albain; je crois bien que les journaux de Marseille ont constaté son dévouement.

Le 18 décembre 1868, en arrêtant un cheval emporté, l'enragé a sauvé deux personnes.

En mai 1869, le Gouvernement a accordé à Rabier une Médaille d'honneur pour plusieurs Actes de dévouement dans un incendie et pour avoir encore arrêté un cheval emporté à Saint-Denis.

En 1871, le sergent-major des pompiers de Deuil se faisait remarquer parmi les hommes d'ordre et de cœur qui accoururent éteindre les incendies de la Commune. Par suite, Rabier recevait du Gouvernement une seconde Médaille d'honneur.

En 1877, notre brave retirait d'un puits qui avait 14 mètres de profondeur, un homme qui allait y périr.

Nous n'observons pas d'ordre dans la date des faits que nous racontons; aussi rattrapons-nous au passage des incendies dans lesquels le sergent-major des pompiers s'est signalé;

En 1854, à Montmagny (Seine-et-Oise);

En 1870, à la tannerie de Saint-Denis;

En 1871, rue des Acacias, à Montmartre, et en 1871, également chez un marchand de bois de la rue de Clignancourt;

Puis encore voici de nombreuses dates où l'enragé a combattu avec le feu : 1855, 1857, 1858, 1859, 1862, 1864 (4 incendies), 1866, 1867 (4 incendies), 1869, 1873 et 1874.

Ne dirait-on pas, à l'aspect de ces dates, voir des feuilles de laurier que la Renommée tresse à Pierre Rabier.

AUBINEL

François Aubinel, maire de la commune de Salles-d'Aude, est né à Grenade (Haute-Garonne), le 27 août 1804 ; c'est un de ces rares officiers civils que le vœu unanime d'une population appelle aux importantes fonctions de chef de l'Administration municipale.

Peu d'hommes, en effet, ont, autant que lui, témoigné à leurs compatriotes plus d'abnégation, de courage et de dévouement.

Avant de s'installer à Salles-d'Aude, et de rendre aux habitants de cette commune les services qui lui ont valu l'écharpe tricolore, Aubinel avait déjà fait ses preuves.

Ainsi :

A 13 ans, il sauvait un vieillard de soixante-dix-huit ans, qui se noyait dans la rivière de la Save, près la digue du moulin-bas de Grenade ; et le 25 mars 1822, il se jetait tout habillé dans le canal du Midi, à Toulouse (au Port des Demoiselles), et retirait un enfant de 14 ans, sur le point de se noyer.

Les exploits d'Aubinel, dans la commune de Salles-d'Aude, datent de 1849.

Le 24 juin de cette année, au château de Celeyran, il s'expose à une fluxion de poitrine en descendant, ruisselant de sueur, dans un puits à roues, de 10 mètres de profondeur, pour en retirer un jeune cheval appartenant à M. Tapié-Mengau, membre du Conseil général de l'Aude.

L'année suivante, le 23 juin 1850, Aubinel fut moins heureux ; car, en retirant le même cheval du même puits, il ne put éviter une terrible fluxion de poitrine.

Pendant quatre mois, la douloureuse maladie le cloua sur son lit, entre la vie et la mort ; enfin, elle disparut complétement, après une convalescence de neuf mois.

En juillet 1851, la petite vérole pourprée exerça, dans le village de Salles-d'Aude, de tels ravages, que les médecins de la localité n'osaient plus aller visiter les malades ; au mois d'août même, le préfet fut obligé d'envoyer le docteur Combes de Gruissan, pour donner des soins à vingt-trois individus atteints et laissés sans secours.

Aubinel accompagna le praticien dans toutes ses visites, rassurant, consolant les victimes, pourvoyant à leurs besoins, et engageant, par son généreux exemple, leurs parents à les soigner.

Quand le docteur Combes partit, le courageux maire continua seul les visites, jusqu'en février 1852, époque à laquelle l'épidémie disparut complétement.

Le 2 août 1853, à six heures du matin, Aubinel donne une nouvelle preuve de courage et de sang-froid, en renversant, assommant, à coups de pierre, un chien hydrophobe, qu'il avait déjà blessé d'un coup de fusil et qui s'était élancé sur lui.

Eu 1854, lors de l'invasion du choléra, la conduite du maire est au dessus de tout éloge, et l'homme privé déploie un dévouement et un courage tels, qu'en 1855, le ministre de l'agriculture et du commerce lui écrit cette lettre :

« Monsieur le Maire,

» Le gouvernement de l'Empereur a appris, avec la plus vive reconnaissance, la conduite généreuse et dévouée que vous avez tenue pendant la durée du choléra dans votre résidence, et je suis heureux de vous en remercier en son nom.

» Agréez, Monsieur le Maire, avec le témoignage de la gratitude publique, l'assurance de ma considération la plus distinguée.

» Le Ministre de l'agriculture, du commerce et des travaux publics.

Signé : ROUHER. »

Malgré ce témoignage de haute estime, Aubinel reste ce qu'il est par lui-même : modeste, bon, accessible, prêt à rendre service à tous, à se dévouer pour tous.

Le 28 mai 1858, il donne une nouvelle preuve de son courage, en arrêtant au péril de sa vie un cheval emporté, attelé à une voiture, dans laquelle une personne appelait au secours.

Le 7 mai 1862, à trois heures du soir, le dévoué Sauveteur empêche un jeune taureau de trois ans d'ensanglanter les fêtes du Concours régional d'agriculture de Perpignan.

Lorsque le Maire de Salles-d'Aude parvint, en risquant son existence, à le maîtriser, l'animal furieux avait déjà renversé plusieurs personnes, qui en furent quittes pour des contusions.

Le 26 juillet 1866, le vaillant Soldat de la Paix accomplit le dernier acte d'intrépidité que nous connaissions ; il arrête, sans craindre d'être tué, deux chevaux attelés et emportés, dont le conducteur faillit être écrasé.

Grâce à Aubinel, aucun accident ne survint.

Nous n'en écrirons pas davantage sur ce courageux Sau-

veteur que les habitants de Salles-d'Aude regardent comme
leur ami paternel, et qui a reçu déjà, pour récompense de
sa carrière de dévouement, deux médailles d'argent : l'une
de deuxième classe (14 février 1863), l'autre de première
classe (30 avril 1867).

PILLON

Le 2 août 1863, une voiture, dans laquelle se trouvaient
un homme, une femme et un enfant, descendait la rue Par-
mentier, à Montdidier (Somme). Tout à coup, le cheval se
mit à ruer et s'emporta ; en cet endroit, la pente est très-
rapide, et l'on frémit en pensant aux malheurs qui pouvaient
arriver. Les gens de la voiture poussaient des cris de détresse. Heureusement, Pillon se trouvait au bas de la rue ;
il se jeta résolûment à la tête du cheval, lui fit faire demi-
tour et parvint à le maîtriser.

Le 7 avril 1865, dans la même ville, un cheval, attelé à
une voiture à quatre roues s'emporta et parcourut, au grand
trot, la rue de Rouen, longeant le square ; au moment où il
arrivait devant la maison de M. Bazart père, Pillon, qui
était sur le trottoir, se jeta résolûment à la tête de l'animal
qui prenait le galop, et ne parvint à le maîtriser qu'à plusieurs mètres de là. Personne n'était dans la voiture ; le
conducteur, qui avait essayé de saisir son cheval à la bride,
avait été renversé, et l'une des roues lui était passé rapidement sur le bras droit, qui, fort heureusement, ne fut que
contusionné.

Le 17 juillet 1866, toujours dans la même ville, un taureau
de première force, qu'un homme conduisait à la corde, s'é-
chappa des mains de son conducteur. L'animal devenu
furieux, après une course effrénée à travers champs, revint

vers la ville et menaçait d'entrer dans les maisons. Pillon, qui l'aperçut, se précipita à la rencontre du taureau et le força d'entrer dans la cour d'une auberge. Il allait s'emparer de lui et le tenait déjà, lorsque l'animal, se débarrassant des étreintes de son agresseur, se jeta sur celui-ci tête baissée, et, d'un coup de front porté en pleine poitrine, le lança à une distance de plusieurs mètres. Le taureau, libre alors, reprit sa course jusque dans les marais de Boussicourt, où l'on parvint à le maîtriser. Pillon, par suite de sa chute et des violentes contusions qu'il reçut, garda le lit pendant plusieurs jours.

Le 17 avril 1867, à six heures du soir, deux établissements, l'hôtel du Grand-Condé et l'hôtel Taullé, situés sur la place du Marché-aux-Chevaux à Montdidier (Somme), étaient menacés de devenir complétement la proie des flammes. Les matières combustibles renfermées dans ces établissements rendaient les opérations de sauvetage difficiles. Pourtant, le dévouement ne resta pas inactif. Grâce au zèle de la compagnie de sapeurs-pompiers, beaucoup d'objets mobiliers furent sauvés et les habitations voisines protégées. Dans ce sinistre, où chacun a fait son devoir, Pillon se signala par son énergie et son activité. Ce brave Sauveteur, resté à son poste quarante-huit heures après l'incendie, ne s'éloigna de la place du Marché-aux-Chevaux que lorsqu'il se fut assuré qu'il n'existait plus la moindre apparence de danger.

Le 9 mai 1867, il est brûlé grièvement à la main, en éteignant un commencement d'incendie qui s'était produit à la foire de Montdidier, dans un théâtre mécanique, par l'explosion d'une lampe à l'huile de pétrole.

Le 24 décembre 1868, il arrête un cheval emporté qui menaçait la sécurité publique ; en janvier 1869, il arrête encore un cheval emporté.

Le 17 octobre 1870, jour du bombardement de la ville de Montdidier (Somme), pendant la nuit, le Sauveteur Pillon s'est rendu à l'Hôtel-de-Ville et, avec autant de hardiesse que de prudence, est parvenu à charger sur une voiture environ 800 fusils, qu'il a dirigés lui-même sur Amiens. Cet acte patriotique a empêché la prise de ces armes par les Saxons.

Enfin, le 22 juin 1872, Pillon a sauté aux naseaux d'un cheval enragé et a sauvé la vie de Agenor Delattre, domestique d'un cultivateur des environs de Montdidier.

Tancrède F L E T

Eléonor-Tancrède Flet est né à Abbeville (Somme), le 5 octobre 1839; il montra, dans de nombreuses et périlleuses occasions, qu'il avait autant de cœur que de courage.

Ses premiers débuts furent heureux et le placèrent de suite parmi les hommes de dévouement qui ont pris pour devise : « Sauver ou périr. »

En 1855, dans sa quinzième année, deux soldats se baignaient à l'écart de la ville, dans une rivière assez profonde et pleine de ces longues herbes qui ont causé plus d'un accident; l'un des deux se trouve engagé et appelle à lui son camarade, en voulant lui porter secours est à son tour saisi; tous deux vont périr; le jeune Tancrède Flet, qui se trouvait par hasard de ce côté avec un de ses amis de collége, entend leurs cris et accourt; en voyant ces hommes en danger, il se jette résolûment à l'eau, sans prendre même le temps d'ôter ses habits, et après bien des peines, il réussit, aidé de son ami, à les ramener sains et saufs sur la berge.

L'année suivante, 1856, le feu éclatait à Villers-sur-Authie, où il était chez ses grands parents. Parmi ceux qui travaillèrent le mieux à l'extinction du fléau, Tancrède Flet se faisait remarquer là où le danger était plus grand, travaillant sans relâche, courant au milieu des flammes, et se prodiguant de tous côtés; arrivé l'un des premiers, il se retirait l'un des derniers, les vêtements à moitié brûlés, la figure noircie par la fumée, mais heureux d'avoir accompli son devoir.

En 1867, pendant le mois d'août, le lendemain d'un jour de régates, à Saint-Valéry-sur-Somme, un grand malheur allait arriver; deux jeunes gens surpris par la mer montante, étaient entraînés dans un grand courant et déjà se débattaient vainement contre le flot envahissant et roulant; Flet est là, et sans calculer le danger, il se jette à la nage et arrive juste à temps pour les sauver d'une mort certaine.

Le 1er octobre de la même année, à la foire de Rue, un cheval emporté et attelé à un cabriolet où se trouvaient deux personnes pouvait causer de terribles accidents, Tancrède Flet est encore là; il se jette bravement à la tête de l'animal affolé et, après avoir été traîné un espace considérable, parvient dans un dernier effort à le maîtriser.

En 1870, dans le mois de janvier, il y avait, ce jour-là, grande fête à Forêt-l'Abbaye; le maire, homme estimé et justement considéré, mariait sa fille, et la réunion était nombreuse et brillante; tout à coup, au milieu des plaisirs, le bruit se répand, prompt comme la foudre, que la gendarmerie est à la porte d'un malheureux qui n'avait pu payer cinquante-cinq francs au Trésor; Flet prend son chapeau et le tend en faveur du malheureux; le bonheur rend généreux et, en quelques minutes, le pauvre homme est non-seulement sauvé de la prison, mais encore la somme qui excède peut lui assurer du pain, ainsi qu'à toute sa famille pour plus d'un mois.

Puis, quelque temps après, la guerre contre l'Allemagne éclate, la patrie est en danger, la France a besoin du sang de tous ses enfants; il part, quittant sa vieille mère, abandonnant ses affaires pour défendre son pays envahi par l'ennemi; il fait partie de l'armée du Nord; lieutenant à l'élection à son départ, il revient capitaine, grade qu'il doit à son zèle et à son dévouement.

Enfin le 12 juin 1874, quoique sortant de manger, il n'hésite pas un seul instant à se jeter à l'eau pour sauver un enfant qui se noyait dans la Somme.

Tels sont les actes de courage et de dévouement accomplis par le brave Tancréde Flet, qui n'a que 35 ans, et il peut être fier de porter sur sa poitrine la médaille d'honneur qu'il a reçue, en récompense, du Gouvernement.

Aujourd'hui, il est capitaine au 14e territorial d'infanterie, attendant l'occasion de servir encore son pays et tout prêt à sacrifier sa vie pour de nouveaux dévouements.

JOHNSON

La biographie de Tom Johnson est fort courte, mais elle a bien sa valeur. — Tout d'abord, c'est un homme qui a pris les Sauveteurs en si grande affection que, pour les encourager, il leur distribue chaque année un prix qui porte son nom, et il a fait don à la *Société des Sauveteurs de l'Oise* d'une boîte de secours et de bouées de sauvetage destinées à être placées sur l'Oise.

Cependant, cette marque de sympathie pour les Sauveteurs n'empêche pas Tom Johnson d'être Sauveteur lui-même.

Voici les actes de sauvetages à son avoir :

En 1847, Johnson était employé chez son père, loueur de voitures à Versailles. Un jour, le feu prit dans l'une des écuries où il y avait plusieurs chevaux. Le jeune Johnson s'élança courageusement au milieu de l'incendie et parvint, à force d'efforts, à faire sortir tous les chevaux, et il était temps, car le dernier était à moitié brûlé et est devenu aveugle à la suite de cet incendie. Le sauveteur en a été quitte pour plusieurs blessures, les cils et les cheveux entièrement brûlés.

En 1852, étant au service de M. le baron de Curnieu, au château de Beaurepaire, un soir de l'été, il se rendait avec un de ses amis pour traverser l'Oise en bateau, lorsque, à trente mètres de l'endroit où il se trouvait, Johnson vit une femme qui lavait du linge, tomber à l'eau en voulant rattraper son enfant. Après des efforts inouïs, Johnson parvint à sauver la mère et l'enfant. Le sauveteur avait vingt ans.

En 1856, Johnson était loueur de voitures dans le faubourg St-Honoré ; au dessus des écuries demeurait un nommé Hubert. Un soir, sa petite fille, âgée de huit ans, mit le feu aux rideaux de l'appartement, en l'absence de son père. Johnson, aux cris poussés par l'enfant, se précipita dans la chambre au milieu des flammes, prit la petite dans ses bras et lorsqu'elle fut en sûreté, revint sur le lieu du sinistre, et avec l'aide sur sieur Louis Briard, parvint à éteindre l'incendie.

En 1869, le courageux sauveteur arrêtait un cheval emporté, attelé à une voiture. Ce sauvetage fut opéré en face du ministère des affaires étrangères, et sans le courage de Johnson, de grands malheurs fussent arrivés.

Tom Johnson promet, et il tiendra sa promesse.

Bernard HIRIART

Théodore Bernard Hiriart est né à Saint-Jean-d'Angely. En 1857, il a arrêté un cheval attelé à un tombereau, dans le faubourg le plus populeux de cette ville ; le cheval était d'autant plus fougueux que la chambrière, n'ayant pas été accrochée, lui frappait sur les jarrets.

Le 26 mai 1876, vers six heures du soir, Bernard se trouvant sur les promenades de Saint-Jean, entendit des cris et, au même instant, vit un cheval emporté, attelé à un char-à-bancs, dans lequel il y avait deux femmes qui criaient ; il courut au devant du cheval, et, lorsqu'il fut à sa portée, il sauta à sa tête et eut le bonheur de l'attraper par le mors qui était encore dans sa bouche, car le reste de la bride était sortie de la tête ; il était donc impossible que ces pauvres femmes puissent le maîtriser ; le cheval fit des efforts désespérés pour fuir, mais d'une main, Bernard le prit par le naseau et, de l'autre, lui tordit l'oreille, ce qui donna le temps au monde d'arriver et de descendre les deux femmes du char-à-bancs.

BOURCIER

Joseph-Jean-Baptiste Bourcier, né aux environs de Vitré (Ille-et-Vilaine), est un vrai Breton bretonnant, c'est-à-dire qu'il possède, dans le cœur, les légendes d'honneur et d'humanité de son pays.

Prouvons-le.

Pendant la guerre de 1870-1871, Bourcier était fondé de pouvoirs et caissier de la Recettte des finances de Neufchâtel-en-Bray (Seine-Inférieure).

Un beau matin, les Allemands entrèrent dans la ville pour en prendre possession ; naturellement, ils allèrent à la Recette des Finances, et demandèrent, par la force (la force prime le droit) à Bourcier, l'argent du gouvernement français.

Mais la caisse était vide, car Bourcier s'était dit : « Sauver les fonds de l'Etat, ou périr. »

En effet, les finances étaient si bien cachées, que l'ennemi ne put s'en emparer.

Pour ce fait, notre héros fut condamné à être fusillé le lendemain ; mais, grâce à l'obscurité de la nuit et bien que gardé à vue, il parvint à s'échapper, et il en fut quitte pour quelques coups de baïonnette reçus en pleine poitrine. — C'était dans la nuit du 3 au 4 décembre 1870.

Quand le corps d'armée du général Manteufeld eut quitté Neufchâtel-en-Bray, Bourcier rentra à son poste ; mais, quelques jours après, un autre régiment prussien vint occuper les alentours de la ville.

Des engagements eurent lieu et les blessés arrivèrent par charretées à Neufchâtel-en-Bray.

Bourcier, se souvenant qu'il était Breton, ne consulta plus que ses sentiments d'humanité, et se mit volontairement à soigner les blessés, sans distinction de nationalité.

Bourcier a reçu le diplôme et la croix de bronze des Ambulances françaises, et plusieurs Sociétés humanitaires l'ont admis dans leur sein.

Néanmoins, Joseph-Jean-Baptiste Bourcier n'en est qu'à son début, car il a 36 ans à peine, et nous espérons bien voir un jour briller la croix d'honneur sur cette poitrine trouée par les baïonnettes prussiennes.

BROUTIN

Alexandre Broutin, éclusier à Odomer, est porteur des quatre médailles d'honneur du Gouvernement : deux en argent et deux en or.

Que d'actes de courage doivent recouvrir ces quatre médailles d'honneur !

SARRAZIN

Joseph Sarrazin, sous-officier de la compagnie des sapeurs-pompiers de la ville de Châtellerault (Vienne), a assisté à trente-deux incendies, depuis 1858, et s'est toujours conduit, affirme un rapport de son capitaine, avec courage et dévouement.

De plus, en 1877, Joseph Sarrazin a sauvé un vieillard de soixante-dix ans qui se noyait, l'a conduit dans sa propre demeure pour le soigner, et l'a rendu bien portant à sa famille.

Jean COLLET

Nous avons reçu la lettre suivante :

« Monsieur, vous voulez bien me demander mes notes biographiques pour votre ouvrage ; les voici :

« A l'âge de douze ans, j'ai retiré du Cher, à Montluçon, un vieillard de soixante-dix ans, qui s'était jeté volontairement à l'eau. — J'ai sauvé, dans les terres labourées de la commune de Gournay, une femme qui se mourait pour une *cause intéressante*. — En 1876, dans la rue Montmartre, à Paris, j'ai retiré de dessous un omnibus un enfant qui y était tombé et qui avait déjà la jambe cassée par la première roue de la voiture ; j'ai pu arracher l'enfant avant que la seconde roue lui passât sur le corps. — Un point, c'est tout. »

Eh bien ! mais, Jean Collet, vous promettez pour l'avenir !

BŒRST

Emile Bœrst n'a que 23 ans, puisqu'il est né, à Chartres, le 4 décembre 1856.

Sa jeunesse ne l'a pas empêché :

D'arrêter un cheval emporté, le 28 mars 1876 ;

Et d'être blessé, en arrêtant un autre cheval emporté, le 9 avril 1878.

De nombreux certificats nous attestent, en outre, que Emile Bœrst a toujours prêté son concours partout où il y avait une belle action à accomplir.

VERGNE

Après avoir été soldat, Guillaume Vergne, qui est né en 1812, a été nommé gardien-chef de la maison d'arrêt de Bazas, puis de celle de Libourne. C'est dans cette dernière maison qu'il avait organisé une caisse de secours pour fournir aux prisonniers libérés les ressources nécessaires pour rentrer dans leurs foyers sans qu'il leur fût utile de recourir à la charité publique, et de grever les deniers de l'État.

En 1826 et en 1838, Guillaume Vergne s'est distingué dans plusieurs incendies qui avaient éclaté à Bordeaux et à Bazas ; les municipalités de ces deux villes lui ont offert des récompenses honorifiques.

En 1857, après avoir arrêté un cheval emporté et attelé à une voiture, Guillaume Vergne, par décret du 28 octobre 1857, a reçu une médaille du Gouvernement.

BILLUART-LAMBERT

A Charleville, le 2 août 1876, un homme était tombé dans la Meuse, en faisant baigner un cheval ; la rivière était profonde et le courant très-rapide. — L'homme allait périr infailliblement.

A cette vue, un autre homme accourt, se précipite à l'eau, saisit le noyé par la tête....; mais comme ses cheveux étaient fort courts, il le laisse échapper.

Qu'importe ! le brave plonge à nouveau, ressaisit la victime par le bras et l'amène à terre presque évanouie.

Il était temps !

Le courageux sauveteur se nommait Billuart-Lambert, un ancien marin.

A cette époque, les journaux des Ardennes ont grandement loué Billuart-Lambert, et ils ont eu raison.

En effet, sa conduite est d'autant plus méritoire qu'il s'exposait aux plus sérieux dangers en se jetant à l'eau tout habillé, très-échauffé, et mis à bout d'haleine par une course précipitée de 300 mètres environ.

DELARUE

Delarue, l'un des plus anciens administrateurs de la Société des Sauveteurs de la Seine, est une remarquable nature ; il est courageux et humain.

Mais il est surtout modeste ; car, bien que nous connaissions toutes ses belles actions, il nous a prié de ne pas les énumérer dans notre livre.

Nous condescendons à son désir, et nous regrettons que nos lecteurs ne puissent pas admirer Delarue autant qu'il nous a été permis de le faire personnellement. Seulement, nous dirons que Delarue est médaillé militaire pour sa belle conduite pendant le siége de Paris; ce qui, avec sa médaille de Sauvetage, orne très-bien sa poitrine de sauveteur et de patriote.

Justin HANNE

Nous ne connaissons, du constructeur de canots de Billancourt, que deux faits de courage, mais ils méritent de prendre place dans notre livre.

Le 23 décembre 1878, Justin Hanne a sauvé son jeune frère, qui allait infailliblement périr sous les glaçons de l'étang de Ville-d'Avray, et cela en présence de plus de quatre-vingts personnes qui n'osaient porter secours à la victime.

Dans le mois de décembre précédent, en amont du pont de Sèvres, il avait déjà sauvé six personnes qui allaient périr dans un bateau à vapeur dont la machine venait de sauter. Il promet pour l'avenir.

LECHEVALIER

Henri Lechevalier appartient à une famille qui, dans le Calaisis, a été surnommée : la *Racine des pompiers*.

En effet, tous les membres de cette famille furent et sont encore sapeurs-pompiers, soit à Béthune, soit ailleurs.

Henri Lechevalier, actuellement sergent des *Soldats du feu*, à Béthune, est né dans cette ville le 22 décembre 1833.

Il compte cinq années de service militaire et vingt années de service actif dans les pompiers de son pays natal.

Il a assisté à plus de soixante incendies, s'est signalé particulièrement douze fois, a arrêté des chevaux emportés et sauvé des êtres humains.

Les Compagnies d'assurances lui ont donné des récompenses pour avoir combattu le feu chez leurs assurés, et le Gouvernement français, par décret du 12 mai 1876, a décerné la médaille d'honneur à Henri Lechevalier.

Gédéon BRUNET

Jean-Gédéon Brunet, naguère encore receveur de la navigation à Berry-au-Bac (Aisne), est né à Martel (Lot), le 20 avril 1812.

Il est sauveteur médaillé du Gouvernement, et membre honoraire et actif de plusieurs Sociétés de sauvetage.

A Bergerac, en 1846, il a sauvé les registres de la recette principale, qui allaient être détruits par deux incendies consécutifs.

En octobre 1862, à Verdun sur le Doubs, Gédéon Brunet a retiré des flammes un vieillard.

Le 6 septembre 1864, il a reçu une Lettre de félicitations du Préfet de l'Hérault, pour sa belle conduite dans un incendie à St-André près Mèze.

Enfin, en 1871, il a sauvé un enfant de quatre ans qui se noyait dans l'Oise, à Creil, ce qui lui a valu la médaille d'honneur du Gouvernement.

DUTOUR

Dutour, de Crémieu (Isère), a été médaillé du Gouvernement, le 23 juillet 1877, pour avoir :

Le 25 février 1877, arrêté un cheval emporté et attelé à une voiture, — et cela dans des circonstances périlleuses.

Ces actes dénotent un bon sauveteur et promettent pour l'avenir.

MADAME KLEIN

Il y a un proverbe dont je me sers souvent et qui vient de trouver encore son application. Ce proverbe se prononce ainsi : La beauté n'exclut ni le cœur, ni le courage.

Isabelle Klein, âgée de 28 ans, née en Alsace-Lorraine, après avoir opté pour la France, s'est fixée à Saintes.

Madame Klein, mère de famille, a un enfant de six ans, qui est en pension à Courcoury, à deux lieues de Saintes.

Dernièrement, montée dans une voiture qu'elle dirigeait elle-même, l'enfant de notre regrettée Alsace-Lorraine reconduisait sa fille à la pension. La voiture venait de passer la barrière du chemin de fer à Port-Tublé, lorsque madame Klein entendit une personne appeler désespérément au secours ; cette personne était la femme du garde-barrière.

Aux cris, la vaillante Alsacienne se retourne et saute en bas de sa voiture.

Elle regarde et aperçoit, sur la voie un quadrupède attelé à une voiture et un homme âgé qui ne pouvait plus faire avancer sa monture, car le sabot de la bête était engagé dans les rails.

Et le train était signalé ! et l'on entrevoyait déjà la fumée blanche de la locomotive...

Il n'y avait pas un moment à perdre ; l'homme et la bête pouvaient être broyés, et le train même pouvait dérailler par l'embarras de la voiture sur la voie.

Avec une promptitude presque fulgurante, Isabelle Klein remet à la garde de Dieu l'être qui lui est cher, et s'élance sur la voie ; elle dételle la monture, et sans tenir compte du danger, car le train arrivait à toute vapeur, la vaillante femme pousse le véhicule hors de la voie.

Donc, grâce au sang-froid et à l'habileté de madame Klein, car la monture était tombée en travers de la voie, que de personnes ont été sauvées peut-être!

Et nous, nous sommes heureux de compter un sauveteur célèbre de plus, que le Gouvernement commence déjà à récompenser honorifiquement.

Nous bornons ici la nomenclature des Sauveteurs ; il nous reste à retracer la dernière partie de notre livre : les *Bienfaiteurs de l'humanité*, qui, eux aussi, ont bien mérité de la patrie et de leurs semblables.

FIN DES SAUVETEURS CÉLÈBRES

LES BIENFAITEURS DE L'HUMANITÉ

Le baron TAYLOR

Isidore-Justin-Séverin Taylor est le descendant d'une famille irlandaise, dont l'origine date de 1297, et qui, étant venue s'établir dans les Flandres belge et française, comptait, parmi ses membres, des Seigneurs de la ville de Valenciennes. On trouve dans les Archives de la ville d'Ypres : que d'illustres personnages furent massacrés par le peuple, en 1303 ; plus tard, Jean Walwein, avec d'autres gentilshommes ses confrères, renouvelèrent la magistrature d'Ypres, et après en avoir choisi les membres, ils l'installèrent solennellement dans l'année 1326.

Les Armes de cette Famille sont : « Écartelé aux 1er et 4me de sable, à la fasce d'argent accompagnée de trois têtes de lion arrachées du même ; aux 2me et 3me d'azur à la fasce d'or accompagnée en chef de deux colombes d'argent becquées et membrées de gueules et en pointe d'un chevron d'or accompagné de trois serpents du même ;

« Trône quartier à senestre de gueules avec l'épée debout, lame et poignée d'argent, qui est des barons sortis de l'armée, d'après le règlement d'armes du 25 mars 1808.

« Couronne de Baron ; Supports : un Lion à dents, un Léopard à senestre ; Devise : *Fortis ut leones, mitis ut columbæ.* »

Les ancêtres paternels de Taylor sont Irlandais, et prirent part, sous le Directoire, au mouvement d'indépendance qui se manifesta contre l'Angleterre ; c'était à l'époque où une expédition française devait descendre en Irlande ; le général Taylor, qui habitait cette vassale anglaise, se joignit à notre armée, et mourut en France, en 1799.

Quant au grand-père du baron, il était Conseiller aulique de l'Empereur d'Autriche Joseph II, et Gouverneur du Cercle de Bruges; en 1789, le peuple brugeois incendia et rasa sa maison; toute la famille émigra sur notre sol, et, depuis, elle devint française. Un Walwein, oncle du baron, fut assassiné, à l'Abbaye, dans les massacres de septembre.

Isidore-Justin-Séverin Taylor naquit à Bruxelles, le 5 août 1789. Bien qu'elle eût été ruinée par les discordes politiques, sa famille, comprenant que l'homme ne peut arriver à aucune position sans instruction, s'imposa les plus durs sacrifices, et l'envoya à Paris. Après être sorti de la pension Jacob, Taylor se disposa d'abord à se préparer pour l'École polytechnique; mais son apitude réelle le portant à s'occuper plutôt des Arts que des Sciences, il se livra, tout en suivant les cours du collège de France, aux études qui devaient en faire un de nos citoyens les plus remarquables.

Voyageur sérieux, laborieux et chercheur, il quitta Paris en 1810, et visita les merveilles artistiques que contenaient la Flandre, l'Allemagne et l'Italie. Il en rapporta des trésors de talent, et il se proposait de reprendre le bâton du pèlerin des arts, lorsqu'en 1814, faisant partie de la garde nationale, il se distingua le 30 mars à la défense de Paris; en raison de sa conduite courageuse, il fut présenté pour être nommé sous-lieutenant.

Écrivain érudit, énergique, Taylor se livra aux travaux du journalisme et du théâtre; il fit jouer: *Bertram*, drame en cinq actes, qui eut un immense succès, et auquel Bellini emprunta son libretto de l'opéra le *Pirate*; puis, le *Délateur*; — *Ismayl et Mariam*, le *Chevalier d'Assas*, et un charmant pastel en un acte et en vers, *Amour et Étourderie*.

Le jeune littérateur entra, le 15 juin 1814, dans les gardes-du-corps de la compagnie Wagram (brigade d'artillerie), et fut nommé lieutenant ; le 16 mars 1815, il était aide-de-camp du général comte d'Orsay ; le 18 septembre 1816, il passait lieutenant de cavalerie ; le 20 janvier 1819, lieutenant au corps royal d'état-major, par suite de concours, et le 14 septembre de la même année, il était nommé à l'état-major du général de Lauriston.

Nous n'avons pas besoin de dire que le crayon formait, pour le brillant officier, les délassements de l'épée ; chaque congé était, pour Taylor, l'occasion d'un nouveau voyage artistique ; ainsi, en 1816 il retourne en Allemagne, en 1817 il parcourt l'Angleterre et la Hollande, et accumule les notes et les dessins d'un immense ouvrage archéologique, qu'il destine à nos Bibliothèques nationales. L'expédition d'Espagne devait être, pour lui, l'objet d'études nouvelles et semer, dans son cerveau fécond, l'idée d'enrichir nos Musées au profit de l'art chrétien ; car le baron Taylor croit fermement au maître du monde, et sa devise est : « *Dieu et la Patrie !* »

Le 15 avril 1823, Taylor est donc nommé au grand état-major de l'armée d'Espagne, et part avec le corps expéditionnaire ; le 4 septembre suivant, il est mis, pour un fait éclatant, à l'ordre du jour de la division du général Bourke, et, le 20 octobre 1825, est nommé capitaine d'état-major.

Certes, c'était là une belle carrière parcourue dans les armes ; cependant, Taylor quitta cette carrière pour se livrer tout entier à l'œuvre qu'il avait conçue : *Le voyage pittoresque dans l'ancienne France*, une Encyclopédie monumentale. L'ouvrage parut en livraisons. C'était une production géante, et elle excita l'admiration universelle. Les dessinateurs les plus habiles prêtèrent leur concours à l'auteur ; enfin, l'enthousiasme fut d'autant plus vif, dans le public des lecteurs, que l'exécution matérielle même de l'ouvrage venait apporter un progrès réel dans l'art de la lithographie.

Taylor, écrivain au style vivant, au crayon imagé, ne devait pas s'en tenir à cette publication. Il fit paraître ensuite, développement des richesses amassées pendant ses excursions de touriste, — le *Pèlerinage à Jérusalem*, les *Pyrénées*, le *Voyage en Espagne, en Portugal, sur la côte d'Afrique*, et son *Voyage en Egypte*; là encore, le dessinateur comme l'écrivain est tout entier dans l'œuvre ; seul, son cerveau a tout enfanté : style et dessin. A l'exposition des Beaux-Arts, de 1827, on lui décerna, comme dessinateur, la médaille d'or de première classe.

Lorsqu'on est trempé de fer pour la conservation de ce qui est réellement beau dans la Nature, il n'y a rien de surprenant à ce qu'on s'acharne à la destruction de la *Bande noire*, qui, de 1818 à 1830, voulait anéantir les chefs-d'œuvre d'Archéologie française. Durant cette époque, Taylor invoqua, tour à tour, l'appui des ministres et des Chambres, et, heurtant de front l'indifférence, raviva l'orgueil national en faveur des monuments historiques.

Tous ces faits, qui dénotaient un goût supérieur, devaient attirer sur Taylor l'attention spéciale qui s'attache à l'homme d'une qualité transcendante. Déjà, le 20 juillet 1822, il avait reçu la croix de la Légion-d'honneur ; le 28 mai 1825, le Roi l'avait nommé Baron ; il s'agissait, cette fois, de sauver la Comédie-Française, qui s'ensevelissait dans le linceul de l'ennui et de la décadence. Qui trouver mieux que le baron Taylor pour la régénérer ! Le 9 juillet 1822, il fut donc appelé au poste de Commissaire du Roi près l'administration du Théâtre-Français.

« En avant ! » exclama-t-il ; et à cet appel formulé en faveur de l'avenir, accoururent : Hugo, Casimir Delavigne, Dumas, Scribe, les génies, enfin, qui créèrent l'Ecole de 1830, et savent encore, à cette heure, remuer les fibres et étonner les masses populaires. Par son initiative chaleureuse, le baron Taylor jeta, par *Léonidas*, une lueur de joie sur les derniers jours de Talma, découvrit Rachel, dont il ensoleilla l'aurore, et obtint que le *Mariage de Figaro* fut représenté, sauvé des ciseaux de la Censure.

Lorsqu'il crut sa tâche administrative terminée, lorsqu'il vit désembourbé le char de la Comédie-Française, le baron Taylor se souvint qu'il avait entretenu le ministre, M. de Martignac, d'un projet irréalisable pour tout autre que pour une nature prime-sautière comme la sienne. Le baron voulait faire amener à Paris les masses granitiques sur lesquelles, — d'après une magnifique expression, — la vieille Egypte avait sculpté son Histoire. Il plaida si bien la cause qu'il embrassait, que, le 6 janvier 1830, il était nommé Commissaire royal près du Vice-roi d'Egypte, dans le but de négocier la cession des obélisques de Thèbes et d'Alexandrie, et leur transport en France. Pour cette œuvre gigantesque, une somme de 100,000 fr. lui fut remise ; le baron Taylor quitta la France après avoir assisté au triomphe de *Don Juan d'Autriche,* qu'il avait préparé, puis revint, rapportant, au Trésor, 83,000 francs sur les 100,000 qui lui avaient été confiés. L'administration nationale salua le retour de ce vaillant citoyen qui, blessé en Egypte, n'avait pas redouté de se faire attacher sur sa monture pour continuer efficacement sa route, et le Ministre lui écrivit, quand il eut rendu ses comptes : « Pour tous vos services rendus à l'Art, vous n'avez voulu accepter aucun prix, aucune rétribution, aucun dédommagement ; et vous avez eu raison : une seule chose est digne de payer de pareils services, c'est la reconnaissance du pays auquel on les a rendus. »

Ce n'est que le 1er mai 1834, que l'illustre savant, le loyal voyageur, devait recevoir la croix d'Officier de la Légion-d'honneur.

Quand une fois un Gouvernement a confiance dans un

esprit supérieur, il en use largement pour la gloire de la patrie. C'est ce qui arriva encore en 1835. Le roi Louis-Philippe chargea le baron d'acheter, pour la France, les chefs-d'œuvre de la peinture espagnole, les toiles des Murillo, Velasquez, Ribeira et tant d'autres maîtres célèbres. Un million lui fut remis pour ces acquisitions précieuses, et il ramena, en France, les trésors qui furent réunis et classés au Louvre, sous la désignation de *Musée espagnol*, — qui eut été mieux nommé *Musée Taylor*.

Mais, combien il fallut de courage, de sang-froid, de persévérance, pour mener à bonne fin l'entreprise ! Pendant les dix-huit mois qu'il resta en Espagne, le baron sauva d'abord sa caravane artistique des guérillas de Cabrera, et la mit en sûreté à Valence ; que lui importait la vie, s'il sauvait les chefs-d'œuvre ! Puis, parcourant les Monastères, les Cathédrales, il préserva des *briseurs* les sculptures des grands maîtres, et, enfin, il rendit la sépulture aux restes mortels d'Inès de Castro, dispersés, par des mains impies, sur les dalles d'une église.

Le baron ramena aussi, d'Angleterre, le Musée de Standish, l'un des plus remarquables collectionneurs que l'on connaisse ; et, toujours dominé par le besoin de recherches, de découvertes nouvelles, il recommença ses voyages artistiques, visitant l'Italie, la Sicile, la Grèce, la Turquie, l'Asie-Mineure, l'Afrique, — et rapporta, aux Musées du Louvre et de Versailles, des richesses inappréciables. Le 20 septembre 1837, le baron Taylor, chose unique parmi les capitaines de l'armée, fut promu au grade de Commandeur de la Légion-d'honneur, et, le 17 octobre 1838, il était nommé, à juste titre, Inspecteur-général des Beaux-Arts.

Mais, quelque vaillamment et noblement, déjà, que fût parcourue sa carrière, Taylor n'avait pas achevé sa tâche ; il lui restait à mériter l'axiome, que, plus tard, formula sur lui un Prince de l'Église : « C'est tout à la fois un Apôtre de la philosophie chrétienne et de la philosophie antique ; » il lui restait, enfin, à se placer au premier rang des Bienfaiteurs humanitaires, et à créer, malgré l'acharnement des passions sur sa personnalité, les Associations les plus utiles, les plus nécessaires même à la conservation vitale des travailleurs de l'intelligence.

Il allait appliquer sur son front la couronne de Vincent-de-Paul, et subir, Apôtre de l'humanité, les éclaboussures de bave et d'envie que ne lui épargnèrent pas les jaloux et les envieux.

Le baron Taylor savait que le génie est inconscient des préoccupations matérielles ; il savait aussi que le bouillonnement du cerveau, — dans les Arts, dans la Littérature et dans les Sciences, — écarte tout souci du pain quotidien, et que souvent les hommes de talent n'ont pour toute récompense, au déclin des inspirations, que la misère et l'hôpital. Il prit donc son cœur à pleines mains, et fonda les Associations : des Artistes dramatiques, Musiciens, Peintres, Sculpteurs, Architectes, Inventeurs, Artistes industriels, Professeurs, — et, avec l'acharnement de l'apostolat, en demandant aux co-associés un imperceptible apport, il forma et grandit le capital social et arriva à servir des revenus à ceux qu'atteignait l'âge, sans que personne eût à rougir de recevoir ce qu'il avait semé lui-même. Par tous les moyens loyaux, honnêtes, respectables, le baron Taylor créa aussi des rentes aux Sociétés des Gens de lettres et des Auteurs dramatiques ; il fit donner deux millions, fit placer quatre millions, créa cent quatre-vingt mille francs de revenus à ces Sociétés ; à cette heure, entouré des affections de tous les hommes auxquels il a servi de véritable Père, il regarde encore comme perdue la journée pendant laquelle il n'a pas fait beaucoup de bien.

Après être rentré un instant dans l'armée, avec le grade de

chef d'escadron au corps royal d'Etat-Major, le 28 juillet 1843, le baron Taylor fut nommé : le 12 juin 1844, chevalier de l'Ordre de Léopold de Belgique ; en 1845, le 12 novembre, Commandeur de l'Ordre du Danebrog ; et, en 1847, il fut appelé à siéger à l'Institut de France. Il est encore décoré de l'ordre de la Légion d'honneur, comme grand officier ; de la Croix en brillants de l'Ordre royal de Wasa de Suède, Commandeur de l'Ordre de Saint-Sylvestre, décoré de l'Ordre du Nichan-Iftikar de 1re classe, et de l'Ordre d'Isabelle-la-Catholique.

Dieu et mon pays, oui, telle a toujours été la devise de cet homme de bien et d'humanité.

M. Achille Jubinal, un esprit supérieur, auquel la Littérature doit de belles œuvres, écrivait en 1837 :

« Que la porte de l'un de nos deux Sénats s'ouvre devant M. le baron Taylor, afin que l'homme qui, si longtemps, combattit comme un simple soldat dans les rangs de l'Art, aille enfin représenter ses frères d'armes dans les Conseils de la Nation ; afin qu'un artiste puisse défendre les besoins et les intérêts de ses compagnons ; afin qu'une voix chaleureuse, familiarisée depuis longtemps aux choses du burin, de la palette et du ciseau, puisse faire entendre, avec quelque autorité, non plus cette parole vaillante et toute romaine d'un vieux Pape : « Expulsons les barbares ! » car, aujourd'hui, grâce à Dieu, il n'y a plus de barbares, mais cet autre mot, qui, à son heure, peut seul empêcher, parfois, en calmant de nombreuses colères, la prise violente, et par assaut, de cette place tant battue en brèche, qu'on appelle le Pouvoir : « Ouvrez la porte aux enfants de l'Art, laissez passer les fils de l'Intelligence ! »

Le vœu de notre éminent Confrère s'est trouvé, enfin, exaucé. Par décret du 6 mai 1869, le baron Isidore-Justin-Séverin Taylor fut nommé Sénateur.

Et l'Europe entière battit des mains à cette nomination

méritée, car il n'y a pas de nom plus populaire que celui du grand Philanthrope, et ce nom est gravé, plus encore dans les cœurs que dans les mémoires.

Il nous faudrait de longues pages pour inscrire tous les autres titres honorifiques qui ont été décernés au Père des Artistes durant son existence si noblement remplie. Nous ne voulons plus, dans ce Livre, qu'en tracer deux : le baron Taylor est Président d'honneur des Sauveteurs de France, Grand-Président de l'Institut protecteur de l'Enfance et Grand-Officier de la Légion-d'honneur.

LAROCHE-JOUBERT

Jean-Edmond Laroche-Joubert, né à Lacouronne (Charente), le 12 janvier 1820, est le troisième des fils nés de l'union de M. Laroche père et de mademoiselle Joubert, qui a fondu en une seule, sous le nom de Laroche-Joubert, deux des plus anciennes familles de fabricants de papier de l'Angoumois, où la fondation de cette industrie remonte à une époque très-reculée.

Elevé dans l'usine de son père, Edmond apprit, dans ses premières années, la fabrication du papier à la main, fabrication dans laquelle son père excellait.

Après de bonnes études dans une institution particulière d'Angoulême, il revint, à 17 ans, seconder son père qui, alors, associé avec son fils aîné, exploitait l'importante fabrique de papier à bras de Nersac, fabrique que, peu après, pour suivre le progrès, il fallut transformer en usine à la mécanique. Son concours intelligent à l'occasion de cette transformation, ses aptitudes particulières et sa rare et précoce intelligence des affaires lui valurent d'entrer, à vingt ans, dans une société avec son père et son frère aîné ; et, pendant que ceux-ci dirigeaient plus spécialement la fabrication dans l'usine de

Nersac, il venait à Angoulême jeter les fondements de la maison de commerce qui, depuis lors, a pris un développement si considérable sous son habile direction et qui répand, aujourd'hui, sous le nom de Papeterie coopérative d'Angoulème, les produits de ses nombreuses usines sur tous les marchés du monde.

Sa capacité exceptionnelle en fit bientôt le chef reconnu et réel de la famille Laroche-Joubert dont il appela successivement auprès de lui tous les membres pour les faire participer à ses travaux et à la richesse qui en découlait.

Très-aimé de ses ouvriers pour lesquels il avait la plus grande sollicitude, il porta bientôt ses méditations sur la question sociale, recherchant sans cesse le moyen d'améliorer le sort de ses ouvriers et d'ouvrir à leur légitime ambition les véritables horizons qu'une entente féconde entre le capital, le travail et l'intelligence doit seule leur faire entrevoir.

Le résultat de ces études et de ces expériences pratiques a été l'organisation régulière de cette vaste entreprise dont il est le fondateur et le chef et qui a nom : « La Papeterie coopérative d'Angoulème. »

Grâce à cette organisation, ses ouvriers, associés sous mille formes diverses et déterminées par un réglement, aux bénéfices de l'entreprise, ont vu grossir sensiblement leurs profits journaliers et, sollicités sans cesse à l'économie, ils ont réalisé entre eux un capital d'épargne assez considérable, pour qu'il figure, en ce moment, pour plus d'un million et demi dans le capital social de la maison Laroche-Joubert.

M. Laroche-Joubert entra tard dans la vie politique, se contentant du mandat de conseiller municipal d'Angoulême qui lui fut accordé, pendant de longues années, par la classe ouvrière reconnaissante et qu'il conserva jusqu'en 1870, époque à laquelle il céda ce poste modeste à son fils.

Elu conseiller d'arrondissement pour le 1er canton d'Angoulême en 1858, il abandonna bientôt ce mandat pour entrer à l'assemblée départementale où l'envoyèrent les élections de 1863.

La mort de M. Gellibert des Seguins ayant laissé vacant le siége de député au Corps législatif pour l'arrondissement d'Angoulême, il posa sa candidature aux élections partielles de 1868, comme bonapartiste indépendant, et fut élu, après un scrutin de ballotage, avec une majorité de plusieurs milliers de voix, contre le candidat officiel d'alors, M. Mathieu-Bodet.

Réélu sans concurrent aux élections générales de 1869, il prit une part active au mouvement libéral qui amena au pouvoir M. Emile Ollivier et ses amis et les soutint de sa légitime influence.

C'est dans le cours de la session de 1870 qu'il posa, pour la première fois, à la tribune française, la question sociale et qu'il déposa un projet de loi pour le remaniement complet de notre système financier se basant uniquement sur l'impôt sur le capital.

Il fut fait chevalier de la Légion-d'honneur en août 1870, sur la proposition du ministre de l'agriculture et du commerce d'alors, M. Louvet, qui ne voulut pas quitter le ministère sans avoir accordé cette distinction tardive à l'industriel qui avait rendu tant de services aux classes laborieuses.

Rendu à la vie privée par les événements de 1870, M. Laroche-Joubert employa ses loisirs forcés à procurer, à peu prés exclusivement, au Gouvernement de la Défense nationale, les éléments des cartouches nécessaires à notre infanterie; et ce grand service, il le rendit à son pays de la façon la plus absolument gratuite, ne voulant pas que la patrie en deuil eût à lui reprocher plus tard un seul centime de profit, exemple trop rare, hélas! d'un désintéressement auquel nous devons rendre l'hommage qui lui est dû.

Moins préoccupé de la politique que du relèvement de la puissance de la France, il posa deux fois sa candidature aux élections législatives de 1871 et 1872, mais il échoua entre les candidats qui s'adressaient aux opinions extrêmes du pays.

Il ne se représenta pas au Conseil général.

Nommé, en 1871, juge au Tribunal de commerce d'Angoulême, dont il avait déjà été juge suppléant dès 1853, il fut élu, en 1874, président de ce tribunal.

Il a été élu député à l'Assemblée législative, pour la 1re circonscription d'Angoulême, en février 1876, par plus de 5,000 voix de majorité, comme candidat bonapartiste, partisan absolu de la souveraineté nationale et de l'appel au peuple direct qui en est la plus sincère application.

Réélu aux élections générales de 1877, avec une forte majorité, M. Laroche-Joubert fait partie, depuis son entrée à la Chambre, du groupe de l'Appel au peuple.

MARCHOT DE TOMBECKEM (Louis-Mériade)

Premier président et fondateur de la Société royale et centrale des Sauveteurs de Belgique.

Alors que les ambitieux déclassés, pour assouvir de pernicieux instincts, cherchent à faire litière de la civilisation en lançant contre la société des masses ignorantes ou égarées, il est consolant de penser qu'à toutes les époques, l'esprit de dévouement et de charité a constamment réagi contre ces malheurs et ces tendances coupables. Des hommes au cœur chaud n'ont jamais désespéré de ramener l'union, de moraliser les masses, de relever les classes déshéritées, de soulager la misère partout où elle se trouve.

Les œuvres que nous avons lues établissent les nobles efforts qui ont été faits, dans ce but, dans tous les pays du globe.

La Belgique, elle aussi, depuis longtemps a pris une large part au mouvement généreux qui a pour adeptes résolus ceux pour lesquels le respect de la vie humaine, la cause de la moralisation des peuples et celle de l'humanité ne sont pas de vains mots. Les établissements humanitaires y foisonnent. C'est pour ajouter une nouvelle pierre à l'œuvre commune que la Société royale des sauveteurs de Belgique fut fondée, le 2 avril 1869, par Marchot de Tombeckem.

Celui qui écrit ces lignes a eu l'honneur d'assister à la naissance de cette grande et belle Société.

En effet, en janvier 1869, Marchot de Tombeckem se rendit à Paris pour solliciter l'honorable rédacteur en chef du journal le *Sauveteur* et pour lui soumettre le plan de fondation en Belgique d'une Société de Sauveteurs ainsi qu'un programme qui comportait, entre autres objets, l'étude et la propagande des moyens et des procédés de sauvetage et aussi l'organisation d'une Exposition universelle d'hygiène et de sauvetage, quand les ressources de la Société à créer le permettraient. Ce plan grandiose séduisit M. Adolphe Huard, le dévoué rédacteur du *Moniteur du courage*, et Marchot de Tombeckem retourna en Belgique avec les assurances les plus formelles de concours et d'affection de la part des sauveteurs français.

La Société des sauveteurs de Belgique fut légalement constituée et approuvée par arrêté royal du 31 mai 1869. S. M. le roi Léopold II daigna en accepter le haut patronage et S. A. R. Mgr le comte de Flandre la présidence d'honneur.

Nous ne suivrons pas cette association dans sa marche triomphante; toutes les plus nobles protections lui furent successivement accordées, grâce aux efforts persévérants et au dévouement de son fondateur : Marchot de Tombeckem. Aussi, à la cérémonie des récompenses qui eut lieu à l'Hôtel-

de-Ville de Bruxelles le 25 septembre 1871, une faveur insigne
lui fût accordée; mais nous préférons puiser dans le compte-
rendu de cette mémorable cérémonie et donner la parole à
M. Alfred Mercier, le secrétaire-général d'alors : « ... Il nous
» reste une dernière médaille à décerner, c'est celle instituée
» par un de nos généreux membres protecteurs en faveur du
» membre de la Société royale et centrale des sauveteurs
» de Belgique qui a rendu le plus de services depuis son ori-
» gine.

» Par acclamation, votre Conseil d'administration a décerné
» cette marque d'honneur à notre très-cher président fon-
» dateur, M. le chevalier Marchot de Tombeckem. Chacun
» de vous ratifiera cette décision; chacun de vous connaît son
» dévouement assidu envers la Société, les services éminents
» qu'il ne cesse chaque jour de lui rendre depuis qu'il l'a créée,
» en 1869, et le degré de prospérité inespéré auquel il a su
» l'élever.

» Grâce à son talent, grâce à sa persévérante activité et à
» sa courtoisie envers tous, la Société royale et centrale des
» sauveteurs de Belgique est aujourd'hui au premier rang
» des Sociétés similaires de l'étranger, et la principale Société
» de secours mutuels du pays. » (Applaudissements chaleureux et prolongés).

Le moment était venu pour la Société belge de réaliser les
désirs, que nous qualifierons d'ambitieux, de son fondateur :
nous voulons parler de l'Exposition internationale d'hygiène
et de sauvetage. Marchot de Tombeckem, se défiant alors de
ses propres forces, sollicita la Société qu'il présidait de lui dé-
signer un successeur. Nous ne pouvons mieux faire à ce propos que citer le journal la *Charité sur les champs de bataille*
(n° 7, de janvier 1872, septième année) :

« Société royale des Sauveteurs de Belgique. — Il y a trois
» ans, M. Marchot de Tombeckem fondait à Bruxelles une
» Société de secours mutuels qui prit pour titre : Société cen-

» trale des sauveteurs belges. Le but de cette Société, celui
» qu'elle s'est toujours efforcée d'atteindre, était de former une
» vaste association d'hommes de cœur, qui soutinssent dans
» la lutte de la vie les êtres d'élite qui risquent leur existence
» pour sauver celle de leurs semblables. Elle en avait encore
» une autre : Étudier et propager les moyens et les procédés
» de sauvetage.

» La Société a fidèlement exécuté les principales parties de
» son programme. Il lui en restait une à mettre à exécution
» d'une façon pratique et efficace : L'étude et la propagande
» des moyens et des procédés de sauvetage. Or, quel moyen
» plus pratique de rendre cette étude profitable à l'humanité
» que d'organiser à Bruxelles une Exposition internationale
» d'engins de sauvetage dans l'acception la plus large de ce
» mot. C'est ce qu'avait parfaitement compris M. Marchot
» de Tombeckem, et c'est encore ici qu'il donne à la Société
» des sauveteurs une nouvelle preuve de dévouement et à
» tous un grand exemple d'abnégation. Il se dit que la vaste
» entreprise qu'il veut mettre sous la protection des sauve-
» teurs aura d'autant plus de chances de réussite qu'elle sera
» dirigée par un homme éminent, alliant à une profonde éru-
» dition l'art de plaire à tous par la noblesse du caractère et
» par le prestige du nom. C'est alors qu'il ne songe plus qu'à
» s'effacer, parce que l'intérêt seul de la Société le conduit, et
» c'est alors qu'il demande à la Société de proclamer comme
» son président, le lieutenant-général Renard, aide-de-camp
» de S. M. le roi des Belges. Cet homme de bien, ce militaire
» éminent, qui a rendu de si grands services au pays, consent
» à mettre sa vaste expérience au service de la Société des sau-
» veteurs belges, et M. Marchot de Tombeckem, à qui l'on fait
» accepter le titre de premier vice-président, fondateur et
» directeur, trouve une récompense de son renoncement à la
» pensée que les sauveteurs belges auront été les premiers à
» organiser, en Europe, une Exposition qui intéresse non-seu-

» lement les hommes de cœur de tous les pays, mais qui doit
» aussi appeler la sollicitude de tous les Souverains comme
» de tous les Gouvernements.

» La Belgique, par sa position géographique, par les sages
» et libérales institutions qui la régissent, par sa neutralité
» si hautement reconnue aujourd'hui, est admirablement si-
» tuée pour qu'une Exposition internationale d'engins et de
» procédés de sauvetage y réunisse un grand concours d'ex-
» posants et de visiteurs.

» Nous reviendrons sur cette question. En attendant, nous
» félicitons, encore une fois, M. Marchot de Tombeckem de
» sa noble abnégation et nous souhaitons qu'il en soit récom-
» pensé. »

L'idée de l'Exposition fut accueillie avec faveur et la haute
protection des Souverains, des Princes, des Gouvernements,
et l'appui des hommes les plus éminents de l'étranger vint
bientôt s'ajouter à l'appui que l'œuvre avait rencontré en
Belgique. Des Comités s'organisèrent en France, en Allemagne, en Angleterre, en Autriche, en Danemarck, en Hollande,
en Italie, en Russie, en Suède et en Norwége.

Grâce à leur précieux concours, les demandes affluèrent
bientôt de toutes parts.

LL. MM. le roi et la reine des Belges, entourés de tous les
dignitaires de la Couronne, des ministres, des ambassadeurs,
etc., etc., daignèrent faire l'ouverture de l'Exposition qui,
on le sait, obtint un succès éclatant.

Marchot de Tombeckem put donc voir se réaliser glorieusement son souhait le plus intime; son nom est désormais
attaché d'une manière impérissable à l'une des plus belles
Œuvres humanitaires de notre époque.

Le fondateur des Sauveteurs de Belgique est de ceux qui
peuvent dire : — J'ai été utile, et il a le droit d'être fier d'une
carrière déjà aussi bien remplie.

Marchot de Tombeckem est chef de division au ministère

des travaux publics de Belgique. Il est fils d'un fonctionnaire du ministère des finances, petit-fils de Louis-Casimir Marchot, préfet du département de la Dyle, chevalier de la Légion-d'honneur et arrière-petit-fils de Louis-Théodore Marchot de Tombeckem, commandant des troupes flamandes au service de France, chevalier de Saint-Louis.

Eugène DE VIGNAUX
CONSUL DE LA RÉPUBLIQUE DE LIBÉRIA AU HAVRE

La famille de Vignaux est originaire du Languedoc et descend, directement, des Capitouls de Toulouse, dont la noblesse a été constituée par Edit royal de François Ier.

Les armes des Vignaux sont :

D'or, au cep de vigne, arraché de sinople, chargé de fruits d'azur.

Leur devise est :

Toujours droiture.

Bernard-Eugène de Vignaux est l'un des Philanthropes les plus distingués de notre époque. Bien mieux, c'est un Sauveteur, qui sait unir le sang-froid au courage, et nous n'en voulons pour preuve que le fait suivant :

Au mois d'avril 1871, au bois de Lacambre, à Bruxelles, Eugène de Vignaux arrêtait, au péril de sa vie, deux chevaux emportés et attelés à une voiture.

En tant que philanthropie, l'homme de mérite dont nous nous occupons appartient, depuis bien des années, à un grand nombre de Sociétés humanitaires, auxquelles il rend des services que sa modestie cherche toujours à dissimuler. Parmi ces Sociétés nous citerons : la Société française de secours aux blessés militaires, dont il est un des fondateurs; les Sociétés des sauveteurs du Midi, du Rhône, de la Seine-Inférieure, du Loiret et de la Nièvre, et une foule d'autres

Agrégations d'hommes de bien, dont la nomenclature serait trop longue à énumérer.

Eugène de Vignaux fait partie, comme administrateur, de l'Institut protecteur de l'Enfance, fondé, il y a dix ans, par M. Adolphe Huard, sous la haute présidence du baron Taylor. Cet Institut est présidé, aujourd'hui, par M. le comte de Houdetot.

Lorsqu'on module un médaillon, il faut envisager le sujet sous toutes ses faces.

Il est une de ces faces qui fait le plus grand honneur à Eugène de Vignaux.

A ses heures de loisirs, il s'occupe de belles-lettres; c'est ainsi qu'il a publié un livre profondément pensé, et qui a pour titre : *Mémoires sur Lamoignon de Malesherbes.*

Cet ouvrage, qui a été honoré de la Souscription de tous les Ministres français, et placé à la Bibliothèque de l'Académie française, a valu à l'auteur, de la part de S. M. le Roi de Portugal, le Brevet de commandeur de l'Ordre du Christ.

Eugène de Vignaux est membre de la Société des gens de lettres, de la Société de géographie, des Antiquaires de Normandie, de l'Académie des sciences, arts et belles-lettres de Chambéry, de l'Académie des sciences, arts et belles-lettres de Metz, de l'Académie des sciences, arts et belles-lettres de Cherbourg, de la Société des beaux-arts de Caen, etc., etc.; si l'on joint à tous ces titres celui de Consul de la République de Libéria au Havre, il devient évident, pour tous, que le descendant des Capitouls de Toulouse réunit, à un esprit distingué, les qualités particulières à tous les hommes de cœur et à tous les gens de bien.

La bienfaisance d'Eugène de Vignaux a un cachet tout spécial : elle semble s'ignorer elle-même. — C'est pour cela qu'à la devise des de Vignaux : *Toujours droiture*, on peut ajouter, pour Bernard-Eugène de Vignaux : *Toujours délicate loyauté.*

Alfred SABATIER

Officier d'Académie ; Délégué cantonal de l'instruction primaire ; Fondateur de la Caisse des Écoles ; Lauréat de la Société d'encouragement au bien, etc.

Dans une intéressante Notice que lui a consacré, autrefois, Émile de la Bédollière, cet écrivain distingué a présenté, aux hommes de dévouement, Alfred Sabatier comme son cousin et son ami. C'est fort bien ; mais moi qui suis seulement, pour lui, un Biographe humanitaire, je veux le représenter d'une autre façon, et je dis tout simplement :

« Alfred Sabatier est un homme très-intelligent, de grand cœur, et qui ne pouvait prendre pour épouse que la fille d'un homme de bien ; en effet, il est le gendre de Philippe Gœlzer, un philanthrope distingué, duquel il m'a été souvent permis de parler. »

Maintenant, prenons Sabatier au point de vue du beau côté humain, et disons, franchement et vraiment, ce que nous en pensons. — et ce qu'en pensent aussi les autres.

Alfred Sabatier est né le 26 juillet 1829, à Bercy, dont il devait être plus tard le savant historien.

Sa vie se résume par ses actes de bienfaisance ; aussi, allons-nous les énumérer, — et ils sont nombreux.

Sous le dernier Empire, l'homme intelligent dont nous nous occupons ici avait été nommé, le 20 juillet 1863, membre de la Commission supérieure de l'Orphelinat du Prince impérial. Pour les services qu'il rendit à cette belle Œuvre, il fut, en 1870 et au moment de la guerre, porté par le Ministre de l'Intérieur sur le Tableau de proposition pour la croix de la Légion d'Honneur ; nos revers suspendirent cette nomination ; — mais les hommes de mérite se retrouvent toujours.

Qu'importe à Sabatier que les administrations changent ou se modifient ! — L'homme d'humanité se dit que la bienfaisance est en dehors de toute politique, et qu'il est surtout un devoir bien doux à remplir, celui d'être *utile à ses semblables*, et cela toujours et sans cesse.

Alfred Sabatier est membre du Conseil administratif des Sauveteurs de la Seine, membre du Conseil d'administration de la Société Française de Sauvetage, présidée par M. Edmond Turquet, membre de l'Institut protecteur de l'Enfance, dont il vient de remporter, cette année, l'un des Prix accordés à cette Œuvre par M. le Ministre de l'instruction publique, vice-président d'honneur de la Société des sauveteurs médaillés du Loiret, vice-président d'honneur de la Compagnie maritime mobile de sauvetage du Rhône, membre d'honneur de l'Institut maritime de sauvetage de la Méditerranée, etc., etc.

Comme appartenant à la Société libre d'instruction et d'éducation populaires, Sabatier s'est vu décerner, en assemblée générale (1871) par cette même société, une médaille d'honneur, pour services rendus dans l'exercice de ses fonctions de délégué cantonal chargé de l'inspection des écoles.

Pendant le siége de Paris, en 1870, Sabatier s'est occupé, concurremment avec la Délégation cantonale, et sous la direction du maire du XIIe arrondissement, de l'organisation des fourneaux économiques pour distribuer des secours aux familles nécessiteuses et aux enfants des Écoles communales. Un grave accident, survenu à la jambe et qui l'empêcha de marcher facilement pendant une année, ne lui avait pas permis de faire le service de la garde nationale ; aussi adressa-t-il une lettre au maire de son arrondissement pour lui demander d'être incorporé dans un Comité qui pût rendre des services administratifs ; cette demande lui fut accordée. Avons-nous besoin d'ajouter

que, dans ces délicates fonctions, son zèle égala son patriotisme.

Notre Bienfaiteur de l'humanité s'occupa activement du
service des écoles, poste qu'il remplit encore à cette heure ;
de sorte que, depuis l'année 1860, Alfred Sabatier n'a pas
cessé un instant de remplir les fonctions de délégué cantonal ; aussi, en 1874, après quatorze années non interrompues
d'activité, était-il nommé, par arrêté de M. le Ministre de
l'instruction publique, Officier d'académie. Espérons qu'il
ne tardera pas à recevoir les palmes d'officier de l'instruction publique.

Alfred Sabatier est président d'honneur de l'Orphéon de
Bercy, composé en grande partie d'anciens élèves de l'arrondissement. Pendant six ans, il a été membre et secrétaire
de la Chambre syndicale de commerce en gros des vins et
spiritueux de Paris et du département de la Seine ; chaque
hiver, il fait des quêtes à domicile au profit des indigents du
XIIᵉ arrondissement.

Notons encore :

Notre homme de bien est vice-président de l'Institut des
arts industriels, membre fondateur de la Caisse des Écoles,
membre honoraire de la société de secours mutuels : la Pré-
voyante, et il s'associe chaque jour, ardemment, aux
Œuvres de bienfaisance, de Crèches, d'Orphelinat, etc.,
etc.

Disons aussi que la large part que prend le dévouement
d'Alfred Sabatier dans l'humanité n'entrave pas le moins
du monde son esprit d'élite et son talent littéraire.

Ainsi, comme auteur, il a publié :

En 1858, L'Égoïsme ; En 1860, Mes adieux a Bercy, au
moment de l'annexion de la commune de Bercy à Paris ; —
Metzger le Sauveteur ; — Un déjeuner au Rocher de
Cancale ; — Le Château de Bercy ; — Une Excursion a
Houlbec-Cocherel (Eure) ; — Bercy (son histoire et son

commerce), et Promenades a Bercy, livres remarquables au point de vue sérieux et anecdotique, et qui seront, nous n'en doutons pas, d'une très grande utilité aux historiens de l'avenir.

Nous devons ajouter, à ce sujet, que l'Académie nationale agricole, manufacturière et commerciale, sous la présidence de M. le marquis d'Andelare, et sur le rapport et les conclusions des Comités compétents, a décerné, en 1871, une médaille de 1re classe au savant humanitaire pour son intéressante étude *sur Bercy*.

Nous ne parlerons pas d'un très-grand nombre d'articles écrits par Alfred Sabatier dans les journaux, entre autres *le Moniteur vinicole*, *l'Écho agricole*, etc.; articles traitant de matières d'économie politique, d'octroi, de régie, de questions vinicoles, etc.

Nous avons dit plus haut, qu'Alfred Sabatier, qui s'occupe depuis plus de vingt ans de la jeunesse de nos Écoles, avait reçu, cette année, un Prix de l'Institut protecteur de l'Enfance; une médaille d'honneur lui a été décernée aussi, le 22 mai 1878, par la Société d'encouragement au bien, dans sa séance solennelle, au Cirque d'hiver.

En face de dix mille personnes, le Rapporteur, Secrétaire-général de cette belle société, M. Honoré Arnoul, s'est exprimé ainsi:

« Officier d'Académie, Délégué cantonal du XIIe arrondissement, Administrateur de la Caisse d'épargne et Membre d'un grand nombre de Sociétés philantropiques et savantes, toujours prêt à rendre service, Alfred Sabatier est très-aimé dans son arrondissement; il recherche surtout les vieillards impotents, les pauvres honteux dont le travail a épuisé les forces, et leurs donne les soins qui peuvent adoucir leur triste situation, son inépuisable charité est justement appréciée dans toutes les classes. Voilà les titres acquis par ce Soldat de l'humanité, en récompense de son dévouement à ses semblables. »

Que pourrait-on dire de plus ?

Sabatier est peint, tout entier, dans ces lignes émanées de l'un des plus grands penseurs et écrivains de nos temps modernes.

Mgr LE COURTIER

Archevêque de Sébaste, officier de la Légion-d'honneur. Président d'honneur de la Société des Sauveteurs de la Seine.

Mgr Le Courtier est un des hommes qui ont le plus de droits au noble titre de Sauveteur, si l'on considère le nombre des afflictions soulagées, les douleurs secrètes dont il a été le mystérieux consolateur, les misères qu'il a combattues, les courages qu'il a relevés et les vertus que son exemple et son éloquence ont fait naître.

Mgr Le Courtier est né à Paris, le 15 décembre 1799 ; ses rares qualités d'orateur et d'apôtre du Christ l'ont élevé successivement du rang de simple prêtre, au rang de Prince de l'Eglise.

Nommé évêque de Montpellier le 5 juin 1861, préconisé à Rome dans le Consistoire du 22 juillet suivant, il a été sacré dans l'église Notre-Dame, à Paris, le 24 août de la même année.

Il est digne en tous points du siége qu'il a occupé, et nous n'en voulons pour preuve que le choix fait par l'Empereur, en 1854, de Mgr Le Courtier, lorsque, pour la première fois depuis Charles X, il fut question de faire prêcher le Carême aux Tuileries.

C'est, sans doute, à sa parole douce et pénétrante, à sa charité pleine d'onction et d'entraînement, que l'humble prêtre dut d'être appelé à faire ressortir, au yeux des grands de ce monde, l'humilité et la vertu. Tâche grande et difficile; tâche dont il s'acquitta avec un talent égal à sa modestie.

On peut, d'un seul mot, résumer la vie de Mgr Le Courtier :

Lorsque les honneurs de l'Episcopat vinrent l'enlever à la chaire, il était archiprêtre de Notre-Dame.

Ce dernier titre, seul, suffit pour attester toute une existence de dévouement, d'abnégation et de charité.

Léon MARTIN

L'homme dont nous venons d'écrire le nom en tête de cette notice, est un esprit bienfaisant et organisateur.

Léon-Antoine Martin est né le 26 avril 1833, à Manosque (Basses-Alpes).

Ses actes d'humanité sont nombreux et ne demandent qu'à être signalés, c'est là leur plus bel éloge.

Tout d'abord, Léon Martin prit la part la plus active à la fondation de la Crèche du quartier des Quinze-Vingts, comme trésorier de l'œuvre et ensuite comme vice-président; il la soutint souvent de ses deniers, jusqu'au moment où elle fut reconnue comme établissement d'utilité publique. Cette œuvre, qui est aujourd'hui propriétaire du local où elle est installée et qui a coûté quarante-cinq mille francs, reçoit plus de dix mille enfants par an, et permet ainsi aux mères de travailler dans les ateliers pour subvenir aux besoins de leurs bébés.

L'homme de mérite dont nous nous occupons a contribué aussi comme trésorier à la fondation de la Caisse des écoles du 12ᵉ arrondissement; cette caisse vient en aide aux enfants qui, sans les secours qu'elle donne, ne pourraient fréquenter les écoles.

La bienfaisance de Léon Martin est connue de tous. En effet, combien de gens infirmes, de vieillards et d'enfants malades n'a-t-il pas placés dans des maisons de secours ou de convalescence! Aux soutiens de famille, il a toujours procuré instantanément le travail nécessaire pour subvenir aux plus pressants besoins de leurs enfants ou de leurs parents âgés.

Pendant la guerre de 1870-1871, quoique marié et dispensé par l'âge, il partit comme volontaire dans les compagnies de marche et resta, jusqu'à la signature de l'armistice, aux postes avancés, dans les tranchées de Noisy et de Bondy. Pour ses services en face de l'ennemi, aux diverses attaques que son bataillon eut à soutenir, Léon Martin fut proposé pour la médaille militaire et pour la croix de la Légion-d'honneur.

Intelligence fine et logique dans le devoir, Léon Martin est membre du Bureau de bienfaisance, du Conseil d'hygiène, de protection des enfants du premier âge, inspecteur des écoles communales, et de plusieurs Sociétés de bienfaisance.

En outre, il a été médaillé au Concours agricole du département de Seine-et-Marne, pour travaux exécutés dans l'agriculture, à laquelle il a apporté de grandes améliorations.

Enfin, Léon Martin a reçu la médaille d'argent de la Société d'encouragement au bien pour nombreux services rendus à l'humanité.

TISSERON PÈRE

Quoique prenant parfois des formes discrètes, le bien, par sa nature, aime à se répandre. Nous n'en voulons pour preuve que la vie de l'homme d'élite auquel nous consacrons spontanément ces lignes.

Né à Issoudun (Indre), le 5 novembre 1818, Tisseron manifesta de bonne heure une intelligence vive, une foi ardente dans l'honneur, l'amour du travail, de l'ordre et un cœur généreux.

Tous les actes qui caractérisent son existence ne tiendraient pas dans notre livre. Citons-en donc seulement quelques-uns :

A peine au début de cette existence de luttes qu'on appelle la vie sociale, Tisseron eut la douleur de voir ses parents ruinés par un faux ami d'enfance auquel ils s'étaient confiés.

Le Commandement de Dieu qui prescrit d'honorer son père et sa mère ne fut pas un vain mot pour Tisseron. Aussi remercia-t-il la Providence de lui accorder le doux et rare privilége de se voir, à 25 ans, le soutien de ceux à qui il devait le jour.

Sa plume et son courage furent ses uniques ressources pour soutenir son dévouement filial, — et il le soutint si vaillamment, qu'après trente-trois années, il se manifeste encore dans toute son ardeur.

Mais son amour du bien ne devait pas avoir, en Tisseron, que ses parents pour objet.

Un jour, dans le faubourg Saint-Martin, il rencontre une dame de son pays, parfaitement élevée, appartenant à une famille riche, mère de quatre enfants, et qui avait voulu se fixer à Paris.

Cependant, le malheur avait tellement poursuivi cette dame dans sa ville natale, qu'elle manquait de l'argent nécessaire pour retirer des Messageries les effets et les meubles peu nombreux qu'elle avait pu sauver du désastre; comme elle, ses pauvres enfants allaient manquer de pain et d'abri!

Tisseron s'empressa de calmer l'anxiété de cette mère éplorée, et sécha ses larmes en l'aidant à nourrir sa petite famille et en lui fournissant les moyens de recouvrer les objets dont elle avait besoin.

Relégués dans un grenier, les quatre enfants couchaient dans des paniers d'où, tous les matins, ils se retiraient les membres cruellement endoloris. — De concert avec sa digne épouse, Tisseron recommanda chaleureusement cette intéressante famille au pasteur, aux notables de sa Paroisse, et aux sœurs de charité; de plus, madame Tisseron mit ses bijoux en loterie pour compléter une somme destinée à placer la fille aînée, jusqu'à 21 ans, dans un ouvroir de Troyes — dont elle sortit, plus tard, pour devenir une bonne épouse et une bonne mère.

Les autres enfants, par l'économie et le travail, parvinrent aussi à chasser la gêne de leur intérieur.

Mais, ce ne fut pas tout.

Le frère de la dame dont nous venons de parler était également tombé, par suite de revers inouïs, sous les griffes de l'indigence. Après de fortes études, il avait été reçu avocat; puis il était entré, comme gérant dans un grand établissement industriel; mais les affaires étant devenues très-mauvaises, le chef de l'établissement fut obligé de se séparer de son intelligent et probe employé.

Quelques années plus tard, le jeune avocat n'ayant pas trouvé, malgré son talent et son bon vouloir, de travaux rémunérateurs, eut l'immense douleur de se voir en face d'un dénûment complet. Sa famille était menacée de mourir de faim, et toutes les portes restaient fermées pour l'avocat courageux. C'est alors que Tisseron arriva dans cet intérieur désolé, à l'instant où, peut-être, par un coup de désespoir, comme hélas! on en voit tant, la pauvre famille allait dire un éternel adieu à la terre! — Sans tarder, Tisseron s'empressa de venir, pécuniairement, au secours d'un si grand malheur; puis il donna des travaux à l'avocat, son compatriote, jusqu'au jour où ce dernier devint un des employés supérieurs d'un ministère. L'employé supérieur est riche aujourd'hui, et ses enfants, très-honorables, sont parfaitement mariés et établis.

Le général marquis d'Espinay Saint-Luc était l'ami intime de Tisseron. Connaissant le bon cœur de ce héros humanitaire, le général vint le trouver pour lui recommander un digne prêtre qui ne voulait plus rester dans un pays où son frère avait encouru une condamnation politique. Cet ecclésiastique avait brusquement quitté sa province pour venir à Paris, avec la pensée qu'il lui serait facile de se faire admettre dans l'une de ses nombreuses paroisses; il eut préféré la mort à la vie dans un endroit où son frère venait d'être condamné pour idées subversives.

A la demande du général d'Espinay, Tisseron courut à l'archevêché de Paris; s'adressa à l'abbé Bautain, alors promoteur du diocèse, et lui expliqua le but de sa visite.

L'abbé Bautain répondit à Tisseron :

— « Savez-vous, Monsieur, que pour être admis dans le Clergé de la capitale, il faut prouver préalablement que l'on possède une rente de quinze cents francs au moins? »

— « Puisqu'une question financière seule, répondit Tisseron, s'oppose à l'admission de mon protégé, s'il n'a pas cette rente, je la lui procurerai. »

L'abbé Bautain admira cette réponse concluante et pria Tisseron de lui envoyer, au plus vite, le digne prêtre.

Aujourd'hui, cet ecclésiastique est très-estimé dans la paroisse Notre-Dame-des-Victoires.

Narrons un autre acte d'humanité :

Un père, habitant une commune de Seine-et-Oise, possédait trois enfants en bas âge. Ce père se livrait à des excès de boisson et aux suites fâcheuses qui en résultent presque toujours. La femme de ce père partageait son ignoble passion ; bien plus, elle se livrait à une mauvaise conduite ; bref, elle quitta ses enfants et le toit conjugal pour s'abandonner aux plus coupables désordres.

M. et madame Tisseron passaient, chaque année, le temps de leurs vacances dans la commune de Seine-et-Oise que nous avons précédemment désignée.

Désolés de voir des enfants voués au vagabondage et plongés dans une misère complète, M. et madame Tisseron résolurent de les sauver de la honte. Après s'être entendus avec des âmes charitables, ils placèrent les pauvres petits êtres qui, aujourd'hui, gagnent leur vie et sont honnêtes.

Terminons la série des œuvres de bienfaisance de Tisseron, — et nous en passons, — par un fait palpitant d'émotion :

Un vieillard étranger, décoré de plusieurs ordres, et dans le plus affreux dénûment, vint trouver notre philanthrope et lui dit :

— « Monsieur, je m'adresse à vous parce que je sais que vous êtes bon et que vous n'avez jamais refusé votre aide aux malheureux. Je suis un négociant de la Sardaigne, que des désastres commerciaux ont obligé de fuir sa patrie. Je suis arrivé à Paris avec mes quatre enfants, et, en peu de jours, j'ai été réduit à la plus complète indigence. Aujourd'hui même, je voulais en finir avec la vie, car demain je n'aurai pas d'abri si je ne paie pas ce que je dois à mon hôtel. Il m'est dû beaucoup d'argent à Turin ; veuillez donc, si vous me croyez sincère, prendre en pitié ma position momentanée.

Je ne vous parlerai pas de ma reconnaissance, ce serait vous ôter le mérite d'une bonne action; mais, sauvez-moi et je vous bénirai ! »

Profondément ému, Tisseron répondit au vieillard :

— « Je ne connais ni votre religion, ni les motifs de votre dénûment; mais, à mes yeux, vous avez besoin et mes principes me font un devoir de soulager le malheur, dans la mesure de ma fortune, partout où il se trouve; venez donc vite avec moi? »

Tisseron conduisit alors le vieillard chez plusieurs de ses amis, qui se cotisèrent en sa faveur, cotisation dont le protecteur fournit une grande partie; puis il habilla son protégé, lui acheta un petit mobilier, lui confia quelques travaux et, en un mot, le sauva physiquement et moralement de la misère et peut-être de la mort.

Nous devons ne pas omettre ici un fait très-important que nous tenons d'un ami intime résidant à Lyon, et qu'il nous est agréable de signaler aujourd'hui à l'admiration des hommes de cœur.

Tisseron, depuis 21 ans, s'est volontairement engagé à verser, *annuellement*, à la Compagnie d'assurances *la Générale*, la somme de TROIS CENT VINGT-NEUF francs, afin de constituer une rente viagère et annuelle de MILLE francs à une famille des plus estimables et des plus éprouvés. — Ce fait, rare à notre époque si froidement égoïste, dispense de tout commentaire.

On le voit, d'après ce qui précède, Tisseron est réellement un homme de bien. Mais, en lui, la grandeur du cœur n'exclut pas celle de l'intelligence.

L'œuvre principale de la vie intellectuelle de notre Bienfaiteur de l'humanité consiste dans une production littéraire qui lui a valu d'unanimes félicitations. Cette œuvre qui est encore, sous plus d'un rapport, un exemple de bien, a pour titre : *les Annales historiques*. Fondées en 1844, les *Annales*, ornées de superbes portraits gravés sur acier, et de belles armoiries, forment un ouvrage considérable, qui est arrivé à son 49ᵉ volume in-folio. Cette collection a vu passer, dans ses pages, toutes les illustrations des Chambres législatives, de la Noblesse, de l'Épiscopat, de la diplomatie, de l'administration, de l'armée, de la magistrature, des sciences, des lettres, de l'agriculture, de la haute industrie et des beaux-arts.

La Presse parisienne et départementale, à différentes reprises, a recommandé cette publication consciencieuse et utile à l'attention des hommes sérieux.

Au mois d'avril 1870, Tisseron père reçut la grande médaille d'or que la Société des Belles-Lettres de Paris lui décerna, sur le rapport de M. Bretonneau de Moydier, lauréat de plusieurs Sociétés savantes.

De plus, le directeur-fondateur des *Annales historiques* est chevalier-officier de l'Ordre du Nichan-Iftikar; président d'honneur des Chevaliers-Sauveteurs-Médaillés des Alpes-Maritimes, membre honoraire de l'Institut protecteur de l'Enfance, etc., etc.

A ces différents témoignages d'estime, il faudrait en joindre de plus nombreux, qui sont adressés chaque jour à M. Tisseron. Sa volumineuse correspondance, en effet, est riche en titres d'éloges que sa modestie oublie volontiers, quand il s'agit d'apprécier les qualités des autres. Nous tenons de la gracieuse bienveillance de son fils, qui est son dévoué et intelligent collaborateur, une lettre qui nous semble résumer parfaitement l'existence si laborieuse de ce vaillant fils de ses œuvres. Elle lui fut adressée, il y a quelque temps à peine, par l'une des notabilités du véritable monde aristocratique :

« Monsieur le directeur, lui écrit cette notabilité, j'ai
» l'honneur de vous accuser réception du magnifique
» 48ᵉ volume des *Annales historiques* de 1878 que vous

» venez de m'envoyer, et dont la rédaction a été inspirée
» par de très-nobles sentiments. Vous attachez votre nom à
» une œuvre utile, en honorant dans vos ouvrages les belles
» et bonnes actions; vous excitez ainsi, par des exemples
» frappants, les jeunes générations à suivre les saines et
» fortifiantes traditions... »

Telle est la carrière de Tisseron père, ce doyen infatigable des biographes, qui n'a jamais reçu que des éloges justement mérités par une constante fidélité à sa devise :

« Les nobles exemples sont des primes d'encouragement
« pour le bien »

Jules MÉOT

Jules-Jean-Baptiste Méot est né à Wassy-sur-Blaise (Haute-Marne), le 2 novembre 1834.

Son père, Pierre Méot, décédé à l'âge de 83 ans, après 54 ans de services militaires et administratifs, c'est-à-dire plus d'un demi-siècle consacré à son pays, a laissé à son fils un patrimoine d'honneur que ce dernier saura conserver intact et transmettra à sa famille.

Les premières années de Jules Méot s'écoulèrent paisiblement, et nous le trouvons secrétaire de la Conférence de saint Vincent de Paul, à l'âge où les plaisirs prennent généralement la plus large part de l'existence.

Après des études sérieuses, il embrassa la carrière des armes, et en 1858, lorsque le général Espinasse fut appelé au ministère de l'intérieur, Méot fut chargé de diriger les transportés politiques sur la province d'Oran. Dans ces fonctions délicates, il sut mériter l'estime et la considération même de ses ennemis.

La guerre de 1870 retrouva Jules Méot marié et père de famille. Mais, à nos premiers désastres, il n'écouta que son patriotisme et, comme lieutenant dans la légion des corps francs Lafont-Mocquart, il assista à la bataille de Sedan.

Refoulé sur le territoire belge, il y resta interné jusqu'au mois de janvier 1871, où il rentra en France. Alors, traversant les lignes prussiennes, il se rendit à Bordeaux et se mit à la disposition du Gouvernement de la Défense nationale ; mais les désastres successifs qui arrivèrent, le rendirent à sa famille inquiète et désolée.

C'est dans cette famille que nous le voyons, depuis huit ans, se multiplier en bonnes œuvres.

Jules Méot est Membre bienfaiteur d'un grand nombre de Sociétés de sauvetage et d'humanité.

Le Docteur Emile HAUREGARD

Le docteur Emile Hauregard appartient à une famille de savants qui ont rendu, dans différentes contrées de l'Europe, d'immenses services à la science médicale.

Son père et son grand-père étaient docteurs médecins; ils honorèrent leur profession par un grand savoir et de véritables qualités.

C'est du docteur Joseph Hauregard, père de l'homme dont le nom est en tête de cette Notice, qu'un écrivain a dit, il y a quelques années :

« Heureux le corps médical de Paris s'il ne se recrutait jamais que de médecins qui ressemblassent à celui-là ! »

Joseph Hauregard, en effet, malgré sa clientèle nombreuse et distinguée, considérait moins la médecine comme une profession destinée à l'enrichir que comme un ministère destiné à le rendre utile aux classes pauvres.

Animé de l'esprit de charité, il se mit à donner, chez lui,

des consultations gratuites, et c'est ainsi qu'il devint la Providence du pauvre.

Quand le choléra de 1832 fit invasion à Paris, Joseph Hauregard ne reposa ni jour, ni nuit, et déploya tant de dévouement dans les plus terribles circonstances, qu'il fut l'un des premiers à qui fut décernée la médaille frappée pour honorer et perpétuer le dévouement des médecins de Paris.

Que vouliez-vous que mit au monde un homme de science doué d'un cœur et d'une âme aussi complets que ceux du docteur Joseph Hauregard ?

Un cœur et une âme aussi complets que les siens !

Donc son fils, Emile Hauregard, est digne en tous points de son père, à cette différence près qu'il est plus vaillant encore, car son dévouement se développe d'autant plus qu'est grande, à notre époque, l'ingratitude humaine.

Emile Hauregard est né à Paris en 1839; il a été reçu docteur à la Faculté de la première ville du monde, en 1867.

Après une lutte ardente, à l'aide du travail intellectuel, contre la routine; après avoir grandi son âme au contact de toutes les souffrances de la terre, Emile Hauregard est arrivé à son but de dévouement, c'est-à-dire que, négligeant l'ambition, il a tracé sa voie vers la charité.

Aujourd'hui, il est médecin du Bureau de bienfaisance, médecin inspecteur des enfants en bas âge, membre du Conseil d'hygiène, etc., etc., et sur sa poitrine brille la croix de bronze qu'il a si courageusement gagnée dans les ambulances du champ de bataille de la guerre franco-allemande.

Pour avoir donné ses soins à plusieurs sujets tunisiens, il a été décoré, dernièrement, par S. M. le bey de Tunis, de l'Ordre du Nichan-Iftikar.

Nous avons vu à l'œuvre le docteur Emile Hauregard, et il nous est permis d'affirmer que d'autres peuvent être ses égaux en dévouement et en charité, mais que nul plus que lui n'a droit de figurer dans nos grands Bienfaiteurs de l'humanité.

Jean-Baptiste PONCET

Peintre d'histoire et graveur, Jean-Baptiste Poncet est né à Saint-Laurent-de-Mûres (Isère). Son goût pour le dessin se développa de très-bonne heure, sans boussole, dans la marche de ses études, qu'il commença pour entrer dans les ordres, car il voulait être prédicateur dominicain.

Sa famille, sans vouloir cependant entraver son goût pour ses études, le poussait vers le commerce. Elle en aurait fait volontiers un armurier. Le hasard en fit un dessinateur pour soieries dans une grande maison de Lyon. Comme cela ne remplissait pas son idéal, il modelait à ses heures de loisirs les bustes de ses camarades ou ciselait des armes de luxe. Puis il devint élève du Conservatoire, joua le drame, la comédie et même la tragédie. Ligier et Samson, à plusieurs années d'intervalle, l'encouragèrent dans cette dernière voie. Il n'en fit rien pour ne pas chagriner sa famille et continua à demander au commerce les frais de son existence.

A 20 ans, étant soldat du génie, il se fit remarquer par ses aptitudes pour le dessin linéaire et fut employé avec les officiers de l'Ecole d'application de Metz pour la levée des plans ; il excellait dans la topographie, était adoré de ses chefs et eut fait un excellent officier du génie. Mais son goût le poussait vers la peinture, et alors il fit des portraits à la mine de plomb qui le hissèrent à l'art qu'il rêvait.

Etant soldat du génie, nous le voyons, à l'Ecole des beaux-arts de Lyon, remporter, en 18 mois, le 1er prix de dessin d'après nature, le 2e prix de peinture, et le *Laurier d'or*, 1er prix de peinture, sur des concurrents de dix années.

C'est alors qu'il se fait remplacer, il avait 24 ans.

Mais Poncet n'avait plus qu'une idée : Paris, voir Paris la ville des grandes luttes et des tournois artistiques

Il arriva dans la capitale du monde au moment de l'Exposition universelle de 1855, avec des lettres de recommandation pour entrer dans l'atelier Cogniet; mais déjà ses yeux se tournaient vers Rome, et se souvenant qu'il avait remporté deux prix de gravure en deux ans, lui qui n'avait jamais pris une seule leçon de gravure, il songeait à se présenter au concours de Rome pour la gravure.

A ce moment, le hasard lui fit rencontrer Hyppolite Flandrin, qui l'invita à lui soumettre ses études; ce qu'il s'empressa de faire. Parmi les feuilles apportées de Lyon par J.-B. Poncet étaient deux épreuves de concours de gravure. Flandrin les trouva de son goût et voulut s'attacher de suite leur auteur pour lui faire buriner son admirable frise de saint Vincent de Paul. Deux essais furent accomplis; Flandrin les agréa et résolut de confier ce gigantesque travail à J.-B. Poncet : car ce travail, disait-il, lui perdait la vue.

Devant une telle entreprise, J.-B. Poncet entrevit que de longtemps il ne pourrait plus peindre, car il avait pu étudier le caractère du grand artiste et il l'aimait déjà.

Il déclina l'honneur de cette grande tâche; mais le maître comprit la réserve de l'élève et s'attacha le jeune homme pour travailler avec lui à ses peintures.

Là commença réellement la vie artistique de J.-B. Poncet.

On ne pouvait peindre, à l'église Saint-Germain-des-Prés, qui est très-sombre, durant les trois ou quatre mauvais mois d'hiver. Pendant ces mois, Flandrin peignait les admirables portraits que tout le monde connaît; son jeune élève en profitait pour travailler aussi pour le salon; il commença par exposer son portrait, celui de mademoiselle Solange (artiste de l'Odéon), et quelques études d'un dessin où l'on sentait sous quel maître il étudiait.

En 1861, Jean-Baptiste Poncet exposait une *Toilette de Phryné* et un jeune *Joueur de flûte au bord de la mer*, dont la Presse parla beaucoup.

Le jury décerna une 3e médaille à l'auteur de ces trois œuvres. Ce succès le sacrait artiste.

En 1863, il exposait le portrait de son maître, Hyppolite Flandrin, qui est aujourd'hui au Musée de Lyon.

En 1864, il exposa son propre portrait et un *Orphée sur le mont Rhodope* qui lui firent très-grand honneur. La Presse se montra fort élogieuse pour J.-B. Poncet, et Théophile Gautier, le critique par excellence, loua, dans son style fleuri, ces deux œuvres et conclut en disant que Flandrin signerait volontiers ces toiles de l'élève qui le continuait si bien.

Une 2e médaille couronna ses efforts et son *Orphée* fut acheté par l'État pour un Musée; enfin la gloire semblait sourire au jeune artiste... Malheureusement, son maître venait de mourir, laissant ses grands travaux inachevés.

Avant son départ pour Rome, Flandrin, qui n'avait pas renoncé entièrement au désir de faire graver une de ses grandes œuvres par son élève favori, lui avait fait entreprendre diverses planches des compositions que l'on exécutait sur les murs de la nef de Saint-Germain-des-Prés. Quelques planches étaient terminées, ou à peu près, lors du départ de Flandrin. Deux de ces gravures parurent au salon de 1865 et valurent une 1re médaille à leur auteur.

Depuis lors, J.-B. Poncet n'a plus quitté le burin et la pointe, et il a poursuivi courageusement son travail long et aride, malgré des difficultés sans nombre.

Il a terminé, à cette heure, les deux grandes planches de l'Entrée de Jésus a Jérusalem et de la Montée au Calvaire, et de plus quinze planches de la nef, parmi lesquelles nous citerons : l'Annonciation, le Buisson ardent, Adam et Ève chassés du paradis, la Naissance de Jésus, l'Adoration des mages, Balaam annonçant l'étoile, le Bap-

TÊME DU CHRIST DANS LE JOURDAIN, le PASSAGE DE LA MER ROUGE, la CÊNE, ABRAHAM ET MELCHISÉDECH BÉNISSANT LE PAIN ET LE VIN; nous oublions volontairement beaucoup d'autres travaux qu'il serait trop long de citer.

Quel graveur de nos jours, excepté l'auteur de l'hémycicle de Paul Delaroche, possède à son actif un pareil butin! Aucun. Cependant, J.-B. Poncet n'a pas manqué un seul salon de peinture, et toujours il y apporta le contingent d'œuvres indiquées par le règlement.

C'est ainsi que nous avons admiré de lui les portraits du président de Quevauvillers, Hyppolite Flandrin, du docteur Fauvel, de Gondinet, de Mounet-Sully, de M. de Fourcaud (du *Gaulois*), etc., etc.

Enfin, cette année, J.-B. Poncet a fait pour le salon une DÉPOSITION DE CROIX, et une JEUNE FILLE ÉTUDIANT SON RÔLE TRAGIQUE.

. . . .

Et maintenant, amis lecteurs, vous allez me demander pourquoi j'ai placé la notice d'un artiste célèbre parmi les notices consacrées aux *Bienfaiteurs de l'Humanité*.

La raison en est bien simple. J.-B. Poncet a épousé une des plus gracieuses artistes qui appartinrent au théâtre de l'Odéon.

L'union de deux artistes de cœur a toujours produit un piédestal de marbre sur lequel repose la charité en statue d'or.

Il nous a été défendu expressément de révéler tous les actes d'humanité et de bienfaisance accomplis par M. et madame Poncet; je me venge en ne parlant que du peintre de talent; ai-je tort?

Le Docteur CHAMBARD

Le docteur Chambard, dont on parle beaucoup en ce moment pour les services scientifiques qu'il rend au monde des arts et des lettres, est né le 1er janvier 1820, à Villeurbanne (Rhône).

Après avoir fait ses études à Lyon, il vint à Paris, prit toutes ses inscriptions à la Faculté de médecine de cette dernière ville et y fut reçu docteur.

Nous ne dirons pas qu'il eut des succès comme collégien et comme étudiant en médecine; le sérieux de sa vie les atteste suffisamment.

Mais, à côté de l'homme de science, existe l'homme de l'humanité, que nous allons peindre en deux mots.

L'amour du bien a toujours guidé le docteur Chambard dans sa carrière médicale, et les pauvres et les souffrants ont toujours eu ses préférences.

Pendant vingt ans, il a servi les Bureaux de bienfaisance; pendant trente ans, il a donné ses soins aux artistes malheureux et, au lieu d'exiger des honoraires, il leur a souvent ouvert son porte-monnaie.

A Paris, le docteur Chambard est médecin des bureaux de bienfaisance, médecin de la Société des Gens de Lettres, vice-président de l'Institut protecteur de l'Enfance, officier d'Académie, et chevalier de l'Ordre du Sauveur de Grèce, pour avoir sauvé la vie au premier médecin de Sa Majesté Hellénique.

Enfin, le docteur Chambard a cela de particulier : qu'il se rend plus volontiers chez le souffrant que la misère accable que chez le riche qui peut le combler d'or et de faveurs.

Le Docteur C. SURVILLE

Nous avons à retracer ici une vie toute de travail et de dévouement.

A l'aide de la science de Mesmer, Clovis Surville a rendu d'immenses services dans la Haute-Garonne ; les uns l'ont blâmé, les autres l'ont loué de s'être servi du somnambulisme appliqué à la médecine ; nous ne voulons pas savoir de quel côté est la raison ; dans tous les cas, comme nous le disons plus haut, le nombre de ses services est immense.

Clovis Surville est né à Gratens (Haute-Garonne), le 18 février 1835 ; son père, cultivateur modeste, laborieux et intelligent, sut lui inculquer de bonne heure les qualités et les principes qui forment un homme de cœur.

Dès l'âge de six ans, le petit Clovis dénota qu'il serait un esprit studieux, en ne craignant pas de franchir, matin et soir, les six kilomètres qui séparaient l'école communale de la maison paternelle.

A l'âge de quatorze ans, son père étant tombé malade, Clovis se jugea indispensable à ne plus le quitter ; se mit résolument à l'œuvre, et remplaça l'auteur de ses jours dans les travaux les plus pénibles de la ferme.

Nous avons dit que Clovis cultivait le mesmérisme ; nous allons le voir, pour la première fois, agir d'une façon sérieuse.

Vers cette époque de sa vie, son père, alors âgé de soixante ans, était atteint, depuis une dizaine d'années, d'une douleur sciatique compliquée d'une paralysie locale. Il avait consulté bien des médecins, suivi bien des traitements et était allé tous les ans prendre les eaux ; rien n'y avait fait, son état s'en aggravait plutôt.

Enfin, son mal était devenu chronique et à l'état si aigu

qu'il ne pouvait plus qu'avec beaucoup de peine traverser sa chambre, de son lit à la cheminée. Depuis six
ou sept mois, il ne pouvait presque plus se remuer, maigris-
sait encore et souffrait des douleurs intolérables. Son fils,
désolé de le voir dans cette triste situation, voulut mettre
au service de son père la science qu'il avait déjà acquise,
et lui proposa d'essayer de le guérir par le magnétisme.
Antoine Surville y consentit. « — Mais, cependant, lui dit son
fils, comme je n'ai jamais essayé la puissance magnétique
sur aucun malade, si, par hasard, tout en voulant vous guérir, je vous rendais plus malade encore, que diriez-vous ? »

— « Mon enfant, lui répondit son père, je suis si malade,
je souffre tant, que je ne demande plus qu'une chose : mourir ou guérir ! J'ai foi en toi et en la science que tu étudies ;
nous sommes unis par la même volonté, ce qui constitue la
base de l'influence magnétique ; opère-moi donc, et je suis
convaincu que tu me guériras ! Du reste, quoi qu'il arrive,
je te pardonne d'avance ! »

Ce fut le 1er mai 1856 que Clovis Surville entreprit la cure
de son père par le magnétisme.

Il est inutile, ici, d'entrer dans tous les détails de ce premier traitement ; qu'il nous suffise de dire qu'au bout de
deux mois, par le seul fait de l'influence magnétique, la guérison était complète. Les douleurs avaient disparu ; les forces étaient revenues, et toutes les autres fonctions s'exécu-
taient d'une façon admirable. Ajoutons encore que, depuis
cette époque, jamais Antoine Surville n'éprouvait plus rien
de ce qui le faisait tant souffrir auparavant.

En quelques années, la réputation de Clovis Surville,
comme guérisseur magnétisant, s'étendit ; on vint le trouver
de toutes parts, d'autant plus que le médicament ne coûtait
pas plus cher que le médecin. Clovis était soldé par la joie
qu'il éprouvait de voir les malades guéris ou soulagés.

C'est alors, en 1858, à l'âge de vingt-deux ans, que notre

jeune savant commença ses études de médecine. Après quatre années d'un travail opiniâtre, il fut diplômé, et s'établit à Toulouse.

L'existence tout entière de Clovis Surville est surtout dans le zèle de ses belles actions ; il est cependant quelques faits que nous croyons devoir publier.

A l'âge de dix-sept ans, en 1852, il sauva un de ses amis, Jean Sauvestre, qui se noyait ; et l'année suivante, il sauvait encore un enfant de dix ans qui était entraîne par un courant rapide.

En 1855, le courageux jeune homme abattit un chien enragé qui allait causer de nombreux malheurs ; la même année, il abattit encore un taureau furieux qui labourait le corps d'un homme avec ses cornes.

Durant l'été de 1859, un propriétaire du nom de Rogé, qui allait disparaître sous une barque, ne dut son salut qu'au courage de Clovis Surville.

Les années 1862 et 1865 comptent encore trois sauvetages à l'actif du disciple de Mesmer.

Ce n'est pas tout ; Clovis Surville a accompli un grand nombre d'actes de probité.

Citons entre autres :

Au mois d'août 1866, il trouva un médaillon en or qui renfermait des valeurs précieuses, plus précieuses encore que le médaillon ; il chercha longtemps et ardemment le propriétaire de ces valeurs, le trouva et lui rendit le trésor intact.

En 1874, Clovis Surville venait de guérir la famille de M. Paul Thomas, rentier à Toulouse. En reconnaissance du service rendu, M. Paul Thomas fit au docteur un legs de 20,000 francs. Clovis Surville refusa ce legs.

Nous pourrions raconter encore beaucoup d'autres faits méritants pour le docteur, ne fut-ce que le porte-monnaie

de la dame Marie Razat, qui contenait une somme importante, et qui fut trouvé et restitué à son possesseur.

Concluons : La probité unie au courage sont les deux
grandes vertus d'un Bienfaiteur de l'humanité.

Auguste LELEU

La vie que nous allons raconter est toute de sacrifice et de
dévouement.

Auguste Leleu est né en 1838, à Caudebec-en-Caux (Seine-
Inférieure). Il fut élevé par une mère qui, restée veuve avec
plusieurs enfants, gagnait à peine de quoi leur donner du
pain.

Presqu'enfant, et aussitôt que ses forces le lui permirent,
Auguste se mit à travailler courageusement pour venir en
aide à sa mère.

Mais hélas ! l'excès de travail le fit tomber malade, et il
dut entrer à l'hôpital.

En sortant de l'asile de la souffrance, Auguste Leleu,
pouvant à peine se tenir debout, entra au service de M. de
Florelle, receveur d'enregistrement à Caudebec-en-Caux.

Sa bonne volonté et l'exactitude de sa loyauté lui acqui-
rent la sympathie de tous, et, pour lui manifester son con-
tentement, M. de Florelle le plaça chez son beau-père, le
vice-amiral Laplace, alors préfet maritime à Brest.

Bien que la position devînt supérieure pour Auguste
Leleu, il éprouva du chagrin, car il lui fallait quitter son
pays et toutes les habitudes de famille ; c'est égal, dans la
pensée d'être plus utile aux siens en améliorant leur situation de loin, Auguste Leleu entra chez le vice-amiral
Laplace, qui, bientôt après, remerciait son gendre du cadeau
qu'il lui avait fait dans un homme qui, d'une honnêteté

exceptionnelle, avait écarté le désordre et le gaspillage inhérents aux grandes maisons.

Dans sa nouvelle position, Auguste Leleu perdit sa mère; néanmoins, avec le fruit de son travail, il continua à soutenir une sœur et des nièces en bas âge; bien plus, une de ses cousines, qui travaillait à Paris et était tombée malade, manifesta le désir de retourner dans sa famille. A peine cette cousine était-elle transportable; mais Auguste Leleu prit tant de précautions, et déploya tant de cœur, que la pauvre cousine put revoir sa famille; huit jours après elle était morte. Auguste Leleu montra aussi un jour qu'il aurait pu être sauveteur.

C'était en 1858, une explosion de gaz venait d'avoir lieu et les flammes, s'élevant au plafond, commençaient à faire craindre un grand danger.

A cette vue, Auguste Leleu dresse une échelle; cette échelle s'affaisse sous lui; il est blessé et grièvement brûlé; qu'importe, il redresse l'échelle et, malgré sa blessure, il parvint à saisir le tuyau du gaz, l'écrase, puis enfin il vient à bout d'éteindre l'incendie qui se propageait.

Seul et sans l'aide d'aucun maître, Auguste Leleu apprit à lire et à écrire d'une façon correcte, et à acquérir les connaissances usuelles d'histoire et de géographie; pour accomplir ce travail, il prit sur son sommeil, et appréciait tant le savoir que, depuis, lorsqu'il rencontrait une victime de l'ignorance, il sacrifiait tous ses instants de repos pour donner la lumière intellectuelle à ceux qui ne la possédaient pas.

C'est un exemple fort rare dans les temps que nous traversons, que celui d'un homme qui, parti d'une condition inférieure, sans aide et par la seule force de la persévérance, adjointe à la plus parfaite probité, parvient à se créer une instruction chèrement achetée, et à conquérir l'estime de ses égaux et de ses supérieurs.

Le comte de PORRY

MEMBRE ET LAURÉAT DE PLUSIEURS SOCIÉTÉS SAVANTES

L'amour de l'humanité peut s'exercer de différentes manières, parce qu'il fait appel à tous les sentiments sublimes. Ici, c'est le courage qui ne connaît pas d'obstacles lorsqu'il faut arracher un être humain à la mort ; là, c'est un cœur discret et généreux, qui essaie d'atténuer, par des dons volontaires, les privations de la pauvreté.

Nous aimons encore à saluer, de notre légitime admiration, ces intelligences d'élite dont les œuvres fécondes accusent, à chaque page, le zèle qui les anime pour enseigner aux hommes le culte du bien.

Tel se présente à nous l'écrivain, objet de cette notice ; il est du nombre des hommes de mérite qu'on rencontre dans le calme d'une laborieuse solitude ; les fièvres morales, qui agitent le siècle, leur sont inconnues, et les regrets d'une existence mal dépensée ne viennent jamais troubler leur conscience. Ce sont des sages ; leur philosophie calme vaut mieux que le thème des impatients de toutes sortes ; esprits justes, cœurs bons et droits, ils restent fidèles à leur foyer, cultivant l'honneur des aïeux et les vertus humaines, qui sont le plus beau lot du patriotisme.

Antoine-Marie-Eugène, comte de Porry, naquit en 1829 ; il eut pour père le comte Antoine de Porry, et pour mère la descendante d'une ancienne famille d'Aix, Claire d'Estienne de Bourglion ; la Maison, dont il représente la branche aînée, est originaire de Lombardie. Les troubles qui désolèrent l'Italie, à l'époque de la rivalité des Guelfes et des Gibelins, furent cause de son émigration. La Provence reçut cette Maison et devint pour elle, depuis le XIVe siècle, comme une seconde patrie. Le chef actuel de ce rameau est Gilbert, marquis de Porry, qui vit encore près du berceau de ses ancêtres.

Cette antique Maison possède des preuves authentiques qui permettent d'établir sa noblesse et attestent une filiation non interrompue depuis la première Croisade. Il appert de ces différents documents qu'Othon Porro dei Porri, chevalier banneret, se distingua au siège d'Iconium en Palestine, où il fut grièvement blessé en voulant défendre l'empereur Frédéric Barberousse; les historiens allemands et italiens ne sont pas moins explicites sur ce fait que les historiens français. Disons aussi que plusieurs membres de cette famille ont rempli les premières fonctions de la République de Lucques; en 1562, l'un d'eux se conduisit avec valeur au siège de Sisteron, que gagna le comte de Suze sur le baron de Montbrun, — il était alors capitaine d'une compagnie de gens de pied. Mais revenons au gentilhomme que nous avons hâte de faire connaître à nos lecteurs.

Le comte Eugène de Porry s'est adonné, fort jeune, aux études littéraires et philologiques. L'intéressante comparaison des langues entres elles l'ayant également séduit, il fut désireux d'apprendre, outre les langues classiques, sans lesquelles il n'est pas de véritable culture, l'allemand, l'anglais, l'espagnol, l'italien; il n'oublia pas, non plus, les idiomes slaves et le russe, dont il a traduit plusieurs ouvrages. Témoin, dans sa jeunesse, du grand mouvement intellectuel qui précéda et suivit la Révolution de 1830, le comte de Porry appartient à cette poétique génération qu'inspirèrent les Muses.

On comprendra aisément que, dans son ardeur pour les études sérieuses, le comte de Porry se soit interdit des fonctions publiques; elles auraient pu enlever à son âme le calme jaloux de l'étude, et faire retentir jusqu'à son oreille attendrie des accents sans écho sur sa lyre attristée. Tout entier au double silence du dehors et du foyer, il a composé des œuvres dont l'énumération atteste la profondeur de l'esprit, la variété des connaissances, la facilité de la diction et la persévérance du travail. Mentionnons donc toutes ces œuvres, — car le comte de Porry doit les considérer comme ses plus précieux trésors... Ne sont-elles pas les filles de sa pensée et de son cœur !

URANIE, poëme mystique ; LES AMOURS CHEVALERESQUES, poëme ; RICHELIEU, drame historique ; l'ITALIE DÉLIVRÉE, poëme historique ; LINDA, légende ; FLEURS DE RUSSIE, poëme traduit du russe ; ECHOS DU VOLGA, nouvelles russes.

Dans leurs ANNALES HISTORIQUES ET NOBILIAIRES (44ᵉ volume), MM. Tisseron ont porté, sur les derniers ouvrages du comte de Porry, le jugement suivant :

« N'est-ce donc pas faire l'éloge de M. Eugène de Porry que dire : Qu'évitant l'écueil d'une tâche ingrate, il a su mettre en relief sa propre valeur de poëte et de littérateur, en donnant la grâce de notre langue à des poésies et à des contes russes qui offrent, d'ailleurs, un véritable intérêt de descriptions locales, mais qui n'ont pas, pour nous, l'attrait que nous demandons à nos auteurs et que nous sommes habitués à trouver chez eux. LES FLEURS DE RUSSIE, surtout, présentent de grandes beautés ; la versification en est énergique, riche et éclatante. MM. de Pongerville et Prosper Mérimée, de l'Académie française, ont chaleureusement apprécié les qualités poétiques et littéraires de M. le comte de Porry. »

Nous nous faisons un véritable plaisir de citer un remarquable passage du poëme URANIE, qui contient la réfutation du panthéisme ; on y trouve, en peu de vers, l'objection des adversaires et la réponse à leur système :

O mortels fascinés par un songe risible,
Où le trouverez-vous ce Grand-Etre invisible ?
Il est devant vos yeux cet éternel Grand-Tout ;
Si sa forme varie, en lui tout se résout ;

Dieu luit dans le soleil, verdit dans le feuillage,
Rugit dans le volcan et tonne dans l'orage,
Fleurit dans nos jardins, murmure dans les eaux,
Soupire mollement par la voix des oiseaux,
Et colore des airs les tissus diaphanes ;
C'est lui qui nous anime et qui meut nos organes ;
C'est lui qui pense en nous, tous les êtres divers
Sont lui-même ; en un mot, ce Dieu, c'est l'univers.

Quoi ! Dieu se manifeste à lui même contraire !
Il est brebis et loup, tourterelle et vipère !
Il devient, tour à tour, pierre, plante, animal :
Sa nature combine et le bien et le mal,
Parcourt tous les degrés de la brute à l'archange !
Eternelle antithèse, il est lumière et fange !
Il est vaillant et lâche, il est petit et grand,
Véridique et menteur, immortel et mourant !...
Il est, en même temps, oppresseur et victime.

De nombreuses récompenses sont venues honorer les œuvres du comte Eugène de Porry ; en autres, nous devons signaler la grande Médaille d'or qui leur a été accordée par le Collége international des Arts et Belles-Lettres de Milan.

Comme littérateur, le comte de Porry appartient à de nombreuses Académies françaises et étrangères ; à Paris, il a été l'un des fondateurs de la Revue française.

Le comte Eugène de Porry est de ces intelligences supérieures dont on peut dire : les grands esprits et les grands cœurs arrivent seuls à des destinées glorieuses.

Et maintenant, chers lecteurs, vous allez me demander pourquoi j'ai placé le comte Eugène de Porry dans les Bienfaiteurs de l'humanité ?

Voici ma réponse.

Cet éminent homme d'esprit et de cœur a accompli, dans sa vie, un grand nombre d'actes d'humanité et de dévouement, que sa modestie nous empêche de révéler.

De plus, j'ai lu ses œuvres, — elles m'ont rendu meilleur ; lisez-les à votre tour, chers lecteurs, et vous deviendrez bons. — N'est-pas là un vrai Bienfaiteur de l'humanité !

D'AGNIÈRES

Aimé-Éloi-Constant Bouton d'Agnières, généalogiste-héraldiste de l'Académie héraldique royale d'Italie, est né en 1844, à Lunel (Hérault).

Il appartient à l'une des plus anciennes familles de la noblesse de chevalerie d'Artois, ayant eu hauts fiefs et seigneuries.

Nous ne dirons rien des armoiries de la Famille d'Agnières pour ne pas entraver le récit de la Biographie intéressante que nous commençons ; elles se trouvent dans tous les nobiliaires.

Quoi qu'il en soit, nous ne pouvons nous empêcher de dire que, d'après d'Hozier, l'homme dont nous nous occupons descend des célèbres ducs de Bourgogne, les *Jean de Bouton*, dont il a le nom patronymique et qui ont figuré dans les premières Croisades, avec honneur et distinction, et dont le nom vaut à lui seul un blason.

A l'âge de 16 ans, Aimé d'Agnières fut envoyé par son père, officier de la Légion d'honneur et l'un des meilleurs officiers supérieurs de santé du service militaire, dans les principales villes de France, telles que Marseille, Nîmes, Lyon, Thionville, Montpellier, Béthune et Paris ; dans ces villes, il fit, pendant quatorze années, des études littéraires, scientifiques, archéologiques et généalogiques très-sérieuses qui lui ouvrirent la carrière des historiens et des hommes de lettres distingués, et surtout celle de généalogiste héraldiste - paléographe - sigillographe, membre de l'Académie d'Italie.

Aimé d'Agnières est l'auteur de l'*Armorial spécial de France*, ouvrage enrichi de superbes illustrations, qui a eu un grand succès dans le monde élégant et près des Cours étrangères, et qui a été agréé par M. le Ministre de l'Instruction publique et par les principales Bibliothèques des villes de France, ainsi que par S. M. l'Empereur du Brésil, qui, en audience privée, en 1877, a félicité l'auteur.

Exempt du service militaire en 1864, Aimé d'Agnières se trouvait à Metz en août 1870. Lors de la déclaration de guerre à la Prusse, il s'engagea volontairement dans les francs-tireurs, assista à divers engagements sous Metz et fit le service des avant-postes.

Après la capitulation, sur sa demande et comme prisonnier de guerre, il obtint de faire un service actif dans les Ambulances, et, pour ce fait, il gagna la Croix de bronze de la Société de Secours aux blessés et la Médaille insigne des Volontaires de 1870-1871, présidée alors par le général de Cissey, ministre de la Guerre.

Depuis, le Volontaire-Héraldiste a eu occasion de se faire remarquer dans maintes circonstances où la vie de ses semblables était exposée au feu, au fer et au poison.

Oui, il s'est exposé souvent, et s'est toujours dérobé aux félicitations et aux questions qui pouvaient lui être adressées; en effet, tout en se livrant à ses intéressantes études généalogiques, et, de plus, à ses travaux militaires comme officier au 20e régiment territorial, il a su saisir des heures qu'il a consacrées à l'humanité.

Aussi, en récompense des services qu'il a rendus et des travaux littéraires qu'il a rédigés, Aimé d'Agnières a-t-il été nommé de différentes Sociétés humanitaires, d'Instituts et d'Académies. Citons.

Aimé d'Agnières est :

Président d'honneur des Sauveteurs de l'Aube et de Nice ; membre perpétuel des Sauveteurs de la Seine ; président d'honneur des Volontaires de la Croix-Rouge ; président d'honneur des Sauveteurs de Rouen et d'Elbeuf, et de l'Institut de Jérusalem, Mont-Réal-Malte ; vice-président d'honneur des Sociétés de sauvetage de l'Oise, du Rhône, des Hospitaliers d'Afrique, de la Croix-Rouge de Belgique ; officier d'honneur des Sauveteurs Bretons et de l'Aude ; Chevalier-Sauveteur de Marseille et d'Italie ; chevalier de l'Ordre Constantinien de Saint-Georges, Président d'honneur des Sauveteurs de la Nièvre.

Il est en outre :

Membre et Lauréat de la Société protectrice des Animaux ; membre titulaire de la Société d'archéologie de France, de la Société des langues romanes, de la Société des poètes ; membre des Instituts philotechnique, Universel du Progrès, protecteur de l'Enfance, sous le patronage du Saint-Père ; dignitaire de la Croix-Rouge d'Angleterre, etc., etc.

En 1877, une récompense académique avait été promise à Aimé d'Agnières, par le Ministre de l'Instruction publique, pour son remarquable ouvrage historique ; mais le ministre n'a fait que passer, sans quoi il n'eût pas oublié l'auteur savant de plusieurs ouvrages de littérature, de poésie et d'archéologie.

Aimé d'Agnières a été décoré, en mars 1878-79, de l'Ordre du Mérite civil et militaire, de 1re classe, de la République de Saint-Marin, et a été autorisé, par la grande Chancellerie de France, à recevoir et à porter cette distinction, en vertu de Lettre patente de la Régence, pour lui témoigner la gratitude de ce pays.

Le Collége académique-héraldique et scientifique de Milan lui a décerné sa Médaille d'argent pour son Œuvre nobiliaire.

Enfin, Aimé d'Agnières a fondé, récemment, un Prix d'encouragement au bien, qui porte son nom, et qui sera décerné, annuellement, dans un grand nombre de Sociétés de sauvetage ou humanitaires. — Ce Prix est composé de la 1re classe (or), de la 2e classe (argent) et de la 3e classe

(bronze) ; il est suspendu à un ruban blanc avec ces mots :
Au mérite.

Dans sa séance solennelle de mars 1879, le Président Féraud, fondateur des Chevaliers-Sauveteurs des Alpes-Maritimes, a décoré son drapeau du 1er prix d'Agnières.

Madame GRIBEAUVAL

Il existe à Saint-Denis (Seine), une modeste sage-femme
qui a déjà obtenu plusieurs médailles municipales pour
actes de dévouement.

Cette modeste sage-femme se nomme : Mme Gribeauval.

Elle mérite de figurer dans notre livre spécialement pour
un fait patriotique et courageux, digne d'être signalé.

C'était en 1870, pendant le siége de Paris ; la variole faisait de grands ravages dans le département de la Seine, et
l'épidémie était plus considérable encore parmi la garnison
de la ville de Saint-Denis et des forts qui l'environnent.

Mme Gribeauval, qui savait par expérience que la vaccine
est le seul antidote contre la variole, comprit quel devoir
elle allait avoir à remplir.

Dès le début du Siége, elle acheta, de ses économies, cinq
génisses auxquelles elle inocula le vaccin. Sa tentative réussit parfaitement, et la modeste sage-femme vaccina, par
compagnies à la fois, toute la garnison de la ville et des
forts.

Mais la brave Mme Gribeauval ne se borna pas aux soldats, elle vaccina les élèves de la Légion d'honneur, les
élèves de la Compassion, l'orphelinat de Saint-Denis, les
ouvriers des ateliers, et tous les indigents de la ville.

Enfin, grâce aux cinq génisses, qui furent mangées dans
les derniers jours du siége, Mme Gribeauval rendit un ser-

vice national à l'arrondissement de Saint-Denis, — bien
mieux, à la France, — en lui conservant de nombreux défenseurs.

Depuis quinze ans, la modeste sage-femme, qui est pauvre,
soigne son mari malade et entièrement à sa charge.

Bien plus encore, depuis trente-cinq ans, Mme Gribeauval
accouche et soigne gratuitement toutes les filles-mères, et
bien souvent leur donne des layettes pour leurs enfants.

Voilà des faits qui mériteraient une haute récompense !

ENTRAYGUES

La famille Entraygues, originaire du *Rouergue*, et qui porte
un des plus beaux noms de la France méridionale, vint se
fixer, au seizième siècle, dans l'arrondissement de Brive-la-
Gaillarde, ancienne Province du Limousin, et mérita toujours l'estime générale pour son honorabilité bien connue.

Comme toutes les honnêtes et remarquables intelligences,
la famille Entraygues, quoique issue d'une antique race, ne
dédaigna pas de se lancer dans le commerce et de lui rendre
d'importants services.

En 1840, elle fonda à Brive un immense établissement qui
comportait, dans ses magasins, tous les produits du pays,
tels que : cire, genièvre, vins, peaux de chevreau, grains,
farines, truffes, noix, etc. ; de plus, elle créa une fabrique
d'étoffes, ainsi qu'une usine pour la fabrication des huiles
dont elle expédia des quantités considérables destinées au
graissage des métiers de tissage de Lyon et de Saint-
Étienne ; en outre, elle créa le négoce de noix blanches
(dites Marbeau), et fut la propagatrice d'un important dé-
bouché dont elle dota le pays, et qui est encore aujourd'hui
une grande source de revenus.

Enfin, après les événements de 1848, la famille Entraygues vint s'établir à Paris, dans le quartier des Halles, et y créa une maison spéciale affectée à la vente des conserves alimentaires de toutes sortes, fabriquées dans la remarquable usine de Brive-la-Gaillarde.

Le dernier vivant de la famille dont nous venons de parler est né à Brive (Corrèze), le 19 octobre 1829; il se nomme Jean Entraygues.

Dès l'âge de dix-huit ans, désirant améliorer la préparation du pain, il parcourait la France pour étudier les différents systèmes de panification.

Après avoir fait campagne, comme militaire au 6e régiment de ligne, il prit la suite des affaires de son père, et devint un des plus sérieux négociants parisiens. Doué d'une intelligence et d'une énergie peu communes, il introduisit promptement un grand nombre d'utiles améliorations dans la délicate industrie des conserves alimentaires, et l'Académie nationale lui décerna son Diplôme d'honneur, pour un travail manuscrit qui traitait de la manière d'éviter les falsifications.

Pour prouver que Jean Entraygues a su donner à sa maison de commerce une réputation universelle, nous dirons qu'il a reçu beaucoup de Mentions honorables, et trente médailles, dont deux en or, deux en argent et une en bronze, décernées par le Ministre de l'Agriculture et du Commerce.

Et, pour terminer le blason commercial de Jean Entraygues, nous ajouterons qu'il est officier de l'Ordre de Santa-Rosa, et chevalier de l'Ordre du Nichan-Iftikhar.

Parlons maintenant de sa vie privée.

Quelque temps avant la guerre de 1870-1871, un brave sous-officier perd sa femme et reste dans la misère avec une fille et deux garçons, tous trois en bas âge. Que fait Entraygues ?... Il adopte la petite fille, place l'aîné des garçons en pension, et aide encore le père et son troisième enfant.

Pendant la guerre franco-allemande, Jean Entraygues se souvient qu'il a été soldat ; il paie de sa personne et de sa bourse et, en même temps qu'il combat aux remparts ; il donne abondamment, aux ambulances et aux cantines, de l'argent et des vivres, ne songeant qu'à faire le bien et à le bien faire.

Arrive la Commune.

A la manifestation de la place Vendôme, le 22 mars 1871, alors que les blessés tombaient de tous côtés, on retrouve Jean Entraygues au moment du danger. Au péril de sa vie, n'écoutant que son cœur et son courage, il s'élance au milieu des balles, relève les blessés et les transporte dans des maisons hospitalières, où seize victimes reçoivent les premiers soins.

Dans une autre circonstance, le 28 octobre 1876, Jean Entraygues, fidèle à ses principes de rigoureuse probité, s'est empressé de remettre à son propriétaire un portefeuille contenant deux mille francs et trouvé devant le Théâtre-Lyrique.

En outre des récompenses que nous avons citées plus haut, l'excellent homme dont nous nous occupons a été nommé président d'honneur, ou membre d'honneur de quarante Sociétés philanthropiques, tant en France qu'à l'étranger ; il a reçu un Prix de la Société d'instruction et d'éducation populaire ; il a été lauréat de la Société d'encouragement au bien, des Sauveteurs de la Seine et des trois Sociétés d'ambulances militaires. Enfin, le 13 octobre 1878, il a été nommé officier d'Académie, pour services rendus à l'instruction publique.

Un dernier mot sur Jean Entraygues.

Partout où se trouve une bonne œuvre à faire, une belle action à accomplir, on le trouve toujours au premier rang ; il ne marchande pas avec sa peine, encore moins avec sa bourse, et jamais un appel ne lui a été fait en vain.

Sa digne compagne, madame Entraygues, Dame patronesse de plusieurs bonnes œuvres, a reçu, de la municipalité de son arrondissement, une médaille d'argent pour son dévouement et sa charité.

SCHNEIDER

A propos de l'homme dont nous nous occupons ici, un correspondant impartial nous envoie la lettre suivante :

« Jules Schneider, né en Belgique, est âgé de 50 ans environ.

» Je ne sais vraiment pas comment pas vous décrire tout le bien qu'il a fait et fait encore chaque jour. — Mais résumons :

» Pendant les longs jours du bombardement de Paris par les Prussiens, bombardement qui commença le 3 décembre 1870, Jules Schneider mit au service de l'armée assiégée les dix bâtiments qu'il possédait, afin que l'on pût y placer les blessés militaires et civils, parce que les obus prussiens pleuvaient dru sur les hôpitaux.

» Le généreux philanthrope avait, pour sa part, cent cinquante militaires à soigner ; le reste était partagé entre les sœurs de charité et les Ambulances volontaires.

» Après le siége, les pharmaciens présentèrent leurs notes et furent tous payés.

» Les pauvres habitants des mansardes allèrent loger dans les caves de Jules Schneider, et chacun bénissait le bienfaiteur désintéressé ; car les vins de sa cave comme l'or de son porte-monnaie, tout était au service de ses chers hôtes.

» Quand Paris fut débloqué, si un étranger quelconque un voyageur malheureux disait à Schneider : « Il me faudrait tant pour regagner mon pays », Schneider ouvrait encore son porte-monnaie et le voyageur s'éloignait le cœur plein de reconnaissance. »

De ce qui précède, nous concluons :

Jules Schneider est un homme de bien.

SEMPÉ

François Sempé, né à Cologne (Gers), le 10 février 1830, descend, en droite ligne, de l'ancienne et noble famille de Sempé, *alias* de Saint-Pé.

Ancien élève en médecine et en pharmacie des Facultés de Paris et de Montpellier, François Sempé habite la capitale depuis plus de vingt ans et, pendant ce laps de temps, on a pu constater son dévouement aux œuvres de bienfaisance, aux progrès scientifiques, ainsi que son ardent amour pour l'humanité.

Par ses travaux intellectuels, il a contribué au développement des idées morales, — car il a publié tour à tour : 1º un ouvrage sur l'hygiène physique et morale de l'homme, de la femme et de l'enfant ; 2º le petit Journal de la famille — et aussi divers articles scientifiques et humoristiques.

François Sempé exerce la médecine et la chirurgie dentaires avec un désintéressement digne d'éloges et, depuis dix-neuf ans, il soigne et opère, sans rétribution, les jeunes apprentis de la Société des *Amis de l'Enfance.*

Nous savons pertinemment que la jeunesse de notre héros a subi des privations nombreuses, et cependant malgré les difficultés de la vie contre lesquelles il luttait, il avait le courage de faire des économies pour concourir au soulagement des enfants et des vieillards nécessiteux.

Pendant le siège de Paris, en 1870-1871, François Sempé

a aussi manifesté beaucoup de dévouement à l'égard des blessés; malgré sa mauvaise santé, il passait des nuits au chevet des souffrants, dans les ambulances, et surtout dans *l'ambulance du Sauveteur*. — Pendant ce mémorable siége, également, quand un défenseur de Paris se présentait à son cabinet, pour des soins ou des opérations, jamais il ne lui était demandé d'honoraires.

A la même époque, c'est-à-dire le 30 octobre 1870, à quatre heures du soir, rue de Paris à Belleville, Sempé sauvait, dans un incendie, un enfant de cinq ans, infirme, enfermé seul et à clé dans un logement; le pauvre petit être avait mis le feu au mobilier en jouant avec des allumettes.

D'après ce que nous venons de dire, on comprendra facilement que la Société d'Encouragement au bien ait décerné au docteur Sempé, en 1877, une médaille et un diplôme d'honneur.

François Sempé a reçu la croix de bronze de la Société française de secours aux blessés; l'exposition internationale de 1873-1874 lui a décerné également, pour ses produits hygiéniques, une médaille et un diplôme d'honneur.

Enfin, depuis près de vingt ans, François Sempé est membre titulaire de l'Association scientifique de France, de l'Institut protecteur de l'Enfance, et un nombre infini de Sociétés savantes et humanitaires l'ont admis avec éclat dans leur sein.

BENNER

Gaspard Benner est un notable commerçant de Mulhouse, — ville dans laquelle il est né en 1832, — et un véritable bienfaiteur de l'humanité.

En 1870-1871, il a défendu pied à pied le sol alsacien contre l'ennemi, et il donnait à pleines mains (historique) les fonds nécessaires aux nombreuses Ambulances de Mulhouse.

C'est un homme courageux et, pendant nombre d'années qu'il a été sapeur-pompier dans la ville que nous venons de citer, il s'est distingué dans tous les incendies.

Bref, à Mulhouse, Gaspard Benner, par les nombreux services qu'il a rendus, est synonyme de *bienfaisance*.

Charles FRANÇOIS

Né à Paris le 23 octobre 1821, Charles-Emile François est artiste peintre de beaucoup de talent, et ancien professeur de dessin.

Secrétaire du baron Taylor, Charles François est secrétaire aussi de toutes les Associations de secours mutuels qui ont été fondées par cet illustre Philanthrope.

Membre titulaire ou honoraire de presque toutes les Sociétés artistiques, humanitaires et de Sauveteurs, il a pu, en raison de ses fonctions, rendre de nombreux services qui sont dignes de la reconnaissance de tous.

Pour ses œuvres comme artiste peintre, et pour ses services humanitaires, Charles François a été nommé :

Officier d'Académie, officier du Nichan-Iftikar (de Tunis), et chevalier de l'Ordre du Christ, de Portugal.

L'abbé GAUDIN

L'abbé Gaudin est chanoine de la Cathédrale de Vannes, aumônier des Sauveteurs bretons, pour la section du Morbihan, et a été trente ans secrétaire de l'Evêché de Vannes.

A son Avoir humain, il possède un grand nombre de belles actions ; mais, sur notre demande de nous détailler ces belles actions, M. l'abbé Gaudin nous a simplement répondu :

« Si j'ai fait quelque bien, ce n'est pas à moi de le dire ; d'ailleurs, je crois n'avoir accompli que mon devoir : Dieu veuille que je l'aie bien rempli ! »

C'est bien le moins que les hommes honorent celui que Dieu doit récompenser un jour !

ARNOLD

Né le 26 février 1826, Aron Arnold est un enfant de Phalsbourg, c'est-à-dire un héroïque Lorrain qui a opté pour la France, au deuxième arrondissement de Paris, après nos désastres de 1870.

Oui, il a opté pour la France, parce qu'il s'y était attaché, depuis de longues années, par les services humanitaires même qu'il rendait aux Français.

Par la pratique de son art modeste, et dans lequel il est passé maître, Arnold a su se faire rechercher par les riches, lorsque, lui-même, il avait une tendance à rechercher les pauvres et les souffrants.

De grands hôpitaux l'ont attaché à leur Dispensaire, et, à l'hôpital James de Rothschild, on l'estime et l'on a foi en lui.

Arnold fait partie aussi de nombreuses Sociétés humanitaires, entr'autres la Société de secours mutuels et de bienfaisance, dite des « Enfants de Japhet » (jeunes gens israélites de Paris).

Les services que Aron Arnold a rendus à cette société sont appréciés d'une implicite façon par le rapport qui a été fait, sur lui, par le président des Enfants de Japhet.

Ce rapport conclut ainsi :

« Je ne puis mieux terminer ce rapport qu'en remerciant chacun des membres du Bureau du concours qu'il m'a prêté pour l'administration de la société pendant l'année qui vient de s'écouler, et particulièrement notre deuxième vice-président, M. Aron Arnold, qui, par suite de la démission du premier vice-président, s'est trouvé chargé de tout ce qui concernait cette fonction ; je n'ai, moi, qu'à lui adresser mes éloges et mes remerciments ; mais la Société lui doit beaucoup d'obligations, non-seulement pour ce fait, mais pour la manière digne et empressée avec laquelle il visite nos malades et remplit les fonctions dont il est chargé. »

BARREAU

Victor Barreau est couvreur-zingueur, à Corbeil.

Il a accompli beaucoup de belles actions, courageuses et humanitaires.

Ces belles actions l'ont fait nommer membre des Sociétés suivantes :

Les Sauveteurs de la Seine ;

Le Prix de la valeur française ;

Le Sou du Bon Dieu ;

L'Institut protecteur de l'Enfance, etc., etc.

Eugène ENFONCE

Fondateur-rédacteur en chef du journal *le Lycéen*, Eugène Enfonce, né à Paris, est un publiciste distingué.

Membre de plusieurs Sociétés philanthropiques, il est aussi lauréat de plusieurs Sociétés littéraires.

Sergent-fourrier des Volontaires pendant la guerre 1870-1871, Eugène Enfonce s'est signalé à Buzenval et a été cité à l'ordre du jour de sa compagnie.

GHEZZI

M. Ghezzi est, depuis vingt-huit ans, consul à Alger, ville dont il a fait sa patrie d'adoption.

Nous sommes heureux de rendre hommage à cet homme de bien, qui s'est efforcé toujours de se rendre utile à ses semblables en général, et, en particulier, aux milliers d'individus que ses fonctions officielles ont fait recourir à ses soins.

AUBA

Auba, de Cognac, est un ancien militaire et un ancien matelot.

Comme soldat, il a fait la campagne du Mexique, et, à Belfort, la campagne contre l'Allemagne; il a été blessé, au fort des Barres, par un éclat d'obus.

Dans sa vie privée, Auba a accompli un grand nombre de bonnes actions; mais nous sommes obligé de ne pas les détailler, car Auba trouve qu'il n'en a pas fait assez, puisqu'il nous écrit:

« Pardonnez-moi de ne pas vous donner mes notes biographiques, mais la Providence ne m'a pas permis de me dévouer assez à mes semblables, comme tel a toujours été mon désir. »

A P P E N D I C E

SAUVETEURS ET BIENFAITEURS

APPENDICE

SAUVETEURS ET BIENFAITEURS

Le comte MONIER DE LA SIZERANNE [1]

Monier de la Sizeranne (le comte Paul-Jean-Ange-Henri), ancien sénateur du second Empire, naquit à Tain (Drôme), le 11 pluviôse an V (30 janvier 1797), d'une famille qui, seule et dernière alliée de celle des Chastaing de la Sizeranne, l'une des plus anciennes du Dauphiné, fut autorisée, par ordonnance royale, à en porter le nom.

Étant restée veuve, quoique jeune encore, sa mère, femme d'un esprit supérieur, s'attacha à lui donner une excellente éducation. Elle choisit un précepteur distingué, qui l'instruisait sous ses yeux. Tous ses soins tendirent à développer simultanément les facultés physiques, intellectuelles et morales de ce fils, qui conserva jusqu'à son dernier jour, avec le souvenir de cette abnégation et d'une sollicitude ingénieuse à tout prévoir, le plus grand respect et la plus vive tendresse pour cette mère incomparable.

La nature s'était montrée prodigue envers M. de la Sizeranne ; non-seulement elle l'avait doué des plus rares qua-

---

[1] Nous croyons être agréable à nos lecteurs en reproduisant, dans notre livre, l'intéressante Biographie du comte Monier de la Sizeranne, — biographie que nous empruntons au 49ᵉ volume des *Annales historiques*, rédigées par MM. Tisseron père et fils, avec autant de talent que d'impartialité. TURPIN DE SANSSAY.

lités du cœur et de l'intelligence, mais encore elle avait ajouté à ses dons la force et la beauté du corps.

Né avec des dispositions si heureuses, il fut facile à sa mère, aussi tendre qu'éclairée, d'imprimer une bonne impulsion aux facultés d'un tel enfant. Elle lui inspira, avant tout, des sentiments chrétiens et l'éleva dans des principes de morale qui en firent un homme d'un grand mérite et d'un beau caractère. Il joignait à une rectitude de jugement remarquable, un savoir solide et étendu; mais ce qui le distinguait surtout, c'était une scrupuleuse loyauté: son honneur n'a jamais subi la plus légère atteinte; jamais l'ambition ni le désir d'acquérir des richesses ne l'engagèrent dans des voies douteuses. Il conserva toujours l'indépendance la plus complète, vis-à-vis du Pouvoir et ne compromit, en aucun temps, son nom dans les spéculations industrielles, aux époques mêmes où la fièvre des entreprises de tous genres s'était emparée de la nation. Homme du monde, il apportait dans ses relations une courtoisie qui devient, chaque jour, plus rare. On ne pouvait guère résister aux séductions de son esprit si vif, si animé, si sympathique.

En 1815, M. de la Sizeranne, qui avait à peine terminé ses études, fut admis dans les gardes-du-corps de Louis XVIII. Il était fort jeune et voyait s'ouvrir devant lui un avenir plein de promesses, lorsqu'une fracture du bras droit, qui lui rendait le maniement des armes difficile, l'obligea à renoncer, bien malgré lui, à la carrière militaire. Il avait su s'attirer l'estime de ses chefs et comptait dans la compagnie de Gramont, dont il faisait partie, autant d'amis que de camarades. En les quittant, il reçut, de chacun d'eux, les marques de regrets les plus flatteuses.

Revenu à Tain, le roi Louis XVIII, sur la proposition qui lui en fut faite, le nomma capitaine aide de camp du comte d'Urre, général inspecteur des gardes nationales de la Drôme. Il conserva ce grade jusqu'au licenciement des états-majors de cette arme, c'est-à-dire jusqu'au 30 septembre 1818.

Le 5 novembre de l'année suivante, M. de la Sizeranne eut la douleur de perdre sa mère vénérée.

Grand propriétaire, l'administration de ses biens le mettait en relations avec beaucoup de ses compatriotes. Ceux-ci ne tardèrent pas à apprécier ses hautes qualités. Ils lui confièrent en plusieurs circonstances, même avant qu'il n'eût atteint l'âge mûr, le soin de leurs intérêts. C'est ainsi que ses concitoyens de Tain et de Tournon, voulant établir un pont sur le Rhône, le choisirent pour leur mandataire général; non-seulement il réalisa leur vœu, qui avait été celui de tant de générations précédentes, mais encore il eut la satisfaction d'aider de ses conseils et d'appuyer de ses démarches un homme de génie qui ne pouvait faire admettre une des conceptions les plus utiles et les plus hardies de notre siècle, si fécond en grandes découvertes. M. Marc Séguin, neveu de l'illustre de Montgolfier, présentait vainement à l'acceptation des conseils du ministère des travaux publics, son projet d'établir sur les fleuves les plus rapides et dans les lieux les plus inaccessibles, des ponts suspendus à l'aide de fils de fer tressés en corde. Les corps savants ne voulaient pas reconnaître la force de résistance de ces câbles. « Et alors, — dit M. de la Sizeranne, — les plus sinistres prédictions n'épargnaient ni l'invention, ni l'inventeur. » Les habitants de Tain et de Tournon eurent confiance dans les calculs de l'ingénieur, que l'Institut s'honora depuis de compter au nombre de ses membres correspondants. Le premier pont de ce genre qui ait été construit en France est précisément celui qui existe entre les deux villes que nous venons de citer.

Quelque temps après, M. de la Sizeranne était encore chargé, par les principaux propriétaires des environs de Beausemblant, de demander la concession d'un pont en fils de fer sur le Rhône entre Andancette et Andance. Ils voulaient faciliter les communications du nord de la Drôme avec l'Ardèche, au point le plus rapproché d'Annonay, la première ville industrielle de la contrée. Leur jeune mandataire obtint cette concession, et quoique les conditions en fussent peu avantageuses, il fut, néanmoins, donné suite au projet. Car si ceux qui en poursuivaient la réalisation s'imposaient des sacrifices, ils avaient du moins la satisfaction de rendre un immense service à leur pays.

En 1829, les propriétaires de vignes et les négociants en vins de sa ville natale prièrent encore leur compatriote de porter devant les Chambres leurs justes réclamations contre les impôts excessifs et vexatoires auxquels il étaient assujettis. M. de la Sizeranne étudia la question sous toutes ses faces, et rédigea un mémoire qu'il fit imprimer et distribuer aux membres des Assemblées délibérantes. Il s'agissait de la modification d'un système de contributions produisant à l'Etat 110 millions. Le mémoire, écho de souffrances réelles, renfermait des faits révoltants, et fixa l'attention des économistes. M. de la Bourdonnaye, ministre de l'intérieur, adressa à son auteur une lettre autographe, dans laquelle il promettait d'examiner les plaintes des pétitionnaires de la Drôme ; mais les Chambres ne furent pas appelées à s'occuper de la question.

Pensant qu'on ne pourrait pas étouffer sa voix quand il parlerait au nom de six millions de Français, propriétaires ou cultivateurs de vignes, négociants en vins ou débitants de boissons, M. de la Sizeranne convia les Sociétés d'agriculture et ceux qui, comme lui, possédaient de grands vignobles, à lui prêter leur concours. Un Comité fut institué à Paris. Il se composait de délégués des contrées viticoles, porteurs d'un mandat régulier. C'étaient, pour la plupart, des hommes distingués par leur naissance ou leur mérite.

Fondé en 1829, le Comité exista jusqu'en 1831. M. de la Sizeranne en fut élu président. Il se mit aussitôt en rapport avec le Gouvernement et avec les Chambres. Des Commissions administratives et législatives furent nommées pour l'examen de la révision, si énergiquement réclamée, des impôts indirects. Malgré les orages parlementaires et la Révolution qui ne devait pas tarder à éclater, des améliorations furent apportées au système si odieux de ces contributions.

Les 17 et 19 octobre 1830, une loi provisoire fut promulguée qui, entre autres dispositions, stipulait que l'abonnement serait substitué à l'exercice en faveur de tous les débitants qui en feraient la demande. Les 12 et 15 décembre de la même année, le droit d'entrée sur les boissons fut supprimé dans les villes au-dessous de 4,000 âmes. Le droit à la vente en détail ne fut plus perçu qu'à raison de 10 pour 100. Les droits de circulation, de consommation et d'entrée furent réduits, conformément à des tarifs annexés à cette loi. Les Conseils municipaux eurent la faculté de voter la suppression de l'exercice dans l'intérieur des villes et de le remplacer, soit par une taxe unique aux entrées, soit par tout autre mode de recouvrement. Ces améliorations avaient leur importance à une époque où les vins, consommés sur place, étaient très-dépréciés, et où les droits étaient, dans certaines contrées du Midi, supérieurs à la valeur de la denrée.

Pendant que M. de la Sizeranne s'occupait de poursuivre tant d'affaires sérieuses, il ne négligeait pas l'étude des lettres, à laquelle il ne cessa jamais de s'adonner. Il y trouvait un charme et un attrait qui, dans sa longue carrière, firent une heureuse diversion aux soucis de sa vie publique. Nous aurons donc à l'apprécier comme homme politique et comme littérateur.

Quelque temps après sa sortie des gardes-du-corps, il avait

fait représenter, avec succès, sur le principal théâtre de Lyon, une tragédie en cinq actes et en vers : *Virginie*. Bien que le public eût accueilli, avec faveur, sa pièce de début, il ne se croyait pas le talent nécessaire pour réussir dans la littérature dramatique. Il dit lui-même, dans une préface fort intéressante, que les applaudissements excités par « sa tragédie bien classique et bien romaine, » ne l'avaient pas empêché de se rendre justice. Il aurait, sans doute, renoncé à écrire pour le théâtre, si les conseils d'Alexandre Duval, auteur d'un grand nombre de comédies estimées, ne l'avaient fait changer de résolution. Voici en quelles circonstances : Il était lié d'une étroite amitié avec ce poëte. Mlle Mars ayant fait des difficultés pour prendre un rôle de jeune négresse, dans une pièce qu'Alexandre Duval avait tirée d'*Ourika*, roman de Mme la duchesse de Duras, M. de la Sizeranne proposa au célèbre académicien de faire représenter sa comédie à Tain, par des personnes de la société, capables d'interpréter convenablement son œuvre. Duval accepta et vint lui-même présider aux répétitions. La comédie fut jouée avec un talent qu'il ne s'attendait pas à rencontrer chez des artistes amateurs. Son jeune ami avait, pour compléter la représentation, improvisé un lever de rideau, qui révélait chez son auteur une certaine entente du théâtre. Cette saynète, dialoguée avec entrain, plut beaucoup à Duval. — « Lisez nos moralistes, lui dit-il, faites de la comédie, et vous ne vous en repentirez pas. » Ces paroles décidèrent tout à fait de la vocation littéraire de M. de la Sizeranne, en l'engageant à aborder, de préférence, le genre auquel se prêtait le mieux sa plume facile et légère.

Deux mois après, il vint trouver à Paris le célèbre auteur, avec une pièce en trois actes et en vers, dont La Bruyère lui avait fourni le sujet : *L'Amitié des deux âges*. Lue devant le Comité du Théâtre-Français, elle fut reçue à l'unanimité des suffrages. Mlle Mars, après avoir accepté avec enthousiasme le rôle le plus important, voulait qu'un acteur, fort médiocre, mais qu'elle protégeait, eût un rôle déjà promis à un artiste d'un vrai mérite. Il n'était pas dans les habitudes de M. de la Sizeranne de revenir sur une parole donnée. La grande actrice, froissée de ce refus, compromit par tous les moyens en son pouvoir la représentation de la pièce. Elle apporta beaucoup de mauvaise volonté dans les répétitions, qui marchaient quand même. Mlle Mars finit, alors, par demander de les interrompre pour commencer celles de la *Fille du musicien*, de Schiller. M. de la Sizeranne ne voulut pas davantage consentir à cette nouvelle exigence, à ce nouveau caprice, et chargea Mlle Bourgoin du rôle que devait remplir la célèbre comédienne. La pièce fut jouée, pour la première fois, au Théâtre-Français, le 8 février 1826. Le succès dépassa toutes les espérances, justifia les prévisions d'Alexandre Duval, et, comme on l'a écrit, *il fut aussi complet qu'incontesté*. Cependant, de nouvelles cabales forcèrent à retirer de l'affiche une comédie appréciée, au moment même où tout faisait espérer une longue suite de représentations. Le critique du *Moniteur Universel* donna une analyse fort détaillée de l'*Amitié des deux âges*. Il y trouvait des scènes traitées avec talent, un style clair et naturel, une versification élégante et facile. Il constatait « l'essai d'un auteur qui paraissait chercher des succès dans le genre difficile, mais estimable, de la comédie morale... La pièce est un éloge dédié à la jeunesse, elle a été vivement applaudie par les jeunes gens. L'âge mûr a semblé faire d'assez tristes réflexions pendant la représentation. A-t-il trouvé le portrait trop ressemblant, trop fidèle, trop peu flatteur ? L'amitié du jeune âge est désintéressée et forte ; plus tard, la marche du temps en fait souvent un calcul : telle est la donnée de la pièce. »

M. de la Sizeranne, fatigué de vivre au milieu d'une atmosphère d'intrigues et de duplicité, pour laquelle il ne se senfait pas né, revint à son château de Beausemblant. Il voulait, encore une fois, renoncer pour toujours à la littérature dramatique. Mlle Mars, regrettant les ennuis et les tribulations qu'elle lui avait occasionnés, lui demanda, très-instamment, à réparer ses torts envers lui. Elle le supplia d'écrire une nouvelle pièce et lui fit promettre de puiser dans le roman de *Corinne*, en suivant le plus possible l'héroïne de Mme de Staël, un drame qui ne pouvait être que fort émouvant. De son côté, elle assurait le concours de son prodigieux talent sur la scène du Théâtre-Français. Lorsque la pièce fut terminée, lue au Comité du théâtre de la rue de Richelieu, Mlle Mars aplanit toutes les difficultés qui s'offraient et fit décider que la représentation aurait lieu dans un bref délai. Toutefois, avant que *Corinne* n'affrontât le feu de la rampe, M. de la Sizeranne fut invité à la lire chez Mme Récamier, devant Châteaubriand, Ballanche, Benjamin Constant, le duc de Broglie et toute l'élite aristocratique et intellectuelle qui se réunissait dans ce salon célèbre. Il y recueillit des suffrages plus flatteurs pour son amour-propre que les bruyants applaudissements d'un auditoire de théâtre. Du reste, les félicitations des hôtes de l'*Abbaye-aux-Bois* furent l'heureux présage du succès que ce drame devait obtenir dans la Maison de Molière. Les événements politiques de 1830 firent retarder et changer les dispositions prises. Mlle Mars, ayant rompu son engagement avec le Théâtre-Français, ne put remplir le rôle qui avait été écrit pour ainsi dire sous ses yeux. Mlle Valmonsey la remplaça, se bornant à faire preuve de beauté. *Corinne* ne parut pour la première fois à la Comédie-Française que le 23 septembre 1830.

La pièce réussit ; toutefois, l'auteur persista à vouloir garder l'anonyme, malgré les instances du parterre à demander son nom. C'était deux mois après la Révolution de Juillet, « presque toutes les réunions publiques donnaient lieu à » des manifestations de circonstance, — dit M. de la Size-

» ranne, — nul théâtre ne croyait pouvoir se dispenser de
» faire entendre à satiété, chaque soir, la Marseillaise ou la
» Parisienne, qu'une partie des spectateurs répétait en
» chœur... Au milieu de ce tohu-bohu sans cesse renaissant,
» *Corinne*, qui, par aucun côté, ne touchait à la politique,
» était évidemment un hors-d'œuvre, et je demandai qu'on
» en interrompît les représentations. »

M. de la Sizeranne fut très-intimement lié avec Alexandre
Guiraud, Soumet, Alexandre Delaville, Emile Deschamps,
etc., etc. On le comptait dans cette pléiade de poètes qui
avait à sa tête Casimir Delavigne. Leurs œuvres signalèrent
la transition entre l'école des grands siècles de la France et
celle dont Victor Hugo était le chef. Le romantisme, c'est-à-
dire la révolte complète contre toutes les vieilles traditions
de l'antiquité en matière de goût, ne trouva jamais en M. de
la Sizeranne un adepte. Les violences littéraires ne lui allaient
pas mieux que les violences politiques. Son caractère le portait non à briser, mais à apaiser et à concilier.

Ses œuvres dramatiques comprennent plusieurs autres
pièces, que le cadre restreint de cette notice ne nous permet
pas d'analyser. Les unes ont été imprimées et jouées sur des
théâtres de société, les autres sont encore inédites. Parmi les
premières, il nous reste à citer :

1° *Un Mariage au Congrès*, comédie en 3 actes et en vers,
représentée dans les salons de l'auteur, avec un succès
qu'elle aurait certainement obtenu sur une scène publique,
si un sentiment de délicatesse n'eût empêché celui-ci d'y
donner semblable retentissement. Il s'abstint même de la
publier pendant toute la durée de l'Empire, dans la crainte
de paraître avoir voulu faire acte de flatterie. « C'est, dit
» Emile Deschamps, une comédie historique, une intrigue
» compliquée, et un doux et puissant intérêt d'amour jeté
» à travers le Congrès de Vienne, qui se trouve brisé tout à
» coup par la nouvelle foudroyante du débarquement de

» l'Empereur. L'époque et les caractères sont peints de main
» de maître ; les figures de Talleyrand et de Fouché se déta-
» chent du tableau sous des noms supposés, mais en traits
» d'un relief saisissant, et les personnages tout inventés de
» Régine et d'Arthur d'Aubray, son amant, passent comme
» deux rayons de candeur et de noblesse au milieu des
» brumes épaisses de la diplomatie et des roueries de toutes
» sortes. De ces divers éléments, résulte un ensemble im-
» posant, palpitant et touchant à la fois et où le comique
» coudoie à tout moment le pathétique, sans que l'intérêt
» en soit jamais dérangé. Nous avons été on ne peut plus
» frappé des vastes dimensions et des mille détails de cette
» œuvre, et il est à remarquer que le style et la versifica-
» tion de l'auteur se sont encore élevés et fortifiés avec le
» sujet. »

2° *Cent jours après*, comédie épilogue en 3 actes et en vers,
qui n'est en quelque sorte que le complément du Mariage
au Congrès.

3° *Une Sœur*, comédie en 1 acte et en vers. « Elle fut jouée
» par des gens du monde et dans un salon où se trouvaient
» (c'est l'auteur qui nous l'apprend lui-même), des mères un
» peu rigides qui devaient y amener leurs filles. » Il s'est attaché à ne pas sortir des plus strictes convenances, en conservant à l'action tout son intérêt.

Nous ne pouvons passer sous silence les pages si
attrayantes que M. de la Sizeranne a placées en tête des
deux premières pièces dont nous venons de parler. Voici
comment Émile Deschamps les apprécie : « *L'Amitié des*
» *deux âges* et *Corinne* sont précédés de deux avant-propos
» d'une véritable importance et faits pour piquer au der-
» nier point la curiosité publique, sous les titres, le premier
» de : *Les Eaux d'Aix en* 1825 ; le second : *Une lecture à*
» *l'Abbaye-aux-Bois*. Ce sont des mémoires littéraires rem-
» plis de faits aussi attachants que peu connus, et qui feraient

« à eux seuls la fortune d'un livre. M. de la Sizeranne s'est
» naturellement trouvé en rapport avec toutes les célébri-
» tés de l'époque, et ce qu'il a recueilli de ses relations est
» relaté dans ces avant-propos de la manière la plus sédui-
» sante comme la plus convenable à la fois. On sent à toute
» page l'homme du monde sous l'homme de lettres, et
» l'homme d'une exquise délicatesse sous l'homme poli-
» tique. »

Les conseils d'Alexandre Duval et de plusieurs autres cé-
lébrités littéraires, les succès qu'il avait obtenus au théâtre
auraient pu détourner M. de la Sizeranne de la voie où il ne
tarda pas à rentrer et qui était véritablement la sienne. C'est,
en effet, comme homme politique qu'il s'est acquis un nom
qui restera illustre dans nos Annales parlementaires.

Nommé, en 1831, chef de bataillon de la garde nationale
de Tain, il eut occasion de se signaler encore et de rendre de
nouveaux services à ses compatriotes.

Après l'épouvantable épidémie cholérique qui désola la
France en 1832, il fut chargé par le Gouvernement de répartir
des secours aux communes décimées par le fléau. La croix
de la Légion-d'honneur fut la récompense du zèle et du dévouement qu'il avait apportés à l'accomplissement d'une
mission toute de désintéressement et de charité.

Il épousa, deux ans après, Mlle Alix de Cordoüe, fille du
marquis de Cordoüe, pair de France, l'un des derniers reje-
tons d'une très-ancienne famille, originaire d'Espagne. Ce
nom de l'un des descendants de Gonzalve de Cordoüe est
toujours vivant dans cette partie du Dauphiné où le marquis
a fait tant de bien, et qu'il a représentée, pendant de si longues années, aux différentes assemblées départementales et
législatives.

La compagne vertueuse que M. de la Sizeranne venait de
choisir, unissait à une rare élévation de sentiments les
grâces d'un esprit cultivé et les charmes d'une exquise dis-

tinction. Modèle de l'épouse et de la mère chrétiennes, la bonté de son cœur est restée principalement gravée dans la mémoire des habitants de Tain, de Margès et de Beausemblant, où elle fut, pendant son court passage sur cette terre, l'ange de consolation de toutes les infortunes.

Les électeurs du canton de Tain, reconnaissants envers leur compatriote des services importants qu'il leur avait rendus, le choisirent, en 1836, pour les représenter au Conseil général de la Drôme. Admis dans cette assemblée, il n'en devait plus sortir qu'au 4 Septembre 1870. Il eut l'honneur d'en présider les sessions pendant 35 années consécutives, honneur que pas un autre homme politique en France n'a partagé avec lui. Cette fois donc, il n'était plus vrai de dire : nul n'est prophète dans son pays. L'année suivante, l'arrondissement de Die l'envoya à la Chambre des députés, où il siégea au Centre gauche. S'associant activement aux travaux de cette assemblée, il se fit remarquer, notamment, dans les discussions concernant : 1º La conversion des rentes (17 avril et 5 mai 1838) ; 2º le projet d'adresse en réponse au discours du Trône (9 janvier 1840) ; 3º le travail des enfants dans les manufactures (28 décembre 1840) ; 4º les voies fluviales et les ponts suspendus (31 décembre 1840) ; 5º les fortifications de Paris (22 janvier 1841) ; 6º l'indemnité à accorder aux inondés ; en fut le rapporteur et fit élever le crédit à 1,500,000 francs (11 mai 1841) ; 7º l'adresse ; question des incompatibilités (28 janvier 1842) ; 8º l'autorisation d'un prêt de 2 millions à faire à la Compagnie de Bordeaux à la Teste (11 mars 1843) ; fut rapporteur de ce projet de loi ; 9º le projet de loi relatif à un échange d'immeubles entre l'Etat et la ville de Lyon, pour la construction d'un arsenal (4 juillet 1843) ; fut rapporteur du projet de loi ; 10º les wagons de 3e classe ; fait adopter un amendement qui interdit aux Compagnies des chemins de fer l'emploi inhumain de wagons découverts.

(On sait qu'à l'origine le voyageur de 3e classe, moins bien traité qu'un colis, était transporté dans de véritables caisses en bois, où, hiver comme été, on le laissait exposé à toutes les intempéries des saisons, 6 juillet 1843) ; 11o la discussion sur la prise en considération d'une proposition de M. de Rémusat (question des députés fonctionnaires publics (21 février 1844) ; 12o même question. Il demandait que les emplois de receveurs particuliers fussent donnés à des percepteurs et ceux de receveurs généraux à des receveurs particuliers, comme récompense de bons services, déplorant de voir ces positions accordées à la faveur (17 juillet 1844) ; 13o le tarif de la poste aux lettres (7 février 1845) ; 14o la suppression du décime rural et la réduction de la taxe sur les envois d'argent (8 juin 1846) ; 15o la loi sur les pensions ; fait adopter un amendement portant que tout fonctionnaire convaincu de s'être démis de son emploi à prix d'argent, perdrait son droit à la pension, alors même qu'elle aurait été liquidée et inscrite (31 mars 1847) ; 16o le tarif de la poste aux lettres (24 mai 1847).

Livré à l'étude sérieuse des projets de loi présentés à la Chambre, il y fit partie, dès son entrée, de Commissions importantes, parmi lesquelles on distingue : celles du budget, du remboursement de la rente 5 0/0, de divers chemins de fer et d'autres travaux publics, de la réforme postale, etc.; il fut nommé plusieurs fois rapporteur, prit très-fréquemment la parole, et toujours avec une modération qui lui conciliait l'estime de ses adversaires eux-mêmes. Ses travaux à la Chambre sont tellement multiples que leur examen détaillé exigerait un développement que ne comporte pas le cadre d'une simple notice. Nous nous contenterons de dire qu'il s'occupa, indépendamment des grandes questions que nous venons d'énumérer, des projets de loi concernant l'amélioration des ports ; la modification de la loi sur la concession du chemin de fer de Paris à Orléans ; la subvention

aux théâtres; la proposition de M. Vivien sur l'importante
question du scrutin secret; l'impôt sur les sucres; la liberté
de l'enseignement et la rétribution universitaire; les chemins de fer de Paris à Orléans, d'Andrézieux à Roanne;
la demande d'un crédit destiné à la réparation des dommages causés par les inondations aux routes et voies
navigables; l'expropriation forcée pour cause d'utilité publique; la propriété littéraire; les portions de routes royales
abandonnées; la poste aux chevaux; la création de nouveaux bureaux de poste aux lettres; l'établissement de
grandes voies ferrées, ainsi que des lignes de Bâle à Strasbourg et de Paris à Versailles (rive gauche); de Paris à
Rouen et au Havre; la police du roulage; la législation des
cours d'eau; l'établissement d'un système général de chemins de fer; les encouragements aux hommes de lettres;
l'ouverture d'un crédit extraordinaire au ministère de la
guerre pour le service de l'Algérie; l'établissement du chemin de fer d'Orléans à Tours; le personnel des postes; l'iti-
néraire d'une nouvelle malle-poste de Paris à Genève; la
proposition faite par un pétitionnaire de frapper d'un impôt
les rentes de l'État; la pension à la fille du maréchal Drouot,
comte d'Erlon; le crédit pour les funérailles de ce maréchal;
l'exploitation du chemin de fer de Nîmes à Montpellier; l'intérêt des cautionnements; les bourses des Collèges royaux;
le chemin de fer de Paris à la frontière de Belgique; le chemin de fer de Paris à Lyon et de Lyon à Avignon; la restauration de la Cathédrale de Paris; la réduction de l'impôt
sur le sel; le chemin de fer de Nantes à Strasbourg; ceux
de l'Ouest; l'ouverture d'un crédit pour la construction de
plusieurs ponts; les prix de courses; l'application de certaines dispositions de la loi en vigueur, relative aux conditions de jouissance et au mode de paiement des pensions;
le nouveau classement du collège royal de Tournon; les encouragements pour l'ouverture de routes dans le voisinage

des forêts de l'État. Mentionnons également sa proposition de réduire en certains cas le nombre des députés nécessaire pour la validité des votes de la Chambre ; son amendement relatif à la Pologne ; ses observations pour l'extension donnée, dans les églises, aux places réservées.

M. de la Sizeranne qui, pour rester fidèle à son serment politique, s'était refusé, en 1847, à présider le banquet réformiste de Valence, ne voulut pas augmenter le nombre, déjà assez considérable, des candidats aux élections d'avril 1848, et fit connaître publiquement son abstention ; en effet, dans le département de la Drôme, qui avait à élire huit députés, cinquante concurrents s'étaient présentés. La révolution du 24 février vint donc interrompre, momentanément, le mandat dont les électeurs de Die l'avaient investi depuis onze ans. Mais ceux du canton de Tain le renvoyèrent siéger au Conseil général où, sous la République, ses nouveaux collègues le réélirent président, même en son absence. A cette époque encore, il recevait du Gouvernement une mission honorable, attestant la bonne opinion qu'on avait conservée de son mérite, aussi bien à Paris qu'en province ; effectivement l'État, avant d'accorder à la compagnie Talabot la concession du chemin de fer de Paris à Lyon, avait dû, temporairement, administrer cette ligne. Un arrêté ministériel du 8 juin 1849 nomma M. de la Sizeranne membre de la Commission de contrôle instituée dans ce but.

La France avait retrouvé, avec le Gouvernement du neveu de Napoléon 1er, la tranquillité ; et avec le calme, l'industrie reprenait son essor, le commerce son activité, et toutes les forces vitales de la nation leur développement.

M. de la Sizeranne se représenta alors aux élections législatives de 1852, et la deuxième circonscription de la Drôme le renomma député à une imposante majorité.

C'est à cette époque que se place une double élection qui l'envoyait siéger au Conseil général de la Drôme. Les deux cantons de Tain et de Saint-Donat l'appelèrent, en effet, à l'honneur de les représenter à cette assemblée départementale. C'était un témoignage de confiance dont il était profondément touché, mais il lui créait une situation pénible et embarrassante. S'effaçant devant la question d'intérêt public, il demanda aux maires de toutes les communes dont il devenait à la fois le mandataire, de vouloir bien décider entre eux du choix que cet intérêt lui commandait de faire.

Il se conforma à leur décision, en optant pour le canton de Saint-Donat.

Sous le régime impérial, il conserva ses habitudes laborieuses, son entier désintéressement et, disons-le aussi, l'indépendance de ses votes ; enfin, il continua à prouver qu'il possédait toutes les traditions du Gouvernement parlementaire. La précédente monarchie l'avait laissé dans les rangs de cette opposition modérée qui rend service au pouvoir lui-même en l'empêchant de faire abus de sa force et de ses succès. Candidat du Gouvernement nouveau, il fit entendre de sages conseils à l'Empereur et ne se montra son flatteur en aucune circonstance. Son concours et sa haute autorité se manifestèrent surtout dans les questions suivantes :

Décrets du 22 janvier 1852 ; comme membre de Commission, il protesta contre cet acte aussi impolitique qu'arbitraire, à l'occasion de l'inscription, au budget des recettes, d'un crédit provenant de la confiscation des biens de la famille d'Orléans.

Dotation de l'armée (22 juin 1852 et 25 mars 1853) ; fut président de la Commission et rapporteur du projet de loi modificatif des lois de 1832 et 1855 ; limitant entre frères, beaux-frères et parents jusqu'au sixième degré, la substitution des numéros (13 février 1858) ;

(L'article 4 de la loi portait qu'une Commission supérieure, composée de quinze membres, serait chargée de surveiller et de contrôler toutes les opérations relatives à la dotation de l'armée ; M. de la Sizeranne fut un des trois députés choisis pour en faire partie).

Abaissement de la taxe des lettres de Paris pour Paris, priviléges pour l'affranchissement (18 mars 1853) ; fut président et rapporteur du projet de loi ;

Echange de terrains entre l'État et la ville de Valence (1854) ; fut rapporteur du projet de loi ;

Garantie d'un emprunt à contracter par le Gouvernement ottoman (10 juillet 1855) ; fut rapporteur du projet de loi ; à cette occasion, le Sultan envoya à M. de la Sizeranne la croix de commandeur du Medjidié ;

Abus des traités particuliers pour le transport des marchandises par les compagnies de chemins de fer (26 mai 1857) ;

Amélioration des timbres-poste (28 avril 1858 et 13 juin 1861) ;

Ouverture et achèvement des grandes voies de Communication dans la ville de Paris (8 mai 1858) ;

Guerre d'Italie (30 avril 1859 et 11 avril 1860) ;

Réduction des taxes télégraphiques (18 juin 1861) ;

M. de la Sizeranne a été président de la Commission chargée de l'examen du projet de loi relatif à un emprunt par la ville de Bordeaux, et de la Commission législative instituée pour l'examen d'un projet de loi concernant la prorogation du monopole des tabacs (1852).

Il fut successivement appelé à présider :

1° le 2e bureau (1858) ;

2° le 6e bureau, le 7e, le 4e, le 4e renouvelé (1860) ;

3° le 2e bureau (1861) ;

4° le 3e bureau (1862) ;

5° le 9e bureau ; le même bureau renouvelé (1863).

De 1852 à 1863, M. de la Sizeranne prit part aux discussions des projets de loi concernant :

1° les budgets de chaque année ;

2° les pensions civiles ;

3° le casuel attribué au clergé ;

4° le droit de propriété des veuves et des enfants des auteurs, compositeurs et artistes ;

5° les pensions des veuves de militaires et marins, tués sur le champ de bataille ou morts des suites de leurs blessures ;

6° le drainage ;

7° l'emprunt de 500,000,000 ;

8° l'approbation des conventions passées entre l'État et diverses compagnies de chemin de fer ;

9° la réduction à 100,000 hommes du contingent appelé sur la classe de 1859 ;

10° le chemin de fer de la vallée de l'Isère ;

11° la conversion facultative des rentes 4 1|2 et 4 0|0 ;

12° l'impôt sur les voitures et les chevaux.

Il prononça, à l'occasion des grands travaux exécutés dans Paris, un discours dans lequel se trouvent de justes et de très-profondes pensées : « Le moment est-il bien choisi, dit-il, » pour étaler aux yeux des départements et des villes, où le » manque de ressources fait ajourner tant d'indispensables » améliorations, des projets qui se distinguent peut-être » plus par la grandeur que par la nécessité, et de mettre » une partie de leur exécution à la charge de toute la » France ?... On disait dernièrement devant un homme d'es- » prit, précisément à l'occasion du sujet qui nous occupe : » — Mais si l'époque actuelle enfante tant de merveilles, » que restera-t-il à faire à nos neveux ? — A les payer, » s'empressa-t-il de répondre. Le mot, par malheur, n'est » pas seulement spirituel, il emprunte un bien sérieux » caractère à de bien tristes souvenirs, car, ne l'oublions » pas, messieurs, le siècle qui vit bâtir Versailles légua au » siècle suivant des impossibilités financières d'où sortit » une affreuse révolution. Je vote contre le projet de loi. »

Dans une des grandes phases de la politique du second Empire, M. de la Sizeranne prit une attitude remarquable. Il fut l'auteur et l'un des soutiens du fameux amendement des 91, qui introduisait une réserve formelle en faveur du pouvoir temporel du pape. Il protesta à la Chambre des députés, avec beaucoup de netteté et d'énergie, contre la guerre d'Italie, qui fut la première concession faite à l'esprit révolutionnaire. Il continua à s'opposer de toutes ses forces à certaines tendances, dont les résultats furent si déplorables pour le pays. On le vit toujours dans les rangs de ceux qui combattirent pour la liberté de l'enseignement et défendirent, à cette occasion, les droits des corporations religieuses.

Il demanda dans plusieurs circonstances la gratuité du mandat législatif et la nécessité d'une pénalité pécuniaire en matière d'abstention électorale. Enfin, il voulait, par mesure de sécurité, qu'on imposât aux compagnies de chemins de fer l'obligation, sur les grandes lignes, de réserver une troisième voie spéciale pour le transport des marchandises.

Un décret du 18 décembre 1855 l'avait promu au grade d'officier dans l'Ordre de la Légion d'honneur.

En 1863, à la veille de procéder à de nouvelles élections pour le renouvellement du Corps législatif, l'opinion publique, interprète d'un haut sentiment de justice, décernait d'avance à M. de la Sizeranne une place au Sénat. Un décret du 7 mai l'éleva à la dignité de sénateur en même temps que M. Drouyn de Lhuys, son ancien collègue de la Chambre des députés. Le gouvernement réalisait le vœu de ses compatriotes. Les services qu'il avait rendus à l'État justifiaient pleinement le choix du souverain. Il avait, en effet, siégé dans six législatures avec une distinction incontestée, soit comme orateur, soit comme membre ou rapporteur, ou président de nombreuses commissions. Entre autres services rendus au pays, il faut se rappeler que c'est à son initiative et à ses instantes réclamations qu'on devait non seulement la diminution et l'uniformité de la taxe des lettres, mais jusqu'à l'application du système anglais des timbres-poste. Il eut constamment à lutter, même pour faire adopter la demi-découpure pointillée qui permet de les séparer aisément.

Le nouveau sénateur se rendit, le 27 du même mois, dans la Drôme. Sa ville natale se mit en fête pour le féliciter. Les maisons étaient pavoisées de drapeaux ; des arcs de triomphe avaient été dressés sur le parcours que devait suivre le cortège qui l'attendait à la gare. M. de la Sizeranne était alors maire de Tain. Les fonctionnaires et le Clergé du canton s'étaient réunis pour le complimenter. L'adjoint et le curé de cette ville lui adressèrent chacun un discours. Emu des marques de sympathie qu'il recevait de ses concitoyens, il leur répondit en termes chaleureux. Il y eut le soir illuminations, feux d'artifice, etc., etc. Il rencontra les mêmes démonstrations publiques dans le canton de Saint-Donat, qu'il avait représenté douze ans de suite au Conseil général. En exprimant à ses compatriotes les sentiments de reconnaissance qu'un accueil si enthousiaste lui inspirait, il pouvait dire avec raison : « La vie publique a certainement ses » rudes labeurs et ses pénibles épreuves ; mais vous me prouvez aujourd'hui qu'elle a également ses douces émotions » et ses précieuses récompenses. Aussi, la date de ce jour » restera-t-elle à tout jamais gravée dans ma mémoire » comme l'une des plus heureuses de ma vie. »

M. de la Sizeranne apporta au Sénat, comme à la Chambre des députés, un concours également précieux. La tendance de ses idées, tout à la fois libérales et conservatrices, est de plus en plus affirmée par l'indépendance de ses votes. Ses rapports sur quelques pétitions méritent d'être consultés, notamment : celui qu'il fit sur la question de savoir si l'impôt sur les sucres pouvait être prélevé à la consommation ;

ceux qui sont relatifs : à l'insuffisance des clôtures sur les voies ferrées (session de 1864) ; et à la réorganisation des gardes-champêtres (1869).

Il signala l'abus qu'il pouvait y avoir à s'occuper dans la même session de pétitions déjà rapportées et demanda, en conséquence, que tout nouvel envoi d'une pétition examinée fût considéré comme non avenu (1864). Citons encore ses observations concernant des pétitions relatives au régime des Colonies (1866). L'année précédente, dans la discussion de l'adresse, il s'attacha à démontrer l'impossibilité de régler autrement que par un Congrès le conflit existant entre la Papauté et la Royauté italienne. Son discours peut être regardé comme un modèle de l'éloquence parlementaire ; mais s'il est remarquable au point de vue de l'art oratoire, il l'est bien autrement encore par la sagesse des conseils qui y sont exprimés. C'est dans cette session qu'il prononça l'éloge de M. le baron de Lacrosse, sénateur-secrétaire du Sénat. Il trouva dans son cœur, pour rendre hommage à la mémoire de l'un de ses amis les plus intimes, des accents si chaleureux qu'ils provoquèrent les marques les plus unanimes d'approbation et les applaudissements répétés du premier Corps de l'État.

Par déférence pour celui qui avait fait adopter la réforme postale jusque dans ses moindres détails, on lui devait de le nommer rapporteur de la loi relative à la correspondance télégraphique privée. C'était en quelque sorte lui réserver la satisfaction de compléter son œuvre. Il fit ressortir tous les avantages qu'il y avait à ne pas retarder la promulgation d'une semblable loi. Désormais la pensée humaine pourrait être transmise instantanément et à toutes distances. Mais la promptitude n'était pas le seul avantage qu'on retirerait de cette merveilleuse invention, on assurait encore le secret des dépêches par l'usage de chiffres convenus entre les correspondants (1866).

Il prit part à la discussion de la loi relative au recrutement de l'armée et de la garde nationale mobile. C'est dans cette séance qu'il ne pût s'empêcher de blâmer le mode suivi par plusieurs sénateurs qui, se faisant inscrire pour parler dans un sens, parlaient et concluaient dans un sens contraire. (1868).

Il avait été président de la Commission chargée par le Corps législatif d'examiner le projet de loi concernant l'exonération du service militaire par l'État. Il voulut démontrer au Sénat, quand il fut question d'abolir la Caisse de la dotation de l'armée, les avantages qu'elle avait produits. Il établit par des chiffres :

1º Que le nombre des exonérations avait été équilibré par celui des engagements, des rengagements et des remplacements administratifs ;

2º Que la mortalité avait diminué d'une manière sensible dans les rangs de l'armée depuis que les rengagements avec prime y avaient maintenu ou introduit plus de soldats éprouvés ;

3º Que les peines disciplinaires y étaient comparativement beaucoup moins nombreuses qu'au temps où le remplacement était l'œuvre des compagnies ;

4º Enfin, que la mesure prise en 1863 avait déjà produit de bons résultats et par conséquent fait droit à une partie des objections relatives à l'avancement.

Toutefois, en présence du développement excessif que certaines puissances voisines donnaient à leurs forces militaires, il vota la nouvelle loi.

Il ne cessa de demander la suppression du casuel des prêtres. Les observations qu'il fit entendre au Sénat, dans la séance du 21 décembre 1869, doivent être rapportées en quelques mots : il pensait qu'on pouvait transformer, en une contribution communale ou en une augmentation de traitement, la rétribution que les ecclésiastiques reçoivent pour les mariages, les naissances et les décès. Il ne voulait supprimer que le casuel qui atteint les pauvres. Les frais accessoires de luxe et d'apparat seraient restés, comme par le passé, à la charge de ceux qui les auraient réclamés. Il estimait que la dignité du sacerdoce demandait l'adoption de ce projet de loi, autant que l'intérêt des portions nécessiteuses de la population.

Dans la discussion du projet de sénatus-consulte modifiant plusieurs articles de la Constitution, il eut occasion d'affirmer une fois de plus ses opinions libérales. Il croyait qu'un pouvoir établi avec l'aide et l'approbation de près de 8 millions d'électeurs était assez fort pour réaliser ses promesses, en donnant au pays un Gouvernement largement constitutionnel.

Dans la dernière session du Sénat, il fut nommé rapporteur de deux projets de loi relatifs à des Conventions postales entre la France, l'Espagne et l'Angleterre. Et au moment où l'ennemi franchissait nos frontières, il émettait des vues sage et patriotiques sur le meilleur mode de défense du territoire.

L'Empereur, voulant récompenser les services éminents qu'il avait rendus à l'État, lui avait conféré le titre héréditaire de comte, par décret du 21 mars 1866. Les armes assignées par les Lettres patentes sont celles de la maison de Chastaing de la Sizeranne, armes qui, dès le milieu du dix-septième siècle, apparaissent toujours surmontées d'une couronne de comte. Ce titre même existe sur plusieurs Brevets militaires concédés à divers membres de la famille Chastaing de la Sizeranne.

Tel est le résumé rapide des travaux de M. de la Sizeranne, à la Chambre des députés et au Sénat. A côté des chefs de parti et des grands orateurs, si l'on voit l'influence et l'autorité s'attacher à des hommes plus modestes, plus pratiques, plus laborieux, c'est qu'ils sont les véritables ouvriers de l'œuvre législative. Tandis que les premiers se consument en luttes égoïstes ou passionnée ; que les seconds donnent souvent aux débats plus d'éclat et de retentissement qu'un utile et profond concours ; les autres apportent, dans les travaux de chaque jour, dans les études préalables que nécessite l'élaboration des lois, une maturité d'esprit, une hauteur de vues bien autrement précieuses que le vain charme des plus brillants discours.

C'est le rôle qu'a rempli, dans nos assemblées parlementaires, M. de la Sizeranne.

La supériorité native, empreinte sur tous ses traits, l'expression de sa physionomie, toujours en mouvement comme sa pensée, le feu incessamment mobile de ses regards, tout portait en lui une sorte de fascination ou au moins de séduction impérieuse, sous laquelle s'inclinait, presque toujours, l'esprit de parti, et se courbait, frémissante et domptée, l'intolérance politique elle-même. Dans toutes les circonstances de sa vie parlementaire, il montra un sens politique éclairé qui se maintint d'autant plus droit et ferme qu'il ne fut jamais troublé par les visées de l'ambition personnelle.

Après le 4 septembre 1870, moins encore son grand âge que diverses considérations politiques lui firent désirer le repos, auquel lui donnait assurément le droit de prétendre une carrière qui avait été aussi honorable que bien remplie. Aussi, dès le 1er août 1871, il faisait connaître publiquement son intention de renoncer à toute candidature au Conseil général de la Drôme ; comme plus tard, sollicité à se présenter aux premières élections sénatoriales, il déclinait cet honneur dans une circulaire datée du 1er décembre 1875, et adressée aux maires du département.

Toutefois, fidèle au culte des lettres, il écrivit et publia diverses brochures et des épîtres en vers, qui étaient d'éloquentes exhortations à la politique conservatrice.

En 1872, parut une troisième et dernière édition de ses

œuvres sous ce titre : *Recueil des écrits littéraires et politiques du comte Monier de la Sizeranne* (3 volumes in-8°).

Le premier volume renferme les pièces de théâtre dont
nous avons déjà parlé et diverses poésies. Parmi ces dernières, nous citerons : l'*Épître à Lamartine* (un député à un
député, 1845), qui lui valut d'abord une charmante lettre du
grand poëte, et un article signé de lui dans le Journal de
Mâcon. A partir de ce moment, « nous nous sommes réci-
» proquement donné, — dit M. de la Sizeranne, — lui sa
» bienveillance, moi mon admiration, et, tous les deux,
» notre estime et notre amitié. »

Nous signalerons encore les *Stances à M. Marc Séguin*,
le jour de la bénédiction du premier pont suspendu, construit
sur le Rhône, par cet ingénieur, entre les villes de Tain et
de Tournon.

Le *Carlin vengé*, apologue danois ; les *Strophes à Mlle Marie
de Larnage* ; la *Lettre à Émile Deschamps*. Enfin, la pièce, si
touchante, adressée à la mémoire vénérée de sa compagne.
« Je laisse, dit-il, ces derniers vers à mes enfants si dignes
» d'être, l'un et l'autre, dépositaires de tout ce qui se rat-
» tache à l'admirable mère qu'ils ont tant aimée. »

L'œuvre capitale de M. de la Sizeranne, *Marie-Antoinette*,
forme le second volume de ce recueil. C'est la vie entière de
cette reine racontée par un poëte historien, depuis le berceau jusqu'à la tombe, où cette grande victime ne trouva le
repos qu'après une série de tortures dont « la moins barbare,
dit énergiquement l'auteur, fut l'échafaud..... » Ce long
martyre, qui fut le crime des pères, reste l'étonnement dou-
loureux des enfants, et la poésie seule peut le raconter et le
décrire. Quatre éditions successives de cet ouvrage, dans un
temps où l'on s'engoue peu des meilleurs vers, attestent que
le talent de l'écrivain s'est montré à la hauteur de cette
épopée du malheur. « De tous les forfaits qui ont ensan-
» glanté la France pendant l'année 1793, — fait remarquer

» M. de la Sizeranne, — le plus farouche ou plutôt le moins
» explicable, est sans aucun doute le supplice de la reine
» Marie-Antoinette. On peut, jusqu'à un certain point,
» comprendre que le fanatisme révolutionnaire ait, dans ses
» plus mauvaises phases, immolé l'infortuné Louis XVI,
» parce que ce crime exécrable avait un but politique, et
» l'histoire d'un pays voisin révèle assez les sanglants
» écarts d'un pareil stimulant. Mais sa veuve, dont l'unique
» destinée était désormais de pleurer et de souffrir, une
» étrangère que le droit d'asile eût protégée jusque dans un
» pays à demi sauvage, n'est-ce pas la plus évidente preuve du
» vertige criminel qui s'était emparé de tout ce qui touchait
» au pouvoir à cette époque néfaste ? »

M. de la Sizeranne a dédié son poëme à Mme de Larnage,
sa sœur. Il lui dit : « La publication de cet ouvrage, tu le
» sais, était vivement désirée par l'angélique compagne que
» le ciel m'a reprise.

» En réalisant, sous ton sympathique patronage, le vœu de
» celle qui me fut si chère, j'obéis à la double inspiration de
» mon cœur et de mon souvenir. »

« Ce poëme, dit M. Albert du Boys, est une grande et
» belle pensée. L'histoire moderne n'offre pas, que je sache,
» à la poésie, de figure plus saisissante que celle de l'infor-
» tunée compagne de Louis XVI. Il y a dans cette vie si
» généreuse, si enchantée à son début, si terrible et si
» solennelle à sa fin, de ces moments et de ces contrastes
» qui ramènent involontairement sur les lèvres ce cri pro-
» fond du poëte latin :

» *Sunt lacrymæ rerum et mentem mortalia tangunt.* »

Napoléon disait un jour au comte Mollien, en parlant du
suppplice de Marie-Antoinette, ces mots dont M. de la Sizeranne a fait, si à propos, l'épigraphe de son livre : « Si ce
« n'est pas un sujet de remords, ce doit être au moins un

» bien grand sujet de regrets pour tous les cœurs français,
» que le crime commis dans la personne de cette malheu-
» reuse reine. » Et il ajoutait : « Il y a là quelque chose de
» pire encore que le régicide. » Oui, certes, ceux qui l'envoyèrent à l'échafaud sont d'aussi grands coupables que les
tortionnaires des premiers martyrs.

Le troisième volume du recueil ayant pour sous-titre :
Politique, comprend divers rapports, discours et documents.

« Lorsqu'un homme, dit M. de la Sizeranne, est arrivé au
» terme d'une longue carrière politique ouverte par l'élection,
» lorsque surtout il y a été constamment soutenu par la
» confiance de ses compatriotes jusqu'au jour où un fait
» révolutionnaire est venu la clore, son devoir envers eux,
» comme envers lui-même, est de rappeler ce qui peut faire
» juger sa vie politique en parfaite connaissance de cause. »

Il est inutile de s'étendre plus longuement sur cette dernière
partie des œuvres de M. de la Sizeranne, sommairement
analysée, il est vrai, mais d'une façon suffisante, cependant,
pour apprécier à sa juste valeur un des hommes qui ont le
plus longtemps occupé, à notre époque, la scène politique.
Ses discours sont nombreux et dévoilent un esprit éminent.
Ses collègues disaient que c'était surtout dans ces travaux
de chaque jour, dans cette étude préalable et cette élaboration intime des lois, que se faisaient admirer sa promptitude
et sa pénétration d'esprit, sa merveilleuse facilité à tout
saisir ; à s'assimiler les matières les plus techniques, les
sujets les plus arides, à faire comprendre aux autres ce que
les spécialistes eux-mêmes échouaient à rendre clair et précis. Ce n'est pas tout : lorsque des dissentiments profonds se
manifestaient et menaçaient de compromettre une innovation
utile, un progrès désirable, lorsque le choc des intérêts et
des passions compliquait les situations et faisait redouter
les conflits, M. de la Sizeranne était toujours le négociateur,
l'arbitre prêt et autorisé auquel, bien souvent, les deux

partis avaient recours. C'est surtout dans ces circonstances difficiles, qu'il était merveilleusement servi par les dons que la nature lui avait si largement départis.

Après la révolution de Septembre, il rencontra à l'étranger une veuve d'origine anglaise, d'une réputation méritée de beauté et d'esprit, et dont les goûts correspondaient dignement aux siens. Il associa son existence à la sienne par un second mariage.

Jusqu'à sa dernière heure, il chercha à être utile à son pays. Les événements de 1870 l'ayant rendu à la vie privée, il recourut à la poésie pour faire entendre de sages conseils à ceux qui étaient chargés de veiller aux destinées de la France.

Il fit paraître successivement des lettres en vers, dont les plus remarquables sont :

1º Aux Conservateurs (1875) ;

2º Au Maréchal de Mac-Mahon (Paris, Amyot, 1875) ;

3º A l'Empereur Alexandre,   id.   id.   id.

4º Au Prince Impérial,   id.   id.   id.

5º Aux sectateurs de la libre pensée (Valence, 1876) ;

6º A M. Thiers (Paris, Dentu, 1876) ;

7º Dernier appel à la prévoyance (Paris, Amyot, 1876) ;

8º A Louis XIV, sur ses locataires de Versailles (Paris, Dentu, 1877) ;

9º La pensée d'un octogénaire sur la politique du jour (Paris, impr. Debons, 1877).

Enfin, M. de La Sizeranne a laissé en portefeuille des pages remarquables sur les événements auxquels il s'est trouvé mêlé, et sur les personnages célèbres de notre époque. Ces souvenirs intimes renferment des révélations piquantes et souvent tout à fait neuves. Malheureusement la mort est venue le surprendre avant qu'il n'ait pu achever son œuvre, qui sera néanmoins livrée à la publicité.

Élevé dans les principes de la foi chrétienne, le comte

Monier de la Sizeranne a quitté la vie après avoir reçu toutes les consolations de l'Église, et avec l'espoir de rentrer dans le sein de Dieu, donnant à ses enfants l'exemple de la vie la plus pure, consacrée tout entière au service de son pays.

Aussi, rien n'a troublé la sérénité de son âme, et on peut dire, avec le poëte, « Que sa mort a été la fin d'un beau jour. »

Il s'est éteint doucement, le 6 janvier 1878, à Nice, entouré des soins les plus affectueux de tous les siens, à l'âge de 81 ans.

Son fils, ancien député de la Drôme, et qui porte dignement son nom, a recueilli son dernier soupir.

Après un service religieux, auquel assistaient MM. Devienne, ex-premier président de la Cour de cassation ; le général de division baron Dumont ; le général de Belgaric ; le comte de Barème ; le prince de Comitini ; le prince Stirbey ; le duc de Rivoli, et presque toute la Colonie niçoise ; les restes mortels de M. de la Sizeranne furent ramenés à Tain, où l'inhumation eut lieu, le 12 janvier, dans le tombeau de la famille.

De tous les points de la Drôme et de l'Ardèche étaient accourus des amis ou des protégés pour rendre les derniers devoirs à cet homme de bien. Au cimetière, où se pressait une foule immense, M. Lavauden, ancien préfet de la Drôme, a prononcé un discours révélant toutes les qualités d'un grand orateur. Pendant plus d'une demi-heure, il a tenu ses auditeurs sous le charme de sa parole élégante et de son accent profondément ému.

Dans un second discours, M. Laman, ancien maire de Saint-Donat, a complété d'une manière intéressante les détails donnés sur la vie de celui qui avait été si longtemps président du Conseil général de la Drôme et député de ce département.

Enfin, M. Émile Laurens, de Die, a fait ressortir dans quelques paroles courtes et précises, l'indépendance constante de l'homme politique, son attitude libérale dans l'examen de toutes les questions d'enseignement et de liberté religieuse.

La ville de Tain conservera longtemps le souvenir de ces funérailles, qui ont été l'expression d'un deuil public.

Louis Pascal.

Madame HESS (née Marie-Madeleine COSSON)

Officier d'Académie, Dame de l'Ordre Pontifical du Saint-Sépulcre-de-Jérusalem ; noble Patricienne de Nicotera (Italie) ; Lauréat et Membre de plusieurs Sociétés humanitaires françaises et étrangères.

Dans le Monument que nous élevons à l'humanité, nous aimons, surtout, à retracer la vie de ceux qui, partis de la pauvreté, sont arrivés à la richesse bienfaisante par la grande lutte du travail, de la probité et de la persévérance. « De tous les dons que le Ciel a départis à ses créatures privilégiées, a dit un philosophe, la force de volonté est un des plus précieux ; par lui, on arrive aux immenses résultats matériels et moraux. » — La personne dont nous allons tracer le Médaillon est une preuve évidente que l'axiome que nous venons de citer est une vérité.

Il y a bien des années déjà, une pauvre femme entrait dans le petit bourg de Marchenoir ; elle était dans un état de grossesse avancée, et donnait la main à deux petits garçons, qui, comme elle, étaient accablés de lassitude et mouraient de faim.

Une brave paysanne, émue à l'aspect de cette douloureuse pauvreté, accueillit la petite famille dans sa chaumière, et s'empressa de lui servir un modeste repas, qui fut accepté, bien entendu, comme la manne céleste, par Madame Cosson et ses enfants.

Naturellement, la brave paysanne demanda à celle qu'elle avait recueillie de lui raconter sa Légende. Les cœurs affligés aiment à s'épancher ; il semble qu'un malheur confié à une âme sensible est un soulagement aux peines qu'on endure. Madame Cosson raconta donc ce qui suit :

« — Telle que vous me voyez, Madame, je suis née de parents aisés ; mais j'ai fait la folie d'épouser un homme de douze ans plus jeune que moi. Je devins mère de ces deux charmants enfants ; et loin de s'attacher davantage à moi, celui auquel j'avais donné toute mon affection sembla, au contraire, me dédaigner. Un matin, mon époux m'annonça qu'il partait pour l'armée et que, à son défaut, Dieu nous prendrait sous sa protection. Je fis tout pour le retenir ; ni larmes, ni prières ne purent fléchir son cœur. J'invoquai que j'allais encore devenir mère ; il me répondit durement :

« — Tant mieux ; car les enfants attirent les bénédictions sur les mères. »

— Pauvre femme ! exclama la bonne paysanne ; ayez courage et confiance ! le métier de soldat rendra de meilleurs sentiments à votre mari, et il vous reviendra.

« — Le ciel vous entende, Madame ; j'espère encore, puisqu'on m'a écrit, de son régiment, que Cosson était un brave militaire. »

En ce moment, une crise violente s'empara de la pauvre voyageuse, qui, quelques instants après, mettait au monde une petite fille, laquelle fut baptisée sous les noms de Marie-Madeleine Cosson.

Madame Cosson se fixa à Marchenoir, et travailla aux champs pour élever ses trois enfants ; son mari mourut, en 1833, par suite des blessures qu'il avait reçues pendant la guerre d'Espagne.

Un immense malheur devait encore frapper la courageuse

veuve ; dans un court intervalle, elle perdit ses deux garçons.

Marie-Madeleine resta donc seule de la trinité de l'enfance,
et devint l'unique consolation de sa bonne mère ; mais bientôt elle ne voulut point rester à la charge de celle qui lui
avait donné le jour. A l'âge de douze ans, elle entra en service chez des commerçants pour gagner son pain ; seulement, les maîtres étaient durs, et Marie-Madeleine Cosson,
bien souvent en secret, arrosa son pain de ses larmes.

La Providence vint en aide à la pauvre enfant. Une dame
d'Orléans, qui avait su apprécier ses rares qualités, l'emmena
à Paris et lui donna des gages qui lui permirent d'améliorer
sa position et celle de sa bonne mère ; car, fille aussi tendre
que dévouée, elle n'avait qu'un but : rendre sa mère heureuse
et assurer sa tranquillité.

D'enfant, Marie-Madeleine avança vers la jeunesse, et sa
conduite exemplaire, ainsi que sa piété filiale, fixèrent l'attention d'un honnête homme, d'un laborieux ouvrier nommé
Hess ; cet honnête homme pensant, avec raison, qu'avec ses
qualités, Marie-Madeleine ne pouvait devenir qu'une excellente épouse, la demanda en mariage et lui donna son nom.
A peine mariés, les deux époux n'eurent qu'une pensée, se
fixer à Marchenoir, afin de vivre avec *la bonne maman*, ainsi
que l'appelait le jeune Hess, qui était tailleur.

Malheureusement, l'état de tailleur n'est pas productif
dans les petits bourgs de province, et la misère menaçait
d'envahir le petit ménage ; mais la jeune épouse était vaillante, et elle dit à son mari :

« — Retournons à Paris, les ateliers de tailleurs n'y manquent pas ; ma mère viendra avec nous et soignera notre
intérieur ; moi, j'entrerai en service dans une bonne maison,
et Dieu fera le reste. »

Ce qui fut dit fut accompli. Le groupe du cœur vint louer
un modeste logement de 180 francs par an, dans la même

maison où Madame Hess occupe, aujourd'hui, trois appartement de 8,000 francs. Mais, hâtons-nous d'ajouter qu'elle a
conservé religieusement, ce qu'elle nomme en souriant : *le
Nid de famille de sa jeunesse.*

En travaillant, tout alla bien d'abord ; mais une maladie
cruelle et longue vint clouer, pendant des mois, la jeune
femme sur un lit de douleurs.... Et, lorsqu'elle entra en
convalescence, Madame Hess avait perdu toute sa chevelure,
excessivement belle naguère.

Cette perte lui causa un vif chagrin ; aussi, parlait-elle
souvent de sa chevelure disparue au patron chez lequel elle
était rentrée après sa guérison.

On estimait beaucoup Marie-Madeleine chez ce patron,
qui était ingénieur ; un jour le digne homme voyant pleurer
la jeune femme, lui dit :

« — Ne vous désolez pas ; je dois avoir, dans mes cartons,
une recette qu'un médecin hongrois, à qui j'avais rendu service, me donna, il y a quelques années, par reconnaissance.
Je la chercherai et vous en essaierez. »

En effet, le lendemain, l'ingénieur remettait à Madame
Hess un papier jauni par le temps, et sur lequel était tracée
une note détaillée, que la jeune femme se hâta de porter chez
un pharmacien. La formule fut exécutée, et Marie-Madeleine
commença de suite l'expérience sur elle-même.

Le résultat de cette eau fut aussi merveilleux que rapide ;
non seulement les cheveux de Madame Hess repoussèrent
avec abondance, mais encore ils atteignirent une longueur
exceptionnelle, car ils tombent, encore aujourd'hui, jusque
sur ses pieds.

Le bonheur ne rendit pas Marie-Madeleine égoïste. Une
fièvre typhoïde ayant fait tomber les cheveux d'une de ses
amies, elle fabriqua elle-même, cette fois, l'eau salutaire dont
elle avait éprouvé les bienfaits, et les résultats attendus se

reproduisirent aussi merveilleux sur l'amie que sur la bienfaitrice.

Le bruit du prodige obtenu, par une humble servante, se
répandit, et deux dames anglaises, fort riches, voulurent en
éprouver les effets ; — le succès ne démentit pas, encore cette
fois, ceux obtenus ; au contraire.

Une dame russe, instruite des merveilles réalisées par
l'Eau de Madame Hess, remit à cette dernière la somme de
quinze cents francs pour prix de douze flacons ; c'était une
fortune pour un ménage pauvre.

Toute joyeuse, Madame Hess s'installa immédiatement
avec son mari, dans un appartement plus confortable, et,
tous deux, se livrèrent à la fabrication du produit qui devait
un jour les rendre millionnaires.

Hélas ! les joies de la fortune ne sont pas toujours exemptes
de douleurs. — La mère de Marie-Madeleine tomba gravement malade, et son âme s'envola vers Dieu, après avoir béni
son enfant.

Ah ! ce fut un grand chagrin pour la fille dévouée, que la
perte de celle qui lui avait donné le jour ! — Mais une autre
grande douleur attendait encore l'honnête épouse. Monsieur
Hess tomba, à son tour, dangereusement malade, et, malgré
les soins les plus tendres et les plus assidus, l'inplacable
faucheuse vint le rayer du nombre des vivants. — A l'âge de
45 ans, Marie-Madeleine Cosson restait veuve et seule, aux
prises avec les difficultés de la vie, et livrée aux tâtonne-
ments de l'ignorance ; car elle ne savait pas lire.

Mais la vaillante femme avait une volonté de fer ; elle se
mit à l'étude avec une ténacité que vint seconder une rare
intelligence, et, en moins de trois années, elle acquit une
instruction au delà de ce qu'il était permis d'espérer. — Ça
fut alors qu'elle ouvrit de somptueux appartements aux
dames du monde et aux personnages de distinction.

Telle est la première partie de l'existence de Madame

Hess. Elle est devenue riche et puissante ; mais si cette brave dame a la puissance de la fortune, elle ne veut point s'en servir pour flatter son orgueil, ni ses caprices. Son but a été plus élevé ; elle a voulu devenir une *Bienfaitrice de l'humanité.*

Marie-Madeleine Hess (née Cosson) commence sa carrière humanitaire en faisant des pensions à ceux qui, à Marchenoir, soulagèrent jadis sa mère dans l'infortune ; car, ainsi que l'a écrit un homme honorable, dans un discours prononcé en public :

« Loin de rougir du passé que lui avait fait le sort de son humble origine et de la pauvreté de son enfance, Madame Hess aime à en rappeler les tristesses, et, avec une âpre volupté, elle en recherche les traces. La fortune lui a mis au cœur d'ineffables attendrissements, des délicatesses inouïes. »

Non seulement Marie-Madeleine Hess a fait réparer l'église de son village, qu'elle a enrichie d'un tableau de Murillo et de riches objets du culte, mais encore elle a institué, par le vieux curé de Marchenoir, puis par son successeur, des dons qu'elle offre journellement aux malheureux.

A Paris, Madame Hess a élevé une tombe à la mémoire de sa mère, et, pour perpétuer le souvenir de cette digne femme, Marie-Madeleine a fondé un Prix local de vertu filiale. — La pauvre enfant d'autrefois a aussi acheté une propriété dans ce petit coin du Blaisois, où elle va, « de temps en temps, comme elle le dit, se retremper au milieu de sa petite famille. » Le jour où Madame Hess arrive en visiteuse à Marchenoir, chacun revêt ses habits de fête, et c'est à qui embrassera et souhaitera la bienvenue à la Protectrice des écoles et des pauvres.

Atteignons la guerre de 1870-1871.

Aussitôt la lutte engagée, Madame Hess se met à la disposition des Ambulances militaires, et, là, elle prodigue ses soins et sa bourse aux blessés et aux malades. Le Siége terminé, Marie-Madeleine rentre chez elle, sans demander la moindre récompense pour les services qu'elle a rendus à la patrie et à l'humanité.

Seulement, une aussi belle conduite ne devait pas rester entièrement ignorée ; sur l'indiscrétion commise par un chef d'Ambulance, qui avait connu la conduite humanitaire de Madame Hess, le maire du 2e arrondissement de Paris adressait à cette dernière la lettre suivante, datée du 12 mars 1879 :

MAIRIE
du
2me ARRONDISSEMENT.

« Paris, le 12 mars 1879,

Cabinet du Maire.

» Madame,

» Je regrette de ne vous avoir connue que tardivement et n'avoir pu, par conséquent, vous comprendre dans la liste des personnes dévouées et charitables qui, pendant la dernière guerre, se sont occupées d'Ambulances et de secours aux blessés.

» Pour remédier, autant que possible, à cette omission, je viens vous prier d'accepter la croix de Genève qui m'a été décernée après la guerre.

» Je désire que ce soit, pour vous, un souvenir, et que cette Médaille, jointe à la présente lettre, puisse vous tenir lieu d'un diplôme qu'il m'est, aujourd'hui, impossible de vous donner.

» Agréez, Madame, l'assurance de mes sentiments les plus distingués.

» Signé : CARCENAC,

» Maire du 2me arrondissement. »

En recevant cette lettre, Madame Hess ne voulut point rester, cette fois encore, sourde à la voix de l'humanité; elle envoya, immédiatement, à M. Carcenac, une somme de deux cents francs pour la Caisse des Ecoles; — somme dont l'honorable maire lui adressa ses remerciements en termes les plus flatteurs.

Ce n'est point tout encore.

En 1878, Madame Hess avait fondé un *Prix de mille francs*, à *perpétuité*, sous le titre de *Prix de vertu filiale*, et, pour assurer la perpétuité de cette récompense, elle adressa à la ville de Paris un capital de *dix mille francs*.

Au nom de la ville capitale du monde entier, le maire du 2ᵐᵉ arrondissement adressa à Madame Hess une nouvelle lettre qui la convoquait au sein du Conseil municipal ; cette lettre, la voici :

VILLE DE PARIS.   2ᵐᵉ ARRONDISSEMENT.

     —

MAIRIE
de   19 mars 1878.
LA BOURSE

  » Madame,

» Vous avez bien voulu faire don à la ville de Paris d'une somme de dix mille francs, pour fonder à perpétuité, dans les écoles de filles du 2ᵉ arrondissement, un *Prix de vertu filiale* en souvenir de votre respectable mère ; et selon votre désir, une Commission de trois membres de la Caisse des Ecoles, présidée par le Maire, sera appelée, chaque année, à choisir la bénéficiaire.

» Nous sommes profondément touchés, Madame, de vos nobles sentiments.

» Afin de conserver le souvenir d'une si généreuse pensée, nous avons fait frapper, à votre nom, une Médaille en or, et c'est pour vous en faire la remise, que nous vous avons appelée aujourd'hui dans le sein de notre Comité.

» Nous vous prions, Madame, d'accepter ce témoignage de notre vive reconnaissance, avec l'expression de notre considération la plus distinguée.

Ont signé les adjoints et les membres du comité de la Caisse des Écoles.

Le maire,
Signé : CARCENAC. »

A ces attestations, qui ont été suivies d'une belle récompense municipale, prix de la Ville de Paris, nous allons joindre l'extrait du Brevet de l'Ordre du Saint-Sépulcre, qui a été envoyé à Mme Hess par le Patriarche de Jérusalem.

« Par la miséricorde divine et la grâce du Saint-Siége apostolique, Grand-Maître de l'Ordre du Saint-Sépulcre, etc., etc., etc.

» A notre bien aimée en Jésus-Christ, Madame Marie-Madeleine Hess, salut et bénédiction.

» Le zèle plein de grandeur avec lequel vous prenez soin des Saints-Lieux de la Rédemption des hommes, ainsi que vos œuvres de charité au dessus de tout éloge, les abondantes aumônes dont vous avez comblé les pauvres de notre Diocèse patriarcal, nous ont ému, et nous ont paru dignes d'une marque significative de notre reconnaissance.

» C'est pourquoi nous avons décrété de vous déclarer et nommer Dame et Bienfaitrice du Très-Saint-Sépulcre de Notre Seigneur Jésus-Christ, etc. »

A ce témoignage de l'Église, adressé à une femme dévouée à la grande cause humanitaire, M. le ministre de l'instruction publique a ajouté le sien, en décernant, le 3 janvier 1879, les Palmes d'Officier d'Académie à Madame Marie-Madeleine Hess.

Les Juntes municipales de Nicotera et de Rosarno ont

voulu, à leur tour, reconnaître les mérites de l'éminente Bienfaitrice de l'humanité, et lui ont décerné, *officiellement*, le titre de : *Patricienne avec Noblesse héréditaire*.

Maintenant, comme conclusion, voici la nomenclature exacte de toutes les honorificences qui sont venues récompenser cette femme aussi bonne que généreuse pour ses semblables.

1° Officier d'Académie ;

2° Dame de l'Ordre du Saint-Sépulcre de Jérusalem ;

3° Patricienne noble de Nicotera et de Rosarno (Italie) :

4° Fondation à perpétuité d'un *Prix de vertu filiale* (dix mille francs). Grande Médaille commémorative de la Ville de Paris ;

5° Membre fondateur et Lauréat de la Société nationale d'encouragement au bien ;

6° Dame patronnesse et Lauréat de la Société de l'instruction et de l'éducation populaires ;

7° Membre fondateur de la Société des Crèches du 2ᵉ arrondissement ;

8° Dame patronnesse et membre fondateur, Lauréat de la Caisse des Écoles du 2ᵉ arrondissement ;

9° Membre honoraire de la Société de l'enseignement des femmes ;

10° Membre honoraire de la Société Philotechnique (nommée patron perpétuel), fondé un prix de 500 fr. ;

11° Membre fondateur des Concours publics de composition musicale ;

12° Membre de la Société de Topographie ;

13° Présidente d'honneur des Hospitaliers d'Afrique ;

14° Membre de l'Académie romaine de l'Arcadie ;

15° Membre honoraire de l'Union des familles du 5ᵉ arrondissement ;

16° Membre honoraire de la Société amicale de secours et

d'encouragement au bien dite : des Sauveteurs de Seine-et-Oise. (Lauréat).

17° Membre d'honneur et titulaire de la Société des Sauveteurs des Alpes-Maritimes. (Lauréat) ;

18° Membre de la Société municipale de Secours Mutuels des quartiers Gaillon et Vivienne ;

19° Membre titulaire de l'Union des Sauveteurs ;

20° Membre honoraire de la Société *Filopedica Tifernate* ;

21° Membre honoraire de la Société dite : du *Sou du Bon Dieu* ;

22° Membre de la Société littéraire et artistique di San-Bartolomeo in Galdo, encouragée par le roi d'Italie ;

23° Membre titulaire, à vie, de la Société protectrice de l'enfance ;

24° Membre à perpétuité et Bienfaitrice de l'Institut protecteur de l'enfance ;

25° Lauréat : *Prix Gémond* (médaille d'argent).

26° Membre fondateur des Sauveteurs de la Nièvre ;

27° Membre d'honneur, à titre perpétuel, de l'Ordre hospitalier de la Croix-Rouge ;

28° Membre honoraire de la Société Accademia Agirino. — Diodorea. (Sciences, littérature et arts) ;

29° Membre honoraire de l'Institut Confucius de France. (Lauréat) ;

30° Membre d'honneur et titulaire de la Société des Sauveteurs Bretons ;

31° Fondatrice d'un Prix à distribuer aux ouvrières de la maison Joliflé.

32° Croix de Genève, donnée par M. le Maire du 2° arrondissement ;

33° Membre honoraire perpétuel de la Société des Sauveteurs de la Seine ;

34° Membre bienfaiteur de la Société française de sauvetage ;

35° Membre d'honneur de la Société des Sauveteurs de l'Aube ;

36° Membre honoraire de la Société protectrice des animaux.

Notre Médaillon est terminé ; nous en avons signalé toutes les facettes, et nos lecteurs sauront apprécier la couronne brillante de belles Actions qui orne le front de Marie-Madeleine Hess.

JETTE

Alexis-Nicolas Jette naquit le 17 janvier 1808, à Klein-Bragel (Limbourg), alors que la Hollande se trouvait réunie à la France.

Les parents de Jette étaient français ; son père, occupant le grade de sous-brigadier des douanes, lança naturellement son fils dans cette carrière, et Nicolas-Alexis Jette prit sa retraite avec le grade d'inspecteur divisionnaire, après 51 ans de bons et loyaux services.

Dans sa carrière, Jette, non content de se montrer, en toute circonstance, plein de zèle, a prêté souvent, aux différents services coloniaux, un concours utile et désintéressé.

Comme Sauveteur, il s'est aussi distingué dans un cas des plus difficiles. C'était le 17 décembre 1865, à l'embouchure de la Seybouse, une goëlette italienne, *la Marietta Mazzana*, battue par la tempête, allait sombrer dans les vagues ; heureusement elle fut aperçue par un poste de douaniers.

Immédiatement prévenu, Jette monte à cheval et se rend sur les lieux du sinistre. Tout d'abord, il se précipite à l'eau et essaie de gagner, à la nage, le bâtiment, que l'équipage,

engourdi par le froid et la fatigue, est impuissant à manœuvrer ; deux fois les vagues le repoussent, meurtri, sur la
plage. Alors, Jette met à la mer une embarcation, immédiatement culbutée par les flots. Mais il ne se décourage pas et
s'élance de nouveau au milieu des vagues, faisant signe
aux naufragés, qui ne le comprennent que longtemps après,
de lui lancer un câble.

Mais, ce câble est bien court !... A ce moment, survient le
brigadier de gendarmerie Steffanez, avec trois gendarmes
munis de cordages. Jette pousse un cri de joie et s'élance
pour la troisième fois... Enfin, un *va-et-vient* est organisé
et le sauvetage peut commencer... Pas encore ; les matelots
avaient attaché aux vergues trois des plus jeunes de leurs
camarades, qui n'avaient pu résister à la fatigue. On les
délie et on en installe un sur le *va-et-vient*, — les deux autres
étant tout-à-fait inanimés. Malheureusement, le troisième, impuissant à serrer le cordeau convoyeur, tombe à la mer et
est entraîné sous le bateau, l'un des pieds restant accroché
dans les agrès.

On le retire de cette pénible position et on le porte à terre,
où Jette, à force de soins, le fait revenir à la vie.

Ce devoir accompli, le vaillant inspecteur retourne à son
poste d'honneur, à la tête du *va-et-vient*. Bientôt, trois matelots survivants ont touché terre. Restait le quatrième, dont
les forces trahissent la volonté et qui retombe dans la mer.
Il va périr..., mais Jette s'est élancé et l'a saisi ; une minute
après, aidé de Steffanez, le digne inspecteur déposait à terre
la victime arrachée aux vagues.

Ce périlleux sauvetage avait duré de 7 heures et demie à
9 heures et demie et Jette était resté, pendant ces deux
heures, dans l'eau, sous une atmosphère glaciale, car tous
les côteaux voisins étaient couverts de neige.

Les actions qui précèdent n'ont pas empêché notre sauveteur d'exposer sa vie pour tuer un chien enragé, et aussi,

le 2 décembre 1869, de contribuer d'une façon puissante au sauvetage de la tartane le *Courrier de Bône* ; à la suite de cet acte, qui a eu un grand retentissement, Jette a dû se mettre au lit et a failli périr.

Durant son long séjour en Algérie, Alexis-Nicolas Jette a été nommé successivement :

Chevalier de la Légion d'honneur ; — chevalier, officier et commandeur du Nichan-Iftikar ; — chevalier de l'Ordre des Saints Maurice et Lazare (d'Italie), — et enfin décoré de la Médaille de sauvetage en or, de première classe.

Juliette DODU

On a fait bien des récits romanesques sur Juliette Dodu, qui laissera dans l'Histoire une renommée presque égale à celle du soldat de Marathon.

Mais, pour notre Livre, nous ne pouvions user que de renseignements sérieux et véridiques, et voici ce que nous avons appris.

Juliette Dodu est née le 15 juin 1850 à Saint-Denis (île de la Réunion).

Son père, chirurgien de la marine, était attaché aux hôpitaux de Saint-Denis, de Sainte-Marie de Madagascar et de Mayotte. Sa femme et ses enfants l'accompagnèrent toujours dans ses nombreux voyages.

L'enfance de Juliette fut donc libre comme celle des créoles ; elle partagea avec sa famille mille dangers, tels que naufrages, révolte des indigènes, etc., et cette existence extraordinaire développa, chez la jeune fille, les forces physiques et morales.

A la mort de son père, Juliette Dodu fut envoyée en France et placée au Cours normal de Lisieux, tenu par des religieuses.

Elle y resta de l'âge de 15 à 18 ans ; dans cet intervalle, elle perdit ses deux frères ; c'est alors que, n'ayant point de fortune, elle songea à se créer une position honorable, entra dans l'administration des télégraphes, le 1er octobre 1869, et depuis elle vit paisiblement avec sa mère.

Mais voyons ce qui sera la cause de la gloire de Juliette Dodu dans la Postérité.

Au moment de la guerre avec la Prusse, notre héroïne était directrice du télégraphe à Pithiviers (Loiret). Chargée du service de jour et aussi du service de nuit, la vaillante jeune fille ne se coucha pas souvent jusqu'à la fin des hostilités, je vous prie de le croire.

Vers le mois de septembre 1870, les Prussiens, arrivant à Pithiviers, sous le commandement du prince Frédéric-Charles, s'emparèrent aussitôt du bureau télégraphique et s'y installèrent.

L'appareil du bureau télégraphique était un appareil Morse. Avec un courage surhumain, Juliette Dodu le détourna de sa destination et le cacha dans sa chambre.

Puis un autre jour, apprenant qu'une fraction de notre armée, cantonnée aux environs de Gien, allait être surprise par le premier corps Bavarois, elle supprima, sans hésiter, une dépêche allemande, et l'envoya au sous-préfet de Gien qui, à son tour, la transmit au général français menacé.

Hélas ! il n'y a pas de courage sans ombre de lâcheté. — Juliette Dodu avait une servante qui, admonestée un jour par sa maîtresse, lui reprocha en public d'intercepter les dépêches prussiennes.

Les Prussiens comprenaient le français mieux qu'on ne le pense.

Juliette Dodu fut arrêtée et condamnée à être passée par les armes.

Mais l'armistice arriva, et le prince Frédéric-Charles ordonna immédiatement sa mise en liberté.

Ce prince avait conçu une si grande estime pour Juliette Dodu, qu'il lui offrit, lorsqu'elle eut recouvré sa liberté, une place de vingt mille francs dans les télégraphes prussiens.

Juliette Dodu le regarda de cet œil noir et profond qu'elle possède, et lui répondit :

— Prince, vous oubliez que je suis française !

Pour les actes de courage qui précèdent, Juliette Dodu a reçu une Mention honorable du gouvernement de la Défense Nationale, le 8 décembre 1870.

Elle a été mise deux fois à l'ordre du jour, le 3 octobre et le 11 novembre 1870.

Le 25 mai 1877, — justice tardive, — la médaille militaire lui était décernée, — et, le 8 août 1878, elle était nommée chevalier de la Légion d'honneur.

Enfin, comme marque d'admiration, la Société d'Encouragement au bien et les Sociétés de Sauveteurs lui ont voté huit Médailles d'honneur.

On le voit, Juliette Dodu est un fait qui se nomme *Courage*, — et tous éloges amoindriraient ce fait.

PHELIPPOT

Dans le courant de notre livre (page 163), nous avons écrit la biographie de Théodore Phélippot ; mais des documents importants nous étant parvenus lorsque cette biographie était imprimée, nous nous faisons un devoir de placer ces documents dans notre appendice.

Théodore Phélippot a exploité, dans l'Ile-de-Ré, quatorze

Tumulus gaulois, dans lesquels il a recueilli une grande quantité d'objets précieux pour la science.

Nous avons dit précédemment qu'il était un littérateur apprécié par ses nombreux travaux historiques et archéologiques. — Il a publié, entr'autres, et au profit des pauvres, une *Histoire de Rivedoux* et de ses anciens seigneurs, un vol. in-4°, orné de gravures, et qui reçut un témoignage officiel de satisfaction de la part du ministre de l'Instruction publique.

Théodore Phélippot, qui fait son bonheur de la gracieuse hospitalité qu'il offre aux étrangers, est un jeune homme qui sait mettre à profit les courts instants que lui laisse ses travaux agricoles, pour cultiver avec succès les sciences et les arts. — Il utilise dignement le superflu d'une belle fortune en rassemblant, dans un spacieux Musée, des produits indigènes et étrangers du plus grand intérêt.

En récompense des belles actions qu'il avait accomplies et que nous avons signalées précédemment, Théodore Phélippot, sur le rapport du Ministre de l'Intérieur, obtint le 12 mai 1870, une médaille d'honneur en argent.

Cette récompense ne l'empêcha pas, pendant une épidémie cholérique qui se manifesta la même année, de faire preuve de courage et de dévouement pour secourir les victimes atteintes du terrible fléau.

Quelque temps après qu'il venait d'être nommé capitaine de la garde nationale, Phélippot trouva sur la voie publique un billet de banque de cinq cents francs, et, après bien des recherches, il fut assez heureux pour le remettre à la personne qui l'avait perdu.

Le 22 septembre 1871, Phélippot arrêtait, au péril de sa vie, un cheval emporté et attelé à une charrette, qui allait causer de grands ravages.

Le 24 juin 1874, la médaille d'honneur de première classe fut décernée à notre héros, — et le 24 août 1875, la Société de secours mutuels de Bois (Ile-de-Ré), lui décerna, à lui son président, un diplôme d'honneur, en récompense de son dévouement aux intérêts de la Société.

Nous avons dit que Théodore Phélippot était jeune encore ; mais nous devons ajouter que la Renommée n'a pas prononcé pour lui son dernier mot. — Il est deux fois médaillé par le Gouvernement, et toute porte à croire qu'il ne s'arrêtera pas là ; — d'ailleurs ses concitoyens affirment qu'il sait toujours placer les intérêts de l'humanité avant ceux mêmes de sa propre famille.

Tour à tour conseiller municipal, adjoint et maire de sa commune pendant de longues années, Phélippot jouit de l'estime et de l'affection de ses compatriotes.

Il est titulaire de trente cinq Récompenses honorifiques, président d'honneur de beaucoup de Sociétés de Sauveteurs, et membre correspondant du Ministère de l'Instruction publique et de plusieurs Sociétés savantes de l'étranger.

Charles BLONDELET

Né à Paris, le 4 novembre 1820, Charles Blondelet est un de ces artistes qui se sont faits eux-mêmes par la persévérance et le travail, et auxquels, nous sommes heureux de le dire, le talent est venu en aide.

Blondelet occupe au théâtre des Variétés, depuis longues années déjà, un emploi digne de son mérite et, on l'a sans cesse constaté, il s'est toujours montré dévoué à ses semblables.

En effet, comme artiste dramatique et chanteur comique, il a prêté son concours à tous les malheureux, dans d'innombrables représentations à bénéfice, et sans jamais même exiger le prix de sa voiture.

Charles Blondelet a accompli plusieurs sauvetages méritants et secouru un grand nombre de malheureux dans l'indigence.

De plus, en 1868, à la Société des *Sauveteurs de la Seine*, dont il est membre honoraire, il a fondé, pour cinq années, un prix qui avait pour dénomination : *Prix du Journal le Sauveteur*, et il a fait la même fondation pour la *Société des Sauveteurs de Belgique*, dont il est membre d'honneur.

Les prix de Charles Blondelet ont amené de nombreux imitateurs depuis cette époque ; mais il est juste de dire qu'il fut l'un des précurseurs de ces belles fondations.

L'artiste des Variétés, qui a rendu des services humanitaires à des Tunisiens pauvres résidant à Paris, a été récompensé par S. A. le Bey de Tunis, qui lui a conféré la croix de chevalier de l'Ordre du Nichan-Iftikar.

Enfin, Charles Blondelet est un Bienfaiteur de l'humanité qui méritait une place dans notre livre.

Justice est faite.

MAUCOURT

Jean-Jacques Maucourt, né à Bocé (Maine-et-Loire), le 27 décembre 1815, s'est dévoué, dès l'âge de 18 ans, à la noble carrière du sauvetage.

En effet, le 18 septembre 1833, il arrêtait un cheval furieux, sur la route d'Angers à Saumur, et portait secours au cavalier démonté qui se mourait à un demi kilomètre de l'endroit où il venait d'arrêter le cheval furieux.

Pendant qu'il était au service militaire, c'est-à-dire en 1835, à Lyon, Maucourt a courageusement arrêté un cheval emporté, attelé à une voiture dans laquelle se trouvait le payeur-général du Rhône.

Notre héros a fait les campagnes d'Afrique en 1839 et 1840, a reçu deux blessures et a été médaillé par le Gouvernement.

De 1850 à 1859, travaillant aux ateliers du chemin de fer de Tours à Bordeaux et à Nantes, il a pu arracher des griffes d'un engrenage deux jeunes gens qui allaient être broyés ; — et dans cet intervalle d'années, en 1856, il se conduisait héroïquement dans les inondations de la Loire, et restait dans l'eau pendant toute la durée du fléau.

En 1865, pendant une épidémie de fièvres muqueuses typhoïdes et cérébrales, il faisait preuve d'un grand dévouement et, lorsque les malades étaient abandonnés de tout le monde, il leur portait encore des soins et les meilleurs vins de sa cave.

Le 15 février 1872, dans Indre-et-Loire, Maucourt arrête un cheval emporté ; mais, après avoir été traîné 25 mètres environ, il sauve deux femmes et un enfant.

N'oublions pas de mentionner que, en 1837 et 1838, à Lyon, à Toulon et à Tours, il s'était distingué dans un grand nombre d'incendies.

Nous croyons qu'il est inutile de citer le courage d'un homme tel que Maucourt pendant la guerre de 1870-1871. — Contentons-nous de dire qu'il reçut une médaille d'honneur de première classe du Gouvernement français, pour avoir fait preuve de la plus rare énergie, comme maire, en soustrayant ses administrés aux réquisitions des Prussiens.

Enfin, le 28 mai 1874, Maucourt sauvait l'existence d'un garde particulier qui voulait se détruire parce que, par imprudence, il avait tué sa femme d'un coup de fusil.

Jean-Jacques Maucourt fait partie de la Société des Volontaires de 1870-1871, qui lui a décerné une médaille « afin de perpétuer le souvenir de ses services et de son dévouement pendant la lutte nationale. »

TREYHOU

Breton dans toute la force du terme, François-Marie Tréhyou est né à Guingamp (Côtes-du-Nord), le 16 mars 1835.

Aujourd'hui, il est pharmacien à Paris, et, comme tel, il est pharmacien principal des *Sauveteurs de la Seine* et de la *Société française de Sauvetage*; trésorier de la Société française d'hygiène; membre du *Sanitary Institute* de la Grande-Bretagne; administrateur de l'*Institut protecteur de l'Enfance*, et membre de plusieurs Sociétés savantes et philanthropiques; en outre il est médaillé d'or, d'argent et de bronze aux diverses Expositions françaises et étrangères. — Récemment, il a été nommé officier d'Académie, pour ses travaux de chimie et de pharmacologie.

Pendant le dernier siége de Paris, Tréhyou, qui avait été installé aide-major par le Gouvernement de la Défense nationale, a fait gratuitement son service, aussi bien dans les Ambulances que sur les champs de bataille.

Lors de la rentrée des troupes à Paris, après la Commune, Tréhyou remplaça le directeur de l'Ambulance de la rue Lepic, qui avait été obligé de s'absenter pour cause de maladie.

Voici le certificat qui lui a été délivré par des médecins et des officiers de l'armée.

« Grâce au courage et à l'énergie de M. Tréhyou, l'Ambulance de la rue Lepic fut bientôt en état de recevoir les malheureux blessés de notre armée; le 23 mai, elle en accueillait une soixantaine, tant officiers que soldats, — et plusieurs furent arrachés à une mort certaine par M. Tréhyou, qui risqua plusieurs fois sa vie, soit à la barricade de la rue Lepré, soit sur le plateau de la butte, puisqu'il accomplissait ses actes au milieu des balles et des obus.

« Pendant les huit jours néfastes que dura la bataille, on vit, nuit et jour, Tréhyou donner, au risque de sa vie, les soins les plus dévoués et les plus intelligents aux malheureux blessés, qu'il ne quitta qu'à l'évacuation de l'Ambulance de la rue Lepic sur celle de la rue de Clichy.

« Nous sommes heureux de lui témoigner notre reconnaissance, au nom de l'humanité. »

(Suivent les signatures légalisées).

GARNY

Les actes de Honoré Garny sont un bulletin de victoires. Citons simplement :

En 1858, Honoré Garny a sauvé un jeune homme qui était tombé dans les écluse d'un étang.

En 1859, un autre jeune homme fut retiré, par lui, d'un vieux puits à marne.

D'un puits encore, en 1859, il retira sain et sauf, un puisatier enseveli sous un éboulement.

En 1862, il retira, d'un bassin plein d'eau, un enfant que sa nourrice avait abandonné.

En 1864, un garçon boucher au halles se jetait dans la Seine en disant à Honoré Garny : « Il faut que je t'entraîne ! » — Et il l'entraîna en effet. Pour toute punition à son assassin, Honoré Garny parvint à le sauver des eaux, après une lutte acharnée.

En 1870, notre héros préserva l'existence d'un maréchal-des-logis au 4e dragons, qui était traîné, le pied pris dans l'étrier de son cheval, saisi du mors-aux-dents.

En 1870 encore, Honoré Garny, aubergiste à Antony (Seine), fit arrêter, dans la commune, un espion prussien, et préserva le pays d'un grand désastre.

En 1875, un cheval s'évertuait à mordre profondément et à fouler aux pieds un sieur Mirbach. — Notre héros s'élance sur l'animal furieux et parvint à le dompter.

Enfin, en 1877, notre sauveteur arrêta deux chevaux emportés et, de cette façon, préserva la vie d'un enfant.

Honoré Garny fait partie de la Société des *Sauveteurs de la Seine* et de plusieurs autres Sociétés de sauvetage.

ANDRIEUX

Jardinier chef au château de Préjoli (Seine-et-Oise), François Andrieux, né en 1833, dans le Cantal, a déjà accompli plusieurs actes de courage.

D'abord, le 15 mai 1857, il a maîtrisé un taureau furieux qui parcourait les rues de Montfort-l'Amaury et avait déjà blessé plusieurs personnes.

Ensuite, plus tard, le 17 mai 1859, Andrieux a sauvé, au péril de sa vie, plusieurs dames qui étaient dans une voiture dont le cheval avait pris le mors-au-dents. Il s'élança à la tête de l'animal emporté ; les roues de la voiture lui passèrent trois fois sur le corps ; qu'importe, quoique grièvement blessé, il eut le courage de dompter le cheval et de reconduire chez elles, saines et sauves, les dames qui avaient couru un si grand danger.

Le 29 avril 1870, François Andrieux s'est vu décerner une médaille d'honneur par le Gouvernement.

TAUNAY

Victor-Auguste Taunay est homme de lettres et interprète du Consulat de la République de Libéria à Paris.

Nature vaillante, il commençait, à l'âge de 17 ans, à faire preuve d'énergie et de sang-froid dans l'incendie de l'usine d'épuration de pétrole, à Colombes.

Le premier, avec un ouvrier, il se rendit sur le lieu du désastre et n'hésita pas à manier les tonneaux de pétrole et les touries d'acide sulfurique qui entouraient l'usine ; tout arrosé du terrible liquide, il faillit périr.

Pendant les néfastes époques de 1870 et 1871, étant attaché comme officier au service de santé de l'armée, Taunay manifesta un dévouement infatigable sur les champs de bataille et dans les ambulances.

En allant fréquemment à Versailles, il risqua sa liberté et sa vie ; bien qu'ayant été arrêté deux fois, le jeune brave sauva plusieurs otages, la maison des Bénédictines, et travailla constamment à l'extinction des incendies et à relever les blessés au milieu des balles.

Pendant son passage sous les drapeaux, de 1873 à 1878, Victor-Auguste Taunay fut porté trois fois de suite à l'ordre du jour, pour avoir risqué sa vie dans des circonstances les plus dangereuses et les plus difficiles.

Il venait d'être promu au grade d'adjudant, en raison des services qui précèdent, lorsque se produisit la catastrophe de la rue de Béranger. Taunay se jeta au milieu des décombres et des flammes, escalada des pans de murs croulants et organisa les premiers secours, — ce qui lui permit d'arracher à la mort deux femmes, et une petite fille qui, sans lui, eut été à jamais perdue.

La Presse tout entière a voulu rendre hommage à cet héroïque dévouement, et la médaille d'honneur du Gouvernement est venue se placer sur sa poitrine, à côté de la décoration que S. M. l'Empereur du Brésil avait déjà placée en récompense des services rendus par Taunay à ce pays, comme secrétaire de la Commission franco-brésilienne de secours aux blessés.

Quoique bien jeune encore, Victor-Auguste Taunay, en outre de ses décorations, est Lauréat de la Société d'Encouragement au bien, membre de la Société des Sauveteurs de la Seine, vice-président et membre d'honneur d'un grand nombre de Sociétés de Sauveteurs et d'Humanité ; il ne peut manquer de suivre la voie qu'il s'est courageusement tracée, et nous sommes convaincu de le retrouver à son poste toutes les fois qu'il y aura un danger à affronter et un acte de dévouement à accomplir.

LE BRETON

Le jour même où son père, qui dirigeait les travaux maritimes du port de Saint-Malo, était nommé commandant de la compagnie des sapeurs-pompiers de cette ville, à la suite de plusieurs sauvetages et de nombreux actes d'humanité, Henry-Marie-Louis Le Breton naissait ; c'était le 27 septembre 1837.

Elevé dans les principes du courage et de l'abnégation de soi-même, le fils suivit les exemples du père et, étant encore sur les bancs de l'école, le 9 juillet 1849, il sauvait une femme tombée à la mer, et que des ouvriers regardaient disparaître sans lui porter secours.

Après avoir commencé ses études au Collége de Lambale, Le Breton fut placé au Lycée de Saint-Brieuc et entra, en 1853, à l'Ecole des arts et métiers d'Angers, d'où il sortit pour entrer dans l'administration des Ponts-et-Chaussées.

Appelé, comme dessinateur, à la construction de la ligne de chemin de fer de Paris à Brest, la même année, il fut placé à Rennes, et c'est dans cette ville qu'il accomplit son deuxième sauvetage, en retirant de l'eau un marin espagnol qui allait infailliblement périr.

Le 30 décembre 1858, Le Breton était incorporé au 9ᵉ régiment de chasseurs à cheval, et ses débuts dans la carrière militaire donnent, à son avoir, plusieurs autres sauvetages et actes de dévouement.

Ainsi, en septembre 1861, à Paris-Neuilly, il retirait un homme tombé dans la Seine; en 1865, dans un incendie, il détruisait le compteur à gaz dont on redoutait l'explosion; et, la même année, le courageux sauveteur était grièvement blessé en arrêtant deux chevaux emportés qui avaient renversé plusieurs personnes.

Ce qui n'empêcha pas la carrière de Le Breton d'être fort rapide.

Simple soldat en décembre 1858, il était sous-lieutenant en 1866 et cité à l'ordre pour ses travaux militaires. En outre il recevait une subvention du Ministre de la guerre, et une nouvelle citation pour un travail théorique accepté par le ministre; enfin, il était chargé d'organiser les Ecoles réglementaires au 4ᵉ et au 1ᵉʳ escadron du train des équipages.

Lieutenant en 1870, il fut nommé, pendant le Siége, commandant supérieur du train des équipages de la 2ᵉ armée. Il assista à toutes les batailles, et fut l'objet de deux propositions pour la Légion-d'honneur, à Champigny et à Buzenval.

Le surlendemain de cette dernière bataille, le lieutenant Le Breton franchissait les lignes prussiennes, sous un déguisement, et se dirigeait sur le camp de Conlie pour reprendre du service si la guerre continuait.

Toute résistance étant devenue impossible, notre lieutenant se dirigea vers la Bretagne, afin d'embrasser encore sa femme mourante.

Pendant la Commune, le lieutenant Le Breton rendit d'importants services à l'armée; c'était son devoir.

Le 24 juin 1871, il était nommé chevalier de la Légion-d'honneur.

Alors qu'il venait de passer lieutenant en 1er, en 1872, il recevait trois blessures en organisant les premiers secours dans un incendie allumé par la foudre, et sa belle conduite lui valait une Médaille d'honneur du Gouvernement.

Nommé capitaine en second, le 13 janvier 1874, Le Breton fut chargé d'organiser le service des réquisitions de chevaux dans le 14e corps d'armée à Grenoble, et sut acquérir les sympathies de la population.

Capitaine commandant en 1875, il était envoyé exercer un commandement dans plusieurs postes de l'Algérie.

Henry-Louis-Marie Le Breton est membre de diverses Sociétés humanitaires et scientifiques.

Le capitaine Le Breton a fait don à l'État de fossiles curieux et de plusieurs collections indiquant la richesse minéralogique du sol des trois Provinces de l'Algérie. — Ce don lui a valu deux Lettres de félicitations du Ministre de l'Instruction publique; en attendant mieux, sans doute.

LEGENT

Voici un sauveteur qui, bien qu'il ait été récompensé par le Gouvernement, d'une médaille d'argent de 2ᵉ classe, ne doit pas avoir encore été récompensé comme il le méritait.

Pourquoi ?

Parce que Paul-Charles Legent, né à Auxerre le 24 juin 1843, a été blessé dans les sauvetages qu'il a accomplis.

En effet :

Un dimanche de septembre 1864, à Joinville-le-Pont, en arrêtant un cheval emporté, il a été fortement contusionné.

En juillet 1864, à la Varenne-Saint-Maur, en travaillant à l'extinction d'un incendie, ce héros du dévouement a eu tous ses vêtements brûlés.

Le 8 juillet 1868, à Gentilly, il a sauvé plusieurs enfants, en arrêtant encore un cheval emporté et il a été blessé au pied droit.

Enfin, le 27 septembre 1877, étant en congé dans sa famille, Legent a éteint un commencement d'incendie qui s'était déclarédans un tas de fagots adossés à une grange remplie de fourrages et de grains, et il fut brûlé grièvement.

Pour ce dernier fait, il reçut, en public, les félicitations du maire et du lieutenant des sapeurs-pompiers de la localité.

Paul-Charles Legent est ordonnateur particulier des services funèbres du 10ᵉ arrondissement de Paris, — et on dit qu'il est aussi poli avec les morts que courageux avec les vivants. Toutefois les premiers ne nous ont rien affirmé par eux-mêmes.

BREUCQ

Des faits, voilà toute la biographie d'Hubert Breucq, ex-gardien chef à l'Exposition universelle de 1868.

Narrons donc les faits.

A l'âge de 12 ans, en mai 1843, Hubert Breucq a sauvé un enfant de 10 ans qui était tombé dans un réservoir de quatre mètres de profondeur.

En juillet 1847, alors qu'il était enfant de troupe au 10ᵉ chasseurs à cheval en garnison à Gray, il a opéré le sauvetage d'un jeune homme de 18 ans qui se noyait dans la Saône, et, pour cet acte, il a été mis à l'ordre du jour du régiment.

Pendant la guerre de Crimée, Breucq a été mis encore deux fois à l'ordre du jour, pour avoir soigné, avec dévouement, ses camarades atteints du choléra.

En août 1861, à Bogar (Algérie), il a préservé l'existence d'un trompette au 1ᵉʳ chasseurs d'Afrique qui s'était embourbé avec son cheval dans un marais.

Le 4 août 1876, notre brave a retiré d'un égout un chien qui y était depuis quatre jours, et pour cette action, la Société protectrice des animaux lui a décerné une médaille d'argent.

Hubert Breucq est titulaire de la médaille de Crimée et de celle du Mexique ; il est en outre membre fondateur de la Société française des ex-Militaires, membre de l'Institut protecteur de l'Enfance et membre actif de la Société fraternelle des Alsaciens-Lorrains.

SIMON

Simon (François-Xavier) est un ancien caporal de la garde nationale de la Seine, et qui s'est vaillamment conduit, le 19 janvier 1871, au combat de Buzenval ; aussi, est-ce dignement qu'il est membre de la Société des Volontaires de 1870-1871.

Avant la guerre franco-allemande, c'est-à-dire en 1857, Simon avait arrêté, rue de Rivoli, un cheval emporté et attelé à une voiture de blanchisseuse.

Depuis la guerre, François-Xavier Simon fait partie de plusieurs Sociétés humanitaires, et entr'autres de l'*Institut protecteur de l'Enfance*.

Mais, aussi, il sait continuer dans le civil les vertus militaires du sauvetage.

Dernièrement, dans la rue Payenne, en arrêtant encore un cheval emporté, il a préservé la vie de plusieurs personnes.

Edmond TURQUET

Sous-secrétaire d'Etat au Ministère des Beaux-Arts, député du département de l'Aisne, Chevalier de la Légion-d'honneur, Officier d'Académie, Sauveteur médaillé du Gouvernement, Lauréat de la Société d'encouragement au bien, Président de la Société des Sauveteurs de la Seine, Président-Fondateur de la Société Française de Sauvetage.

Nous avons à nous occuper d'un Sauveteur émérite, qui, pénétré de nobles sentiments humanitaires, a accepté et remplit hautement les fonctions de *Président titulaire de la Société des Sauveteurs de la Seine*, et a fondé, au mois de décembre dernier, la *Société Française de Sauvetage* : il s'agit de M. Edmond Turquet, chevalier de la Légion-d'Honneur, officier d'Académie, député du département de l'Aisne et sous-secrétaire d'Etat du Ministère des Beaux-Arts.

Nos lecteurs comprendront, en esquissant ici le Médaillon de M. Turquet, que nous devons nous abstenir de parler de l'homme politique : les Sauveteurs et les Bienfaiteurs de l'humanité ne connaissent que la France et les Français, rangés tous sous le drapeau de la patrie et du courage. Ceci posé, notre tâche est de beaucoup simplifiée, et il nous est permis, dès lors, librement, de faire l'éloge de l'homme de bien que le suffrage des Sauveteurs a placé à la tête de la grande Légion qui s'appelle : *Société des Sauveteurs de la Seine.*

Edmond Turquet appartient à une famille de vieille bourgeoisie ; son aïeul, M. Carlier, fit partie des Etats-Généraux, et de toutes nos grandes Assemblées de la Révolution. Il mourut, en 1797, après avoir été ambassadeur de la République française en Suisse et ministre de la police.

Né à Senlis, en 1836, Turquet est donc dans la force de l'âge ; aussi, trouve-t-on, en lui, quelque chose de sérieux et de vif qui révèle un homme d'action et de volonté.

Edmond Turquet est un ancien magistrat qui fut, d'abord, substitut à Clermont, à Saint-Quentin et à Beauvais, et devint ensuite procureur impérial à Vervins. Disons de suite que, dans ses sévères fonctions, le jeune magistrat fut toujours l'esclave du devoir : « Considérant, comme il le disait, la magistrature comme un sacerdoce. »

Aussi, le 16 décembre 1868, à la suite d'un conflit avec le Préfet de l'Aisne, crut-il devoir donner sa démission de Procureur impérial, pour se porter, l'année suivante, candidat à la députation de la 3e circonscription de l'Aisne. Quoique pas élu, cette fois, le candidat non officiel obtint 12,223 suffrages.

En 1870, lorsque éclata cette guerre fatale qui a plongé tant de familles dans le deuil et les larmes, Edmond Turquet s'engagea dans les Tirailleurs de la Seine. Il devint rapidement sergent-major, après avoir assisté à plusieurs combats. Le 21 octobre, à l'affaire de Malmaison, Turquet reçut trois coups de feu qui mirent sa vie en danger. Il fut porté à l'ordre du jour de l'armée dans les termes suivants : *Edmond Turquet, sergent-major, a donné à tous le plus bel exemple de sang-froid et d'énergie.* Quelques jours après, Turquet recevait, à l'Ambulance de la rue Sainte-Anne, des mains du général Trochu, la croix de chevalier de la Légion d'honneur.

Aussitôt guéri de ses blessures, le jeune héros, qui ne pouvait plus supporter les fatigues de la marche, fut nommé sous-lieutenant d'état-major, puis capitaine.

Quelque temps après, les électeurs du département de l'Aisne envoyèrent Edmond Turquet à l'Assemblée nationale par 47,401 suffrages. On récompensait ainsi son patriotisme et la fermeté de ses vues politiques.

Edmond Turquet faillit périr victime de la Commune; fait prisonnier avec le général Chanzy, qu'il avait cherché à délivrer des mains des furieux, il ne dut la vie qu'à des circonstances que nous sommes heureux de signaler. L'une de ces circonstances se rapporte à un brave, nommé Rouffiac, qui, étant sous-chef de la prison du 9e secteur, située avenue d'Italie, lui rendit, ainsi qu'au général Chanzy, de Langourian, général de brigade, André Dodiau et Boudin, commissaires de police, les plus grands services.

L'autre protecteur d'Emond Turquet fut un membre de la Commune, Léo Meillet, dont le courage empêcha d'assassiner celui qu'aujourd'hui nous sommes fiers de voir à la tête des Sauveteurs de la Seine. Disons, sans plus tarder, que Turquet, dont le cœur est aussi vaillant que le bras, sauva la vie, à son tour, à Léo Meillet, en favorisant sa fuite, lors de l'entrée des troupes de Versailles à Paris.

Il est beau, disons mieux, il est noble de voir agir ainsi. Mais, ce qui excite notre admiration, ce sont les paroles qu'il a prononcées plus tard, alors qu'on lui reprochait d'avoir sauvé la vie à l'un des chefs de la Commune : *Il est de tradition, dans ma famille*, dit-il simplement, *lorsqu'on a contracté une dette, de la payer.* Ce langage précis peint l'homme tout entier ; car Turquet est une nature droite, loyale, énergique, et toute dissimulation lui est étrangère.

Nous passons rapidement sur la carrière d'Edmond Turquet comme député, et nous nous en rapportons, comme appréciations, à l'un de ses biographes : « Sa profonde instruction, dit l'écrivain, son habitude des affaires, la lucidité de son jugement l'ont rendu précieux pour les travaux sérieux ; aussi, a-t-il fait partie de toutes les Commissions parlementaires importantes. Comme homme politique, le rôle d'Edmond Turquet est non moins brillant ; il est remarqué, à la Chambre, pour la fermeté de ses convictions et la sûreté de son caractère, et il est, en outre, doué d'une faculté pour la discussion, la promptitude et la justesse dans la riposte ; ce qui déconcerte ses adversaires et leur fait perdre la partie. Possédant la parole correcte, brillante, spirituelle et loyale, il est toujours écouté avec sympathie et respect. En un mot, Edmond Turquet est devenu rapidement l'une des personnalités les plus remarquables du monde parlementaire. »

Nous ajouterons, après le biographe, que Edmond Turquet, comme sous-secrétaire des beaux-arts, a déjà développé des qualités toutes particulières et qui lui sont personnelles : amateur de grande peinture depuis longtemps, il apprécie tout avec un tact que certains grands artistes et amateurs lui envient.

Comme littérature et musique, Turquet n'a qu'un but :
Élever le niveau de l'art, et moraliser la littérature moderne.
Aura-t-il le temps d'atteindre le but qu'il se propose ? nous
devons l'espérer. En tout cas, le bien qu'il aura fait en passant, produira, comme le grain du sénevé béni, de féconds
épis dans le vaste champ de l'avenir.

Nous ne voulons pas nous étendre plus longuement sur
notre appréciation relative au sous-secrétaire d'Etat. Lorsqu'on parle des hommes éminents, on passe souvent pour
des flatteurs, alors que l'on n'est, en réalité, que les esclaves
de la stricte vérité.

En quelques mots, nous allons analyser la carrière
d'Edmond Turquet au point de vue du sauvetage et de la
bienfaisance humanitaire.

En 1859, un jeune sauveteur sauvait la vie, au péril de la
sienne, à une femme qui allait se noyer dans la Seine. Le
récit de ce sauvetage comporte toute l'étendue d'un acte
d'héroïsme, uni à une grande modestie ; car le sergent-de-
ville qui dressa alors le procès-verbal de cet acte de courage
fut, lui même, décoré d'une médaille de sauvetage ; tandis
que le véritable sauveteur, sur son insistance, ne fut pas
même mentionné. Il n'a donc fallu rien moins que les témoignages authentiques recueillis et les démarches d'un homme,
qui, lui aussi, a fait ses preuves de courage, pour que
Edmond Turquet fut enfin récompensé.

En effet, au mois de janvier 1879, M. Burgues, deuxième
vice-président de la Société des sauveteurs de la Seine, recevait la lettre suivante du Ministre de l'Intérieur :

« Monsieur le deuxième vice-président,

« A la suite de la démarche que vous avez bien voulu faire
auprès de moi et au nom de votre Société, j'ai accordé une
médaille de 2ᵉ classe à votre digne Président, M. Edmond

Turquet, qui, en 1859, au péril de sa vie, a sauvé une femme qui allait se noyer, et, en 1871, a exposé sa vie pour sauver celle du général Chanzy.

» Recevez pour vous et pour tous les membres de votre Société, l'assurance de toutes mes sympathies.

» *Signé* : DE MARCÈRE. »

Deux mois plus tard, le *Journal officiel* insérait le fait qui suit :

« Par décret de M. le Président de la République, en date du 7 mars 1879, une médaille d'honneur (2e classe) a été décernée à M. Edmond-Henri Turquet, député, sous-secrétaire d'Etat des beaux-arts, président-fondateur de la Société française de sauvetage, pour avoir, à Paris, en 1859, exposé sa vie en portant secours à une femme en danger de se noyer et en essayant, le 18 mars 1871, de dégager le général Chanzy, prisonnier de la Commune. »

On voit, par le considérant de ce décret, qu'Edmond Turquet est venu en aide au général Chanzy dans le moment le plus périlleux de sa vie. Courageux sauveteur, il n'a point un instant abandonné le général pendant le danger et, par son énergie et son sang-froid, a paralysé, à plusieurs reprises, l'exaltation des insurgés.

Avant de retracer les derniers faits relatifs à l'action dirigeante de Turquet vis-à-vis les Sauveteurs, nous dirons, qu'en 1858, il reçut de la Société d'encouragement au bien *une Médaille d'honneur en or, pour les nombreux et signalés services qu'il avoit rendus à l'humanité.*

Il était donc de toute impossibilité, en face de faits éclatants, que les Sauveteurs ne jetassent pas un coup d'œil sur l'homme de bien, le député éminent dont la vie était un exemple de patriotisme, de courage et d'humanité. Aussi, le

22 novembre 1878, le Conseil administratif des Sauveteurs de la Seine nommait-il, à l'unanimité, Edmond Turquet, Président titulaire de la Société. Dans la séance où fut faite cette nomination, M. Philippe Goëlzer, président par intérim, s'exprima ainsi : « L'honorable candidat que j'ai l'honneur de recommander à vos suffrages, Messieurs, est un homme de grand courage et de beaucoup de sang-froid ; il en a donné des preuves irrécusables pendant la guerre de 1870 ; c'est enfin un sauveteur émérite, bien connu sur la plage de Puy, près Dieppe, et notre collègue Alexandre, sauveteur médaillé du Gouvernement et maître-baigneur de cette localité, pourrait vous attester que M. Turquet pratique largement notre devise : *Sauver ou périr*. »

M. Bargues, deuxième vice-président, vint compléter l'appréciation de M. Goëlzer en ces termes :

« M. Turquet, dit-il, appartenait aux Tirailleurs de la Seine ; j'ai été à même de voir le capitaine Turquet à l'œuvre.

« Il a bien mérité l'étoile de l'honneur qui brille sur sa poitrine M. Turquet, alors qu'il était simple attaché au Parquet, s'est dévoué pour retirer des flots une femme en danger de mort ; sans l'intervention d'un sergent-de-ville, on aurait eu à déplorer, peut-être, la mort de deux personnes. M. Turquet s'empressa de faire décerner une médaille à celui qui l'avait si bien secondé dans ce dangereux sauvetage. C'est comme sauveteur, et pour son mérite personnel, que je viens vous demander d'acclamer M. Turquet comme Président de notre Société, et, en sortant de cette enceinte, vous pourrez dire : Nous avons un président qui est des nôtres, un président-sauveteur.

Enfin, le 8 décembre 1878, la Société des Sauveteurs de la Seine, convoqués en Assemblée générale, nommait, *par acclamation et à l'unanimité*, M. Edmond Turquet, *Président titulaire* pour *cinq années*.

Ce vote accompli, la Société convoquait de nouveau ses membres, *en Assemblée générale extraordinaire*, le 12 janvier 1879, pour l'installation de son nouveau président.

Après avoir pris possession du fauteuil, M. Edmond Turquet, dans un langage élevé, a établi la situation morale de la Société dont il prenait la direction, et annoncé que, d'accord avec M. le Ministre de l'intérieur, la Société des Sauveteurs de la Seine allait s'adjoindre une société-sœur : *la Société Française de sauvetage* :

« Il ne s'agit point seulement, a dit l'éloquent orateur avec autorité, de faire des sauvetages en se jetant à l'eau, en arrêtant des chevaux emportés et en se signalant dans des incendies, il faut encore porter assistance aux inondés et aux victimes des épidémies. Tout doit être sauveteur dans la famille : la femme au chevet des malades, et partout où il y a un danger à conjurer, un service humanitaire à rendre. Notre puissance ne doit pas se circonscrire à Paris, elle doit étendre ses rameaux bienfaisants sur tout le territoire français et y placer sans cesse l'action en regard de la devise : *Sauver ou périr*. Dans une prochaine assemblée générale, je vous présenterai les statuts de la nouvelle Société, qui seront approuvés par M. le Ministre de l'intérieur. »

Il n'y a pas loin de la coupe aux lèvres, avec Edmond Turquet. Un décret du Ministre de l'intérieur, en date du 25 janvier dernier, reconnaissait officiellement *la Société Française de sauvetage*, et l'autorisait à fonctionner sous la présidence de Edmond Turquet, président titulaire à vie.

Ces faits constatés, ajoutons que l'influence du sous-secrétaire d'Etat des beaux-arts s'est déjà fait sentir aux deux Sociétés, qui sont heureuses et fières de l'avoir à leur tête.

Il y a des biographies qui doivent se terminer par de pompeux éloges ; celle-ci n'est point de ce nombre. Le Médaillon de Turquet est tout entier dans ses œuvres, dans son caractère, et, toute sa vie, il portera haut et fier son drapeau, sur lequel il a inscrit cette devise : *Honneur à la patrie ! Sauver ou périr ! Bienfaisance et Humanité !*

(Extrait du journal : *le Sauveteur*.)

Comte Charles de BRUC

(duc de busignano)

Charles de Bruc, bien qu'originaire de Saint-Marin, appartient, comme souche, à l'une des plus anciennes familles de la vieille Armorique. En effet, nous voyons dans la *Bretagne ancienne et moderne*, de Pitre Chevalier : « Le nom du chevalier Guethuod de Bruc figurer au bas d'un acte signé en Palestine (1191), pendant les Croisades de Philippe Auguste et de Richard Cœur de Lion. — Cet acte, qui appartenait au Cabinet héraldique de Courtois, prouve que les contractants occupaient alors un rang fort élevé et furent des chefs éminents dans cette mémorable Croisade. » Ajoutons qu'un acte de filiation authentique, produit en 1817, par Armand-Auguste de Bruc (marquis d'Alembert), cite un seigneur de Bruc qui assista à la bataille d'Hastings, en 1066. Les Archives de l'Ordre de Malte contiennent, à la date du 7 mai 1691, *les Preuves de Malte faites par très-noble François de Bruc*, écuyer, attesté de huit témoins, lesquels prouvent, authentiquement, la haute origine de cette ancienne famille de Bretagne. Une autre Preuve est le *Catalogue des gentilshommes normands* qui ont pris part ou envoyé leur procuration aux Assemblées de la Noblesse, pour l'élection des députés aux États-Généraux (1789). On voit, parmi les envoyés au nom du baillage de Saint-Sauveur : le vicomte

Marie-François de Bruc (marquis de la Guerche), seigneur de Flamanville et de Guerville.

Quelques années plus tard, la branche nantaise de la famille de Bruc, compromise aux yeux des séides de la Révolution par son dévouement à la Royauté légitime, se voyait forcée d'émigrer et de se réfugier sur le sol neutre et respecté de la République de Saint-Marin.

Revenue en France après la tourmente révolutionnaire, la famille de Bruc vécut dans la retraite pendant tout le règne de Napoléon 1er. Enfin, en 1815, les de Bruc, ne voulant pas jouer le rôle de courtisans, comme tant d'autres, eurent le chagrin de se voir rélégués dans l'oubli par le Roi Louis XVIII. Toutefois, nous lisons dans un arrêté royal de cette époque, « que les brillants états de service militaire de feu » le vicomte de Bruc Ligny méritent d'être signalés à la » Commission des secours du Roi, présidée par le Prince de » Condé. » Ce qui était alors un grand honneur pour la vieille Noblesse française.

Charles de Bruc, élevé à Nantes, grâce aux débris du vaste patrimoine de ses aïeux, se destina à l'une des carrières libérales que venait d'ouvrir, en France, le droit moderne. Esprit élevé et profondément observateur, de Bruc se consacra à l'étude des belles-lettres, de la médecine et de la chimie, dans lesquelles il obtint, rapidement, des connaissances aussi profondes que nombreuses et sagement raisonnées. Citons, en passant, l'une de ses œuvres littéraires : *André Vésale*, qui fut représentée à Bruxelles, avec un éclatant succès. De Bruc, dont l'âme était aussi ardente que l'esprit profond, était pénétré que les voyageurs seuls peuvent connaître les grands secrets de la nature humaine. Il s'embarqua donc pour le Nouveau-Monde, dans lequel on ne pénétrait pas facilement à cette époque, et qui renfermait des secrets scientifiques les plus précieux. Il y partit, parcourant les deux hémisphères, les contrées de l'Orient et toute la vieille Europe. C'est là que le jeune savant découvrit toutes les grandes ressources que procurent à une vaste intelligence l'étude de la chimie, de la physique, de la botanique, de la physiologie et de la thérapeutique appliquée à la pathologie. Il apprit tout pendant de bien longues années, et, ce ne fut que quand il fut bien sûr de posséder des connaissances véritablement profondes et pratiques, qu'il en entreprit la vulgarisation et l'application, dans toutes les contrées de l'Italie, où il acquit une réputation de médecin-praticien qui lui valut les plus hautes distinctions honorifiques.

Le comte de Bruc amassa dans ses voyages scientifiques, comme médecin-praticien, non-seulement une fortune considérable, mais encore des richesses artistiques incomparables et qui suffiraient à elles seules à lui donner la réputation d'un homme universel. Sa gloire était à son apogée. Mais de Bruc aimait la France, le berceau de sa famille ; il vint fixer sa résidence aux environs de Lyon, dans le vieux château de Sainte-Foix, qui domine le confluent du Rhône et de la Saône.

Le comte de Bruc qui, pendant plus de vingt années, avait rendu d'innombrables services aux pauvres atteints de maladies incurables, et qui, chaque jour encore, en compagnie de son épouse, les comblait de bienfaits et de soins scientifiques, le comte de Bruc, dis-je, employa ses moments de loisir, à écrire l'Histoire de la République de Saint-Marin. Cette œuvre, animée d'un souffle de libéralisme et d'indépendance, retrace, avec autant d'impartialité que de sagesse, l'Histoire des luttes de la Communauté San Marinaise, contre la Papauté et la grande féodalité italienne. Ce travail eut un grand retentissement, non-seulement en France, mais encore dans toutes les contrées de l'Europe, où la République de Saint-Marin, quoique petite et faible, est vénérée par la sagesse de sa législation.

La place de chargé d'affaires de la République de Saint-

Marin à Paris, étant devenue vacante par la mort du duc d'Aquaviva, le comte de Bruc fut choisi, par le Conseil-Prince de Saint-Marin, pour occuper ce poste important. De Bruc prit possession de sa Légation et, reconnu par le Gouvernement français, il apporta dans sa nouvelle charge non-seulement la finesse et la prudence du diplomate, mais encore l'honnêteté et l'énergie de l'homme de bien. Aussi, la République de Saint-Marin, voulant reconnaître les loyaux et éminents services de son ministre, lui conféra-t-elle le titre de duc de Busignano.

Nous n'analyserons pas, dans cette courte esquisse d'un personnage dont on ne peut vaincre la modestie, les nombreux services humanitaires que le duc de Busignano a rendus et rend encore, chaque jour, aux malheureux; mais ce qu'on ne peut nous empêcher de constater, c'est qu'il est Président d'honneur de toutes les Sociétés de Sauveteurs de France et d'un grand nombre d'Agrégations humanitaires. Nous voulons encore être discrets en ne parlant pas d'un grand travail littéraire de Charles de Bruc : *La France et sa politique étrangère*, dont le premier volume est en voie de publication, et qui sera l'une de ces œuvres que tous les amis de la France liront avec intérêt.

FIN

TABLE DES MATIÈRES

—

SAUVETEURS

BIENFAITEURS DE L'HUMANITÉ

APPENDICE

FIN DE LA TABLE DES MATIÈRES